一流大学研究文库
WCU SERIES

时间晶体

【美】詹姆斯·H·米特尔曼 著
（James H. Mittelman）

马春梅 王 琪 译

遥不可及的

梦 想

世界一流大学
与高等教育的重新定位

Implausible Dream

The World-Class University and
Repurposing Higher Education

上海交通大学出版社
SHANGHAI JIAO TONG UNIVERSITY PRESS

内容提要

大学已成为全球舞台上的主要参与者。然而,在努力成为"世界一流"的同时,高等教育机构正在偏离其培养公民、培养批判性思维和保障学术自由的核心使命。在提升国家和全球形象的竞争中,大学正在接受一种新形式的功利主义,一种偏重市场力量而非学术价值的功利主义。本书解释了为什么世界一流大学对大多数高等教育机构来说是一个遥不可及的梦想,并提出了合理可行的替代方案,以帮助大学在当今竞争激烈的全球环境中蓬勃发展。

本书追溯了高等教育机构的规模、覆盖面和影响力如何在"二战"后成倍扩大,以及市场主导教育模式的普及。作者以自己开创性的田野调查为基础,提供了三个案例研究——美国,市场导向的教育全球化的典范;芬兰,强势公共领域的代表;乌干达则是一个后殖民国家,历史上曾以公立大学系统为主,但现在越来越多转向私立大学系统。研究表明,除了一小部分财力雄厚的研究型大学外,"世界一流"范式对所有其他大学来说都是站不住脚的。然而,那些没有充足物质资源的高等教育机构,在截然不同的背景下,仍然渴望获得世界一流的地位。

本书的阅读对象包括:高等教育的政策制定者和管理者,高等教育系统的学术领导,高等教育领域的研究人员以及相关专业的本科生和研究生。

图书在版编目(CIP)数据

遥不可及的梦想:世界一流大学与高等教育的重新定位/(美)詹姆斯·H·米特尔曼
(James H. Mittelman)著;马春梅,王琪译.—上海:上海交通大学出版社,2021
(一流大学研究文库)
ISBN 978-7-313-24381-2

Ⅰ.①遥… Ⅱ.①詹…②马…③王… Ⅲ.①高等学校-研究-世界 Ⅳ.①G649.1

中国版本图书馆 CIP 数据核字(2020)第 268212 号

上海市版权局著作权合同登记号:图字:09-2017-886

遥不可及的梦想:世界一流大学与高等教育的重新定位
YAOBUKEJI DE MENGXIANG: SHIJIE YILIU DAXUE YU GAODENGJIAOYU
DE CHONGXINDINGWEI

著　者:	詹姆斯·H·米特尔曼(James H. Mittelman)	译　者:	马春梅　王　琪
出版发行:	上海交通大学出版社	地　址:	上海市番禺路 951 号
邮政编码:	200030	电　话:	021-64071208
印　制:	苏州市越洋印刷有限公司	经　销:	全国新华书店
开　本:	880mm×1230mm　1/32	印　张:	9.875
字　数:	242 千字		
版　次:	2021 年 3 月第 1 版	印　次:	2021 年 3 月第 1 次印刷
书　号:	ISBN 978-7-313-24381-2		
定　价:	78.00 元		

版权所有　侵权必究
告读者:如发现本书有印装质量问题请与印刷厂质量科联系
联系电话:0512-68180638

前言与致谢

本书书名源于 1964 年著名音乐剧《梦幻骑士》(*Man of La Mancha*)中的一首经典歌曲《追梦无悔》(*The Impossible Dream*)。该剧取材于米格尔·德·塞万提斯(Miguel de Cervantes)17 世纪的杰作《堂吉诃德》(*Don Quixote*)。这个故事隐喻了无法企及的理想,或者如歌词所示:"去探取那颗遥不可及的星星……不论希望多么渺茫,不论路途多么遥远"。这也如同战士间的殊死搏斗,"去和那打不败的敌人战斗",让"这个世界变得更美好"。

与音乐剧中所呈现的情景相似,大学今天的壮志雄心是一个宏大的梦想,像"一颗遥不可及的星星",不过,这种抱负与其说高尚,不如说高效。一流不是所有大学都能实现的,尤其是那些知名度不高的大学。它们往往缺乏经济手段,更谈不上政治上的精明和对高等教育基本宗旨的高度聚焦。不是每一所大学都能成为超级巨星。大学不同于作家兼幽默大师卡里森·凯瑞(Carrison Keillor)虚构的沃比冈湖镇(Lake Wobegon),并非"所有的孩子都是佼佼者"。

事实上,知识型机构正日益分化。在利用各种方式驾驭全球潮流的同时,大学在很大程度上正以美国梦的方式来获取"世界一流"的地位。我认为这种假想是不切实际的,大学正在一条错误的道路上前行,但大学的发展还有其他可行的选择。对于绝大多数高等教育机构而言,对卓越地位的遐想与塞万提斯的小说情节类似:无论多么鼓舞人心,但想要达成这项崇高目标都不过是一场浪漫的幻想。

而且随着全球化的发展,大学追逐梦想的风险被放大了。

堂吉诃德想要让世界变得崇高,而大学想要跻身全球等级体系的顶层,二者的相似之处表明,为了追求有价值的目标,无论遇到什么困难,学生和教职员工都应加倍努力,过更有意义的生活。不过,这种类比并不完美。堂吉诃德以一己之力大战风车,坚定不移地坚持自己的理想。于他而言,目标是内部生成的。相比之下,在全球化时代,大学是一个庞杂的组织,必须应对外部驱动的质量保证标准以及一系列其他重大的技术转变。虽然从两则故事中都可以得到重要的启发,但一则故事是虚构的;另一则故事则是真实鲜活和不断发展的。考虑到这一区别,我认为当代大学正在进行一场偏离轨道的竞赛,因为他们在追逐不切实际的目标——本书将进一步阐释这一观点。

本研究所关注的问题是大学的梦想是如何以及为何被引入歧途,这源于我踏上高等教育的道路以来学术界发生的重大变革。17岁时,我作为一名大一新生对周围的广阔世界知之甚少,但我通过课堂与阅读接触到了许多伟大的思想。这种觉醒唤起了我的学习兴趣,并以前所未有的方式激励着我,成为我涉足高等教育的开端。在过去半个世纪里,高等教育的世界已经历经数次转变。

在芬兰、马来西亚、坦桑尼亚、乌干达、美国等国家学习、工作和生活期间,我从多个角度目睹了这些转变。我在日本、莫桑比克、南非从事过教学研究工作,也在其他地方担任过短期的驻院学者,这些经历都让我受益匪浅。值得注意的是,自 20 世纪 70 年代以来,每个案例国家的高等教育系统都经历了广泛的变革,动摇了学术界的根本宗旨。本书所追溯的共同元素将这些不同的变革过程联系在了一起。

十载复十载,当我愈加频繁地从一个国度迁往另一个国度时,高等教育体制改革的来龙去脉就越发使我困惑。这些困惑引起了我的好奇心,我想知道大学精髓(即大学核心价值观的生命力)究竟发生了什么变化，是什么正在侵蚀它？尽管我深爱着大学，却也为其未来担忧。

哲学家、社会学家、教育学院的学者以及（通常是前任）大学校长和教务长们的著作为高等教育的转变提供了有益的见解。我所学的学科——政治科学，长期关注美国的案例，自成一派。除了极少数例外，"国际关系"学科很少关注到作为全球舞台参与者的大学。尽管新兴的全球化和全球研究填补了空白，但它们也只是刚刚开始解决本书引言中提到的有关学术界转变的具体问题。教育与全球化的关系对世界秩序至关重要，但没有人探索和了解过这种关系的本质。

通过讲授全球政治经济与社会理论这门跨学科课程，让我对有关知识和权力交织方式的古今文献进行了批判性阅读。这一概念化过程在很大程度上影响了我的研究方法，我尝试将个人发现和学术研究放入一个独立的框架内。书中所涉分析需要大量的自省，这使我不得不反思自己对大学的立场、希望和梦想。我会尽量如实地呈现这些信息，并在接下来的过程中表明我的观点。

在这趟研究旅程中，我对我的学生们表示衷心感谢。他们与我结伴而行，充满热忱地梳理研究资料，对我最初的论点提出质疑，推动着我去重新论述。要特别感谢我的研究助理们：丹尼尔·戴伊（Daniel Dye）、河允彬（Yoonbin Ha）、帕特里克·里坦吉（Patrick Litange）、尼古拉斯·T·史密斯（Nicholas T. Smith）、曼纽尔·赖纳特（Manuel Reinert）以及简·韦斯特（Jan Westö），他们投入的精力和积极性对这项研究做出了重要贡献。

我要向支持这项研究的机构致以深切的谢意：美利坚大学（American University）教务处和国际事务学院（School of International Service）。吉姆·古德基尔（Jim Goldgeier）院长和纳内特·莱文森（Nanette Levinson）副院长在方方面面为这项研究提供了便利。幸运的是，我们学院重视多元主义，并在此之前顶住了一元论（即坚持单一的主流知识范式）的风潮。本研究还得到了由芬兰科学院（Academy of Finland）资助的合作项目"政策工具和全球治理：概念和数字"（Policy Instruments and Global Governance：Concepts and Numbers）的协助。赫尔辛基高级研究学会（Helsinki Collegium for Advanced Studies）和麦克雷雷社会研究所（Makerere Institute of Social Research）的接洽对我开展实地研究工作起到了至关重要的作用。

我们也从若干讲座和研讨会中汲取了对本研究的宝贵意见，特别是内罗毕大学（University of Nairobi）的"美利坚大学项目"（American Univeristy Program）、赫尔辛基大学（University of Helsinki）的"全球治理圆桌会议"（Global Governance Roundtable）、赫尔辛基高级研究学会、康奈尔大学（Cornell University）非洲发展研究所（Institute for African Development）、国际研究协会（International Studies Association）年会、麦克雷雷社会研究所（MISR）、乌干达国家规划局（National Planning Authority of Uganda）、纽约市立大学（City University of New York）政治科学系（Political Science Department）以及美利坚大学国际事务学院的"教师研究座谈会"（Faculty Research Colloquium）。我也要感谢我的同事们，长期以来，我与他们一起就思想和知识的力量展开了许多富有启发性的讨论，特别是罗伯特·W·考克斯（Robert W. Cox）、洛克斯利·G·埃德蒙森（Locksley G. Edmondson）、詹姆斯·N·罗斯诺（James N. Rosenau）和J·安·蒂克纳（J. Ann Tickner）。乔尔·巴尔金（Joel Barkin）、泰罗·埃尔基莱（Tero Erkkilä）、弗兰克·霍姆奎斯特（Frank Holmquist）、纳尔逊·卡斯菲尔（Nelson Kasfir）、马哈茂德·马姆达尼（Mahmood Mamdani）、海基·帕托迈基（Heikki Patomäki）和亨特·罗林斯（Hunter Rawlings），他们热心地给我提供了重要的信息。每当各章初稿完成后，亚当·布兰奇（Adam Branch）、

肯·孔卡（Ken Conca）、泰罗·埃尔基莱、丹尼尔·E·埃瑟（Daniel E. Esser）、查尔斯·赫斯本德（Charles Husband）、帕特里克·撒迪厄斯·杰克逊（Patrick Thaddeus Jackson）、曼弗雷德·斯特格（Manfred Steger）、泰沃·泰瓦伊宁（Teivo Teivainen）、图罗·维尔塔宁（Turo Virtanen）、保罗·韦普纳（Paul Wapner）和琳达·亚尔（Linda Yarr）就对文章提出了批判性意见和明智的建议。

在努力解决本书所讨论的关键问题的实用性方面，我在美国公民自由联盟（American Civil Liberties Union）学术自由委员会（Academic Freedom Committee）和国际研究协会学术自由委员会（International Studies Association's Academic Freedom Committee）的工作使我获益良多。

另外，我必须向我的出版方和三位外部审稿人致敬，他们受托审阅了本书的手稿并提出了许多修改建议。我的编辑兼普林斯顿大学出版社（Princeton University Press）负责人彼得·J·多尔蒂（Peter J. Dougherty）和助理编辑杰西卡（Jessica Yao）使本书的出版工作得以顺利进行并帮助完善了我的论点。高级编辑埃里克·克拉汉（Eric Crahan）也给本书提出了宝贵建议。副主编泰里·奥普瑞（Terri O'Prey）和文字编辑詹妮弗·贝克（Jennifer Backer）修校并完善了我的手稿。他们为本书的出版设定了很高的标准，我希望我已经达到了他们的期望。与普林斯顿大学出版社的合作经历，我非常满意。

最后，尤其要感谢我的妻子琳达（Linda）和我们的孩子亚历山德拉（Alexandra）、乔丹（Jordan）和艾丽西娅（Alicia），他们给了我坚定的鼓励、包容和关怀，支撑着我撰写本书和顺利完成这项研究。我们一家人快乐地生活着、工作着。我的妻子琳达和我携手经历了研究、校对和手稿刊印成书的整个历程，她的聪慧和创造力以及我们的幸福婚姻一直是力量的源泉。不过，若本研究有任何疏漏，完全是我个人的责任。

术语说明

在本书中，"大学"（university，单数形式）是指高等教育机构的共同模式。它强调系统特征，即构成一个独特矩阵的关键结构要素，但不假定总体趋势是普遍的或者被掩盖了特殊性。

事实上，大学是一张拼图，取决于时间和地点。"大学"（universities，复数形式）一词汲取了不同教育文化演进中的细微差别。单数形式的"大学"要求关注共同特征；复数形式的"大学"则要求关注不同形式，重要的是从两个视角来看问题。

我交替使用不同的单词，包括 tertiary education、higher education 和 colleges 来指代经过认证的、授予学位的高等教育学习项目。各国大学的官方统计在单复数意义上都存在差异：社区和技术学院、神学院、虚拟机构以及虚假认证机构授予假文凭的文凭工厂，其中一些机构甚至在海外进行营销活动。在接下来的章节中，我会指出其主要区别。

本书部分用语来源于美国的案例，因为美国高等教育规模庞大，资源丰富，在全球拥有巨大的影响力。当然，部分国家和地区（比如亚洲、中东大部分地区和欧洲部分地区）的大学并不完全认可美国大学所追求的理想。为了避免美国中心主义和西方中心主义的偏见，本书致力于呈现历史的特殊性、多个研究地点、不同的观点和来自方方面面的声音，目的是使本研究去中心化。

在民主社会与非民主社会中，大学的使命是有界线的。然而，以集权制、半集权制和非集权制背景为依据来划分大学的办学宗旨是错误的。即使领导人不支持或仅口头支持某些西方环境强调的言论自由等价值观，他们也一样致力于维持现行秩序、管理变革，以及为社会提供可交付的成果（social deliverables）。社会控制和变革的功能是并存的，并以各种方式发挥着作用。最重要的是，大学使命是有争议的、易变的，有时甚至是千变万化的。虽然绝对真理、被动思考和死记硬背的教学是一些地区的规范，但不乏有关学习的不同理念和民主改革的案例，比如哈比卜·布尔吉巴（Habib Bourguiba）总统领导的突尼斯。这反映了不论是集权还是民主国家，都有改变高等教育道德价值的渴望，正如本书的案例章所示①。

---

① 关于这些替代价值如何在不同社会环境中获得激励或受到侵蚀的更多证据，参见 Philip G. Altbach, Global Perspectives on Higher Education (Baltimore: Johns Hopkins University Press, 2016), especially 238 - 53; Paul Tiyambe Zeleza, The Transformation of Global Higher Education (New York: Palgrave Macmillan, 2016), 337, 355n15, and passim.

目　录

引　言

问题与争论

随着跨国竞争和市场利好型全球化的兴起,大学正在发生着显著的变化,走向一个充满争议的未来。本书讲述了是什么改换了大学的旧貌,又是什么塑造了大学的新颜。书中阐明了高等教育的全球性变化,发生这种变化的原因,以及应对挑战所能采取的行动。针对这些问题,我有三个统一的论点。

首先,在过去的半个世纪中,高等教育机构的规模、范围和影响都呈指数级增长。大学已经成为全球舞台的重要参与者,形成了市场力量。但一个棘手的问题是如何以明智且可靠的方法来使用这种力量,这也是本书后续章节要讨论的问题。

其次,我认为大学的核心学术宗旨受到了威胁。虽然未被普遍采纳,但这些核心宗旨在19世纪开始生根,经过19世纪和20世纪的逐步发展,到21世纪陷入了新的紧张局面。进入21世纪,三位一体的核心教育使命——培养公民意识、培养批判性思维和保障学术自由正在失去立足之地。一种新的功利主义正在崛起,它优先考虑有用的知识和解决问题的技能,而非基础性的探索;将市场价值置于教育价值之上;强调理性思维,不推崇艺术、古典语言、历史和哲学等其他思辨模式。而且,这种功利主义具有全球化的特点,更偏好教育—服务—出口模式(educational-services-export model),对建立跨国界课程的有机联系并不重视。简言之,大学正在重新定位。

第三,基于大多数国家都同时面临着提高绩效和减少公共投资的压力,高等教育的主导模式对所有大学来说都是不可持续的,只有极少数顶尖大学例外。这一小批研究型精英院校提供的"奢侈品牌"仅面向全球不到 0.5% 的学生,且大多分布在发达国家。不断上涨的大学学费让许多不太富裕的学生望而却步,以免在进入前途不明的就业市场前背上沉重的债务;学生被招进大班课程,其中许多课程的主讲人是临时教师而非全职的终身教职;大学对日益增多的管理人员给出了过高的薪水补偿,这导致了学生对管理人员的信任度降低。

当迫切需要明确目的性的时候,大学都陷入了一种错觉,认为应该在这场超级联赛中力争上游。越来越多不同背景的大学都树立了同一个梦想——成为世界一流的大学。虽然志存高远值得称许,但这种时髦的目标是虚幻的,因为在一个多层体系中,并非所有大学都有资格进入顶层。有些大学得天独厚,而另一些则先天不足,由于缺乏必要的财政手段,后者在竞争中处于劣势。然而,在这些大学的梦想世界中,一大批教育工作者都将哈佛及同类院校(主要是处于研究型大学上层的少数富裕私立大学)当作黄金标准。哈佛拥有世界上规模最大的大学捐赠基金(2016 年的年中数据为 357 亿美元),并且每年收取的学费为 63 025 美元。哈佛位于马萨诸塞州(Massachusetts)剑桥市(Cambridge),其所处的知识经济环境是麻省理工学院(Massachusetts Institute of Technology)等研究型大学、辉瑞(Pfizer)、诺华(Novartis)等尖端生物制药公司以及亚马逊(Amazon)、谷歌(Google)办事处集聚的中心。这里的企业往往将大量高薪职位提供给了家境优渥的学生,他们大多毕业于哈佛或其他捐赠基金雄厚、负有盛名的精英大学。

正如本书书名"遥不可及的梦想"(Implausible Dream)所传达

的,世界一流大学只是一种比喻性的说法,因为事实证明,这种说法
与现实相悖,具有迷惑性,让人联想到构建双赢局面的想法和行动,
而实际上,全球化的特点是赢家和输家之间存在等级分化,二者地位
并不平等①。由于国家的重点绩效奖励政策,那些入选全球各类卓越
计划的院校每年的年均预算估计高达 20 亿美元,大大地分流了弱势
大学的资源,但美国和其他两个案例国家的大多数学生都就读于这
些弱势大学②。

　　此外,"世界一流"的比喻掩盖了高等教育的具体政策、实践和声
明,也是凝聚若干含义的总括性概述。这些以全球化为中心思想的
话语包括战略规划、最佳实践、品牌化、基准、基于绩效的生产力测评
以及诸如此类尚待进一步充分讨论的概念。这些概念相互促进,形
成了一种综合性的概念——世界一流大学。这不仅仅是一种表达形
式,更是一种自上而下思考和理解高等教育的方式,"世界一流"的说
法已经渗透进了潜意识,往往会躲过批判性的审视。

　　今天,全世界的大学都憧憬着获得世界一流的地位,这无可厚
非,而且可以给大学带来切实的好处③。"世界一流"的说法是由世界
银行等机构组成的全球治理网络发明出来的,目的是使某些行动方
针合法化,并为教育决策者所用。这种具有诱惑力的、共通的说法被

---

① 有关信息参见 Dani Rodrik, *The Globalization Paradox*: *Democracy and the Future of the World Economy* (New York: Norton, 2011); Saskia Sassen, *Expulsions*: *Brutality and Complexity in the Global Economy* (Cambridge, MA: Harvard University Press, 2014); Jan Aart Scholte, *Globalization*: *A Critical Introduction*, 2nd ed. (New York: Palgrave Macmillan, 2005); Joseph E. Stiglitz, *Globalization and Its Discontents* (New York: Norton, 2002).

② Ellen Hazelkorn, "Could Higher Education Rankings Be Socially Transformative?" *University World News* 432 (October 14,2016).

③ 社会、国家和国际形象的概念探讨参见 Benedict Anderson, *Imagined Communities*: *Reflections on the Origin and Spread of Nationalism*, rev. ed. (London: Verso, 1991); Manfred B. Steger, *The Rise of the Global Imaginary*: *Political Ideologies from the French Revolution to the Global War on Terror* (Oxford: Oxford University Press, 2008).

大学用作聘请更多管理人员为世界排名等活动筹备分数的理由；被学生及家长用作填报志愿的参考；被认证机构用来评估大学现状和发展方向；被各国政府用作资金分配和决定海外留学基金资助方向的标准；也被其他国家在移民法中用来赋予那些拥有世界一流大学学位的入籍申请者们优先权。

尽管"世界一流"的标语被广泛采用，但关于其统筹的若干问题却仍未解决①。如何定义"世界一流"？要调动多少资源才能达到"世界一流"的标准？要跻身屈指可数的一流学府之列需要采取哪些策略？是否所有大学都应该效仿精英大学，大学与国家体系中的其他机构存在怎样的关系？这条道路是否正在导致全球学术共同体偏离其根本宗旨？

我并不是说大学不应该追求自己的梦想。就像磅礴的交响乐或恢弘的壁画一样，梦想可以鼓舞人心。作为一种激励手段，梦想常常能激励进步。但是，如果门槛定得过高，如果这些愿望完全无法实现，就会产生不切实际的期待，随之而来的是失望、沮丧，甚至有时会让人抗拒新的尝试。当梦想和现实之间的鸿沟无法跨越时，人们往往会变得愤世嫉俗或意志消沉。如果目标是 4 分钟跑完一英里，卧推 500 磅，或者达到迈克尔·菲尔普斯（Michael Phelps）的世界游泳纪录，那么许多选手会感到整个练习毫无意义。因为这似乎是不可能完成的，而且人们会普遍质疑努力的目的。这种落差解释了公众为何对负责培养下一代人才的院校信心骤降的关键②。

接下来的章节将要探讨的是，当所有大学都去追求同一个目标时，他们所面临的结构性障碍是否会导致世界一流大学的目标无法达成？这种质量和卓越是否能够适应该模式所在的原生环境（即主

---

① Philip G. Altbach, "The Costs and Benefits of World-Class Universities," *International Higher Education* 33 (Fall 2003): 5 - 8, touches on these concerns.

② 关于改变大学表现观点的具体阐述参见本书第二部分。

要分布在发达国家富裕的、私立为主的高水平大学)之外的土壤？这并不是说其他高等教育机构就应该放低理想,接受低水平的发展进程。相反,这些机构应该是不同的个体(受各自经历影响),与自身的教育环境相宜,并反映出应对环境变化的多种方式。因此,面临的挑战在于如何克服根深蒂固的障碍,改善教育和研究环境。

因此,"世界一流"的定义对分析高等教育的结构性改革具有重要意义,因为定义提供了一个窗口,让人们了解大学使命普遍意义背后的思想以及它是如何影响教育政策的。在高等教育日益被视作重要私人投资和经济利益的大环境中,如何满足公共需求的问题普遍存在。鉴于此,大学存在的价值受到拷问。随着量化指标渗透到学术议程中,有关大学的办学宗旨已经改弦更张。日常的绩效考核缺少了对使命本身的关注。问题不仅仅是用什么方法来评估大学和如何改进这些考核方法,还包括考核的具体内容。

尽管教育机构本应奉行崇高的办学宗旨,但他们必须应对全球市场的不稳定以及与之密不可分的各种理念,即生产力、竞争和效率。这些实践和规范改变了大学共同协商和共同治理的民主基础,带来了预期外的结果。

本书的第二部分展示了这些预期外的结果。该部分讨论的具体案例包括对美国大学校长们的观察,他们批准了外部资金来源,但却对某些咨询业务、版权和专利协议以及大学与制药等大型企业的合同表示后悔,因为这些产学合作伙伴关系产生了激烈冲突,这些冲突一方面集中在专利知识和盈利之间,另一方面则是在教师忠诚和学术自由原则之间。在另一个案例中,芬兰大学采用了适用于区域和全球标准的政策框架,以期从全球化中获益。但事实证明,这些政策框架削弱了互信、合作、平等的本土教育价值观。在乌干达,当地大学与海外大学签订的协议为后者进入乌干达国内市场提供了机会,但始料未及的是,这种做法违反了乌干达的法律,甚至被认为是对当地文化的冒犯。曾在乌干达开设分校的一所英国大学的冒险经历就是一个例证，当乌干达人断然拒绝这位合作伙伴的要求时，分校立即被关闭了。

综上所述，这些案例展示了大学的各种使命（历史使命和新使命）以出人意料、相互矛盾的方式相互影响。案例还表明，高等教育机构的财政目标和教育目标可能会发生冲突，但如果今后这些目标能够正确地结合在一起，这种情况则不会发生，因为它们之间并不存在尖锐的对立。

因此，问题并不是大学在改变，而是大学改变的方式。本研究的一项主要任务就是以更明确的方式刻画出高等教育的改革策略，并指出改革需要怎样的替代性策略。我认为，要解决困扰高等教育的问题，并没有现成的公式或单一的政策"办法"。本书最后一章详细阐述了五条适用的建议，为高等教育转型指明了结构性改革的方向。

基于对大学结构调整的多重考虑，我提出了一些具体的建议，以粉碎这个全球大多数大学都抱有的遥不可及的梦想。再则，我提出了一种更具可持续性的多元愿景，为培养"本地—全球"的批判性思维服务。与我们这个时代流传的许多悲观预言不同，我对高等教育的展望更为冷静和乐观。

我所主张的结构性改革不是一项乌托邦式的行动。机构调整的可行性需要自上而下坚实的领导力。大学管理者能提供远见卓识和经验，而领导力则集合了理事会成员的敏锐、核心管理者的洞察力、教师的主动性、工作人员的创意、学生的活力和社会运动的推动力。多方参与者可以起到催化的作用，引领大学超越临时方针和治标不治本的改革。这群思想主体组成的联盟有可能使旧的办学宗旨焕发出新的光彩，并创造出超乎政策制定者想象的前景。

前　景

　　尽管不知道接下来会发生什么，但前景仍是可以预测的，这种预测并非凭空想象，而是以历史证据为基础。全球化的主要趋势既是融合的，也是分化的，这种相互抗衡的趋势融汇在高等教育的改革中[①]。为重塑大学的宗旨和结构，基于对这些前景的预视，我搭建了下述框架。

　　第一类发展轨迹是大学规划的进一步趋同。无论其效果是否有意为之，标准制定机构和程序正在促进学习目标和结果的同构，这其中包括学术认证（一项国际贸易服务）和全球大学排名（一个获利丰厚的行业）[②]。大学的课程在学位要求、学分互认体系、推荐书目、教师职位定义，甚至课程名称等方面越来越趋同。例如，就像欧洲高等教育区域（European Higher Education Area）的形成过程一样（第三章），欧盟（European Union）国家的大学正在统一其教育系统[③]。当然，同一性并不是唯一的趋势。

　　第二类发展方向是大学规划编制上的巨大差异。全球化融合了

[①]　詹姆斯·N·罗斯诺（James N. Rosenau）是全球化的研究者之一，他将全球化视作融合与分化的混合体。参见 James N. Rosenau, *Along the Domestic-Foreign Frontier: Exploring Governance in a Turbulent World* (Cambridge: Cambridge University Press, 1997); James N. Rosenau, *Distant Proximities: Dynamics beyond Globalization* (Prince ton: Princeton University Press, 2003), 11-16ff.

[②]　关于规范趋同的长期趋势，特别是在中小学教育方面，约翰·迈耶（John Meyer）和其他"世界政治"社会学家追踪了美国公立和私立大学的融合。G. Kruecken and G. Drori, eds., *World Society: The Writings of John W. Meyer* (Oxford: Oxford University Press, 2009). Ronald J. Daniels and Phillip Spector, "Converging Paths: Public and Private Universities in the 21st Century" (New York: TIAA Institute, 2016).

[③]　在相隔遥远的各大洲，学生们越来越多地被指定阅读同样的书籍和文章。作为中国和日本的客座教授，我发现研讨会上的参与者比许多美国同行更熟悉美国顶尖学者的成果。在很多方面，大学越来越相像了。

不同地方和国家的历史、文化、法律框架和经济规模，从而扩大了差异。此外，大量研究表明，教育全球化扩大了大学之间的贫富差距，加剧了高等教育入学机会的不平等，而且可能造成社会流动性的下降①。在许多地区，大学所处的环境都越来越不平等。社会经济局势冲击着高等教育机构，使他们变得更加多元化，更加不规范。公立和私立、营利和非营利、世俗和宗教、虚拟和实体、富有和贫穷、城市和乡村、大型和小型、传统和现代机构的大量涌现，将高等教育机构划分出多种类型②。值得注意的是，公立和私立之间的差距正在缩小。公立正呈现出私立的主要特征。事实上，名义上公立且本应是非营利的教育机构正在增设营利性项目③。

矛盾的是，全球化进程正在加速高等教育的趋同和分化。在这种不协调的发展动态中，第三类发展轨迹已经浮现出来。这类轨迹刚刚萌芽，所以还没有名字。按照规定的叙事习惯，且将这种趋势称之为"多态性"（polymorphism）。在自然科学中，这个词指的是经历

---

① 虽然大学被认为是社会流动的通道，但实际上，大学可能会助长或减少不同形式的不平等。参见"Has Higher Education Become an Engine of Inequality?"（a forum），*Chronicle of Higher Education Review*，July 2，2012，http://chronicle. com/article/Has-Higher-Education-Become-an/132619/（accessed January 25，2016）. 苏珊娜·梅特勒认为美国大学制造了不平等，参见她的著作《不平等的学位：高等教育的政治如何摧毁美国梦》，Suzanne Mettler，*Degrees of Inequality：How the Politics of Higher Education Sabotaged the American Dream*（New York：Basic Books，2014）. 有关对她这本著作的回应，参见"Higher Education and the American Dream，" *Perspectives on Politics* 14，no. 2（June 2016）：486‑97.

② "大众大学"（popular university）一词用来描述 20 世纪初在欧洲和拉丁美洲出现的工人阶级大学，以及在我们这个时代教育活动家和社会运动领袖的倡议。参见 Boaventura de Sousa Santos，*The Rise of the Global Left：The World Social Forum and Beyond*（London：Zed Books，2006），148；Boaventura de Sousa Santos，*Epistemologies of the South*（Boulder，CO：Paradigm Publishers，2014）. Mandela，*Long Walk to Freedom：The Autobiography of Nelson Mandela*（Boston：Little，Brown，1994）. 曼德拉在《通往自由的漫漫长路——纳尔逊·曼德拉自传》中谈到了"监狱大学"，他提到了在罗本岛上为囚犯设计的课程大纲和具体课程。

③ 在这些活动中有大型运动队的业务、私有化的咨询服务、知识产权的商业化，以及制药和医疗设备公司支付巨额报酬的科研人员和医生的工作。此外，一些大学试图通过对课程进行市场定价来弥补预算的不足：对高需求课程收取更高的费用，提出更高的毕业要求。

了许多不同的阶段。我用这个概念来描述，是因为它可以描绘出高等教育多元化排列的特点[①]。多态性概括了高等教育矛盾和多变的现象。多态体(polymorph)兼具同质性和异质性的特质，呈现出多种形态和表象，同时也包括偶然性。简言之，多态性是在当前和未来教育全球化之间的一种阈限力量。

多态性既弘扬民主公民意识、批判性思维和学术自由的核心教育宗旨，也可以兼容现代大学经久不衰的人文主义价值精神。这将高等院校重新置于其独特的环境中。使命反映了环境上的细微差别，因为无论在西方世界还是非西方世界都不存在一种民主、批判性探索和自由表达的通用形式。鉴于我们对高等教育未来的预判有限，因此这项举措更多的是一种潜力而非现实。结论依然是开放的，没有任何预设。

在本研究中，我要强调大学重新定位的利害关系，对这些利害关系进行比较分析的价值，以及认识全球化驱动要素的必要性，而不是把这些要素混为一谈。预先表明我的立场，我认为多态性是最有希望重新聚焦大学使命和重振高等教育的突破口。这条路能否走下去，不仅涉及难以攻克的结构性问题，还涉及能动性、策略性以及偶然性问题。

计　　划

本文将通过三个案例研究来充实我的论点：由私营部门主导的

[①] 在生物学和化学中，"多态性"一词意味着一种现象的多样性。多态性在社会科学中不太为人所知，但已被用来研究东欧的政治体制、阿尔及利亚战争以及法国的城市政治，参见 Thomas Lowit, "Le parti polymorhe en Europe de l'Est," *Revue française de science politique* 29, no. 4 - 5 (August-October 1979): 812 - 46; Jean-Pierre Rioux, "En Algérie, une guerre polymorphe (1954 - 1962)," *Vingtième Siècle: Revue d'histoire* 68, no. 1 (October-December 2000): 122 - 24; Crispian Fuller, "Urban Politics and the Social Practices of Critique and Justification: Conceptual Insights from French Pragmatism," *Progress in Human Geography* 37, no. 3 (October 2013): 639 - 57.

全球化形式,以美国为例;强大的公共领域,以芬兰为例;早期以公立大学为主,现在私立大学日趋扩大的发展中国家,以乌干达为例①。我选择这些案例来辨析高等教育重新定位的多样复杂环境。每个案例的原型可在区域和国别经验上加以区分。确切地说,区域内和区域间的相似性与差异性都很重要,例如美国和加拿大,芬兰和瑞典,乌干达和肯尼亚大学之间的异同值得关注。

本书为审视全球化浪潮中的大学提供了一个广泛的视角,并展示了开展知识治理的多种方法。毫无疑问,美国的影响力及英语的扩张对世界各地的大学产生了深远的影响。虽然芬兰的大学因为国家学术计划而面临着越来越大的压力,但作为先锋教育系统,芬兰的大学依然保持着较高的评级。不过根据新的《大学法案》(*Universities Act*),也就是 2009 年实行的改革,芬兰的大学要进行大范围的改革。而乌干达旗舰大学麦克雷雷大学(Makerere University)的案例不仅体现了国家和新兴市场改革的紧密结合,也揭示了制定知识去殖民化议程的可能性与困难。麦克雷雷大学不仅仅是一个案例,而且在许多方面也是后殖民时代高等教育机构争议性变革的先驱。

不可否认,选择上述案例研究的同时也遗漏了其他重要的案例。本书初稿的读者们曾建议增加更多的案例,有人建议中国,有人建议马来西亚,还有人建议某个拉丁美洲的国家。坦白说,我没有资源和精力去开展更多的实地调研。我也不想推迟本书的完成时间,为此,

---

① 我考虑再三后使用了"公共领域"(public sphere)一词,指的是在公共领域进行公开辩论和积极思考。在公共领域(本书后面会对大学现状的讨论限制加以界定)阐明了我的案例研究如何在不同程度上与尤尔根·哈贝马斯(Jürgen Habermas)所提出"公共领域的结构改造"模式相对应。参见 Jürgen Habermas, *The Structural Transformation of the Public Sphere: An Inquiry into a Category of Bourgeois Society*, trans. Thomas Burger (Cambridge, MA: MIT Press, 1989). 虽然有不同的公共领域理论,但哈贝马斯的著作被公认为是其基础。关于这一点的阐述,以及关于是否需要将哈贝马斯的概念扩展到众多(而非单一)国家体系公共领域中的讨论,参见第八章。

我已经进行了好几年的研究。的确,每个国家和大学体系都有自己的故事,彼此之间存在着巨大的差异。但是,所有国家都在进行着广泛的高等教育改革。大学发展的方向呈现出明显的相似之处,譬如,知识机构在全球化世界中的作用,竞争伦理的兴起,以及知识市场中技术的使用。

尽管不同的大学体系都已经接受了一个遥不可及的梦想,即将"世界一流"地位作为教育政策的典范,但我的目的是丰富并调整对这一意象的分析,而不是将其压缩为片面的主流解释。我选择采用循证方法来了解当地的知识和特定的历史环境。

与其泛泛而谈大量缺乏历史背景和文化脉络的案例,不如通过深度剖析少量案例来更好地倾听地方与本土的声音。查尔斯·蒂利(Charles Tilly)证明过这项策略的合理性,他强调大规模的资料数据对跨体系研究是有价值的,但将关注点集中在少数案例国家能更深入地进行背景比较,研究成果也更具持久力①。

我对三个历史案例的研究主要集中在一系列知识机构和支撑他们的独特的社会结构上。在分析每一个案例时,我并没有将历史变化简单地看作里程碑式的时间节点,而是将其融入不规则的变迁时期内,这些时期与潜在的社会力量和强大的全球结构相关联。因此,一个出发点是,只关注制度变革而没有将其与社会分层联系起来的大学分析是不完整的。在我们这个经济不平等和社会分层不断加剧的时代,这一点非常明显。为了明确大学体系与阶级、种族、民族和性别上的诸多联系,我重点强调了它们的交集。本研究的重点与许多关于高等教育机构的文献形成了鲜明的对比,后者或是没有充分讨论这些相互作用,或是完全避而不谈。

---

① Charles Tilly, *Big Structures*, *Large Processes*, *Huge Comparisons* (New York: Russell Sage Foundation, 1984),76 - 78.

本研究的实证调查包含了对主要文献的严密分析,其范围覆盖了政府文件、国际组织报告、公开统计资料、历史文献及其他文献等。另外,我与大学、国际组织、政府机构、慈善机构和其他非营利组织的教育领导进行了有针对性的讨论,也与数十位教授、学生和工作人员进行了讨论。我走访了若干通晓高等教育变革的专业人士,包括大学校长、教务长、院长、政府部长、评估与排名专家,了解他们的角色、计划和希望,我想知道这些教育改革的推动者们会如何描述大学。在与他们面对面的交谈中,我深入地了解了他们的看法。本研究的半结构化访谈在赫尔辛基(Helsinki)、堪培拉(Kampala)、内罗毕(Nairobi)、纽约(New York)、比勒陀利亚(Pretoria)、上海(Shanghai)和华盛顿特区(Washington, D. C.)进行。这些访谈可能都无法构成任何较大人口的科学样本,但现场访问和所获取的信息却提供了知识治理的第一手资料。

此外,我始终站在最前沿的位置观察着重新定位高等教育的重要变革。本书分享了我的亲身经历,包括在美国和乌干达的求学经历,四大洲(非洲、亚洲、欧洲和北美洲)的任教经历,以及担任系主任、公立和私立大学院长、基金会董事和全球治理机构顾问的任职经历。在职业生涯的大部分时间里,我一直都积极参与重新定位高等教育的改革。

我在大学的亲身经历以及大学所承受的压力是大学、国家和市场相互作用的真实写照。我也借鉴了其他观察者的记忆和口述历史作为一种还原模式。这种讲故事的方式不仅仅是回顾轶闻趣事,叙事(Narratives)是一种认识方法,能够阐明更大的问题。记忆的小片段通过个人经历折射出强大的结构性力量。记忆是信息的重要来源,尤其是记忆可以充当挖掘历史和探索前景的灵感。来自不同国家和地区的记忆可能生成理论和批判性思维。叙事是一种表达方式,能再现社会融合与社会冲突的故事,并激发人们聆听的兴趣。叙事也提供了一种机会,让我们回归到特定的历史时刻并厘清我们生活中看似混沌的复杂性。在本研究中,叙事提供了一种审视动态力量的工具,一种理解大学之所以存在的方法,一种将过去、现在和未来连接起来的媒介。

有别于对历史的线性描述,记忆可以被当作一种记录方式,它记录的不是已逝的往昔,而是鲜活的历史。在这一点上,威廉·福克纳(William Faulkner)评论道:"过去从未消逝,而且仍在继续。"[1]这种关系可以被理解为关于过去如何进入现在的对话[2]。

在 2017 年的一场关于大学与奴隶制关系的会议上,哈佛大学(Harvard University)校长德鲁·吉尔平·福斯特(Drew Gilpin Faust)谈到一个机构的历史沿革是如何融入到当下的办学宗旨中:"只有正视历史……我们才能够解放自己,自由地去创造一个更公正的世界。"[3]

近来,为解决种族、民族和国际冲突的遗留问题,其他的一些具体事例(其中大多都是为了回应校园的激进主义行为)比比皆是,这些将在之后的章节中进一步讨论[4]。这些行动的目标是,通过追溯历史,让我们的时代充满和谐,并开创一个公平的未来。虽然我们不能直接穿越回过去,但无论记忆是平淡无奇还是不堪回首,重温记忆可以提醒我们超越和感恩历史的必要性。

记忆研究作为一种思考过去的方法,表明了改善现状和引导大学走向更美好未来的可能性。对高等教育来说,未来就是现在,因为未来正由当代力量塑造。

---

① William Faulkner, *Requiem for a Nun* (New York: Random House, 1951), 92.

② Jacques Lacan, *Past and Present: A Dialogue*, trans. Jason E. Smith (New York: Columbia University Press, 2014).

③ 参见 Jennifer Schuessler, "Confronting Academia's Slavery Ties," *New York Times*, March 6, 2017.

④ 尤其是第四章和第八章。

但要注意,记忆未必是完全靠谱的,必须对选择性记忆进行评估。回忆者必须尽力去避免错记和美化记忆。为了确认真实性,我觉得有必要向经历了相同历史案例的同事们进行求证,并通过日记、信件和其他文件等多个信息源反复核对。借助数字化和其他信息技术形式,许多记忆内容可被存储和访问。在某些司法管辖区,比如美国的《信息自由法》(*Freedom of Information Act*)等法律规定,当记录和数据被请求公开时必须强制予以披露。不过也有例外,譬如出于知识产权保护和国防安全保障的考虑则会驳回请求。

在进入正文之前,我想先表明我的态度[①]。我的立场是保守的,因为我认同现代大学的正统宗旨,前提是这些宗旨能够适应当前时代的严峻挑战。我所有努力的重点是去批判高等教育机构中大量以进入全球竞争和不断向上层靠拢为使命的大学代表。教育全球化成本和贡献承担的不均衡加速了社会经济不平等的扩大。如果情况不是这样,高等教育的另一个梦想能否实现——这正是本书最后一章的主题。

本书正文由相互关联的三部分组成。在接下来的第一部分中,第一、二、三章为探索大学宗旨的变化和由此带来的高等教育改革提供了一个框架。第二部分是历史案例研究。而构成第三部分的压轴章探讨了教育改革,并提出了可行的替代方案。

---

① 第八章提出的一个问题。作者的立场和主观性会在接下来的内容中详细阐释。

第一部分

全球知识治理

第一章
大学的宗旨危机

高等教育的宗旨(即开展教育活动的真正原因)既具有其字面意义,也有其象征意义。高等教育机构的官方使命宣言体现了一个机构的道德价值观、对其所获成就的申索和弘大愿景。因此,使命声明可以被视为一种哲学文档,是在经历共识与冲突后所形成的各类诠释与默契理解的文字记录。这些声明也可能被用作修辞策略、公关技巧,以及招募和筹款的工具[①]。要想更好地了解大学预期内与预期外的后果,我们必须审视高等教育机构自我标榜的公开声明以及其他各种声明,重要的是去发现其潜台词和理解其语境。规范价值与深刻的哲学思想都是教育政策问题。我们面临的挑战是,面对具有多重办学宗旨的大学,如何掌握其运作方式及演变过程。

学校在公开声明中的用语体现了高等教育机构宗旨的变迁。现在,大学专注于战略规划、基准、品牌化、知名度、排名、生产力指数、质量保障体系、学生顾客以及可量化的成果。但在 20 世纪 80 年代以前,高教界很少有学者用这些术语表达个人观点。现如今,这类术语在学术界已是习以为常,同企业界一样常见。

不过,大学的办学宗旨与其他行业向来是不同的。我所说的"宗

[①] 参见 Barrett J. Taylor and Christopher C. Morphew, "An Analysis of Baccalaureate College Mission Statements," *Research in Higher Education* 51, no. 5 (August 2010): 483 – 501.

旨"是指大学赖以生存的前提和价值观。作为指导机制,宗旨为制定决策、激励利益相关方和推动政策合法化提供了基础。宗旨可以用来转变思想和行动。

然而,大学不仅仅受使命驱动,而是由使命和市场双重驱动,在其发展进程中,不同程度的国家干预如影随形。

转　型

1852年,天主教牧师、后成为红衣主教的约翰·亨利·纽曼(John Henry Newman)仔细研究了大学的职责,发表了一系列关于"大学的理想"(*the idea of a university*)的演讲①,为持久的高等教育改革辩论奠定了基础。在牛津的三一学院(Trinity College)读书期间,纽曼强调大学的教学使命,深入思考了"'自由教育'(*a Liberal Education*)这篇文章在市场中的真正价值"②。纽曼认为,"制定正确的标准,接着根据这个标准进行训练,继而根据学生的不同才能,帮助他们达到这个标准。这就是我设想的大学职责。"③从这方面看,大学是用来培养人才的。纽曼认为这种追求是有益处的。

纽曼认为知识传播是大学的主要宗旨,而人们熟知的观点则认为高等教育的目的应是专业知识,纽曼对二者进行了比较。他虽然赞成讲授如法律或医学方面的实用课程,但他回应了教育必须对大学毕业生有用的论点,用今天说法,即"相关"。毕竟,"受过良好培养的才智,其本身就是有益的,能为从事的每一份工作和每一种职业都

---

① 这些演讲与纽曼的其他论述载于《大学的理想》一书,参见 John Henry Newman, *The Idea of a University*, ed. Frank M. Turner (1852; New Haven: Yale University Press, 1996).

② John Henry Newman, *The Idea of a University*, ed. Frank M. Turner (1852; New Haven: Yale University Press, 1996),110.

③ John Henry Newman, *The Idea of a University*, ed. Frank M. Turner (1852; New Haven: Yale University Press, 1996),109 - 110.

带来能量和魅力,从而使我们能更有用,也惠及更多人。"①换句话说,纽曼反驳了高等教育必须有用的观点,大学的职责应该是启发思想和培养品格。

20 世纪上半叶,时任普林斯顿高等研究院(Institute for Advanced Study)院长的亚伯拉罕·弗莱克斯纳(Abraham Flexner)进一步延伸了纽曼的观点。弗莱克斯纳认为所谓"有用"(utility)意指大学应做无用之事。在一篇题为"无用知识的有用性"(*The Usefulness of Useless Knowledge*)的文章中,他坚持认为研究人员应该在没有预设结果的情况下探求真知②。

弗莱克斯纳强调无用的知识正是无可比拟的有用的源泉。他以无线电发明者古列尔莫·马可尼(Guglielmo Marconi)为例,分析这一创新源于电磁领域的理论家们在技术细节上所做的大量无用工作。在这个例子和其他类似的案例中,那些贡献无用想法的科学家们并没有考虑实际回报的问题。那么,是什么推动着他们呢?这种动力来自于他们的求知欲,求知欲最终为人类提供了极其有用的回报。所以,重要的是,在看似无用却至关重要的研究领域里对学生进行科学精神的培养,可能会产生不可预见的解决具体问题的方法。根据弗莱克斯纳的说法,让自由探索不受有用需求的限制可以带来

---

① John Henry Newman, *The Idea of a University*, ed. Frank M. Turner (1852; New Haven: Yale University Press, 1996),119.

② Abraham Flexner, "The Usefulness of Useless Knowledge," *Harpers* 119 (June/November 1939):544 - 52. 普林斯顿高等研究院现任主任罗伯特·戴克赫拉夫(Robbert Dijkgraaf)在阐述弗莱克斯纳的"有用"和"无用"知识之间的区别时指出,这种界限并不是硬性的。他引用了诺贝尔奖得主乔治·波特(George Porter)的说法,用"待应用"(not-yet-applied)这个术语来描述从基础研究到实际应用的中间阶段。基础研究到实际应用之间的路径通常是不规则的。这是一个基础研究的公共支出和大量私人支出被大幅削减的时代,戴克赫拉夫为亚伯拉罕·弗莱克斯纳新版的《无用知识的有用性》所写的序言"明天的世界"提供了有用的信息,参见 Abraham Flexner, *The Usefulness of Useless Knowledge* (Princeton: Princeton University Press, 2017),3 - 47.

新的启示。

比如,著名英国学者 G·H·哈代(G. H. Hardy)热爱纯数学研究,对应用数学不屑一顾,表示将其留给其他学者去研究。他言之凿凿地指称:"它们(应用数学的分支)实在是面目可憎,枯燥乏味。"[①]他为后来著名的哈迪-温伯格定律(*Hardy Weinberg Law*)做出了里程碑式的贡献,这个定律解决了关于显性和隐性特征遗传在相当数量人群中占多大比例的争论。定律问世的几年后,哈代的理论已经延伸到了遗传学领域,这是他从没有想到也不会想到的。这段经验表明,大学象牙塔的刻板印象让人忽略了一点,即学者们所开展的基础研究计划可能与"现实世界"有关。从这个角度看,知者和行者可能是一体的。

这些关于无用知识和有用知识的价值推理模式在我们当下这样一个对高等教育价值进行广泛探讨的时代引发了共鸣。无论如何,现今的一些教育领袖都认同纽曼和弗莱克斯纳对大学作用的看法。用以色列魏茨曼研究院(Israel's Weizmann Institute)院长丹尼尔·扎伊夫曼(Daniel Zajfman)的话说,当我们为了知识而去审视知识的价值时,我们才会意识到一百年后我们能用它做些什么。如果你回顾一下科学史,你会发现大部分的发现都不是试图去解决问题,而是试图理解大自然是如何运作的,所以我们的重点在于理解[②]。

但如今,当用这种想法来为大学的表现辩护时,公众的怀疑是显而易见的[③]。大学成本高昂但提供的回报不足,这是一个令人担忧的

① G. H. Hardy, *A Mathematician's Apology*, Canto ed. (New York: Cambridge University Press, 1993), 140.

② Karen MacGregor, "Looking beyond the Shanghai University Rankings," *University World News* 285, August 31, 2013, http://www. universityworldnews. com/article. php? story = 20130830153013382 (accessed September 6, 2013).

③ 当然,对大学的信心和怀疑的程度因国家而异。比如,芬兰和美国在这方面的情况明显不同(参见第四章和第五章)。

问题。考虑到潜在学生及家长们的信息需求、学习成果、助学贷款、就业资格、校友工资以及毕业生就业率等多种因素，人们对回报的理解不尽相同①。

在与一位国际关系专业硕士生家长的谈话中，我深刻地意识到了这种对大学的回报期望。这位父亲开门见山地问我，他女儿毕业后能挣多少钱。我稍微停顿了一下，解释说学院只是提供一个跨学科的学位，而学生的薪资范围会因其职业轨迹而异。我向他介绍了五种职业：政府机构、非政府机构、政府间组织、跨国企业、研究和教学工作。这位父亲听而未闻，他只想要一个薪酬等级的数字。当我再次强调我的答案并谈到高等教育的长期收益时，他抛出了自己的有力观点：家长希望从他们的投资中获得收益。

两年后值多少钱？我试图提供一些有用的信息，并认识到对一个家庭来说，大学教育是一笔巨额开销和时间投入。虽然预期的经济红利可以量化，但即便如此，社会和知识财富的价值也难以确定。将培养品格转换为货币将是一种危险的做法。

另一个来自我个人经历的例子有助于阐明大学的职责。2000年，我在日本担任客座教授的工作即将结束时，我有幸收到邀请，与东京大学的四位教授共进午餐。他们热情地接待了我，并询问对日本大学的评价。我分享了对日本大学的良好印象，并补充道，我曾以为自己已经为日本的教学岗位做好了充分准备，毕竟我在此之前曾到访过日本。然而，很多情况还是让我很意外。例如，学生每学期大约选修20门课程；在为期末考试预留的最后一节课上，学生可以决

---

① 关于这个问题，参见 Richard Arum and Josipa Roksa, *Academically Adrift: Limited Learning on College Campuses* (Chicago: University of Chicago Press, 2011); William J. Bennett and David Wilezol, *Is College Worth It?* (Nashville: Thomas Nelson, 2013); Jeffrey J. Selingo, *College (Un) Bound: The Future of Higher Education and What It Means for Students* (Boston: Houghton Mifflin, 2013).

定是否完成这门课程。我还讲述了日本高等教育系统中出乎我意料的其他方面。我的日本同事们回答道："你的观察是正确的,但你没明白一件事,日本的大学与教育无关,大学的作用是为学生在企业和政府就业提供文凭和排名。"

我的东京同事们是真诚的,绝非讽刺或玩世不恭。他们表明了对高等教育实用主义目标的看法。在机构改革的旗帜下,文凭往往被理解为大学的主要宗旨①。当然,日本的案例有其独特之处。但从某些方面来看,哪个案例又不是特殊的呢? 总的来说,同事们的这番话让我们看到了一个普遍的趋势,即把职业准备作为学校的职责。许多专业学位课程的支持者都认同大学课程应该与当代"知识社会"和"知识经济"的就业市场保持更紧密的联系。正如我那位学生的父亲所言,学位是经济投资的回报。但关于大学的宗旨还有不少其他观点。

综观 19 世纪的英国、20 世纪的美国以及 21 世纪的美国和日本,上述这些观点集中反映了大学的难题。从纽曼时代到我们如今所处的时代,大学的宗旨正在被重新定义,特别是纽曼关于大学应该关注学生道德和宗教监督的理念被束之高阁。可以说,高等教育的使命一直在发展。

相较于企业部门和医疗保健行业的其他机构,大学在适应社会和经济变革方面一直表现迟缓。与此同时,国家正陷于结构调整的阵痛中。大学不再像 20 世纪六七十年代那样充当保护国内经济免受国际冲击的盾牌,而更多地成为国内利益的促进者和全球化的推动者②。

在这种发展态势下,大学成为实现个人愿望的工具。赖特·米尔斯(C. Wright Mills)写道:"知识,不再被普遍认为是一种理想,而

---

① Jane Jacobs, *Dark Age Ahead* (New York: Random House, 2004), 44 - 63. 雅各布斯在著作《集体失忆的黑暗年代》对高等教育文凭的起源进行了有趣的讨论。

② Robert W. Cox, "A Perspective on Globalization," in *Globalization: Critical Reflections*, ed. James H. Mittelman (Boulder, CO: Lynne Rienner, 1996), 21 - 30.

是被视为一种工具。在一个权力和财富社会中,知识被视为权力和财富的工具,当然,也被当做谈话中的一种点缀。"①第二次世界大战后,社会越来越强调产出有用的知识。但知识究竟是哪些团体获得利益的工具呢? 某种宗教秩序,某些社会阶层,一种政治信仰,还是一种商业模式的底线? 是否如纽曼所认为的那样,高等教育既是一种手段,也是一种目的? 如果后一个问题的答案是肯定的,那么这种组合正在迅速发生变化。

诚然,现代大学的具体目标反映了各个地方和机构的历史差异。但是,自 19 世纪初开始,大学的核心宗旨逐渐发展起来,从广义上讲,起码在民主环境下,其核心宗旨仍然是相似的。但是,这些环境并不能完全以民主和非民主制度为基础进行整齐划一的分类。而且在法国这样的民主国家,与英国和美国的情况不同的是,大学的隐性目标是为强调政教分离(世俗主义)的共和主义公民身份做准备②。虽然差异显著,但关键的一点相同,即大学的主要使命都是培养民主公民意识,培养批判性思维和捍卫学术自由。然而,在我们这个时代,历史的转变正在取代这些既定原则。

回溯这条道路,我们不妨试想一下,在纽曼时代,不论是英国、德国还是美国,主流大学都将其使命定义为经济增长的引擎,其学术项目也越来越多地面向就业市场。此外,即便大学是在为巩固国家安全和打造国家"软实力"培养毕业生,但学校依然宣称其致力于培养学生对学习的热爱③。人们很难想象改造大学的画面,因为纽曼及其

---

① C. Wright Mills, *The Power Elite* (New York: Oxford University Press, 2000),352.

② 关于这些观点,我非常感谢对本研究手稿提出建议的同事们:美利坚大学国际事务学院国际关系教授帕特里克·撒迪厄斯给作者的邮件,2016 年 1 月 28 日;美利坚大学国际事务学院社会学教授路易斯·古德曼给作者的邮件,2016 年 1 月 29 日。

③ 在约瑟夫·S·奈(Joseph S. Nye)的惯常用法中,"软实力"指的是吸引或说服的能力而非强迫。参见 Joseph S. Nye. *Soft Power: The Means to Success in World Politics* (New York: Public Affairs, 2004).

志同道合的教育家们所传达的理念已经产生了持久的影响力,即使这些影响力正在一点点地消逝。

令人诧异的是,仅仅在三十年前,大学并没有沉迷于战略规划、基准、品牌化、知名度、排名、生产力和质量保证这些关键词,但如今这些概念已经被转变为大学的测量指标[①]。这一进程所涉及的不仅仅是提升一所学校声誉的时髦方式。相反,正如我们将看到的那样,数字具有力量并被巧妙地投射到了政策中。新的行业术语意味着大学的优先事项发生了变化,大学有了成本和收益。当前这些陈述所依托的政治经济环境,已与 19 世纪初纽曼时期的牛津大学(Oxford University)及他出任首任校长的爱尔兰天主教大学(Catholic University of Ireland,现为都柏林大学学院)的景象大相径庭,也与 20 世纪初弗莱克斯纳时期的普林斯顿大学(Princeton University)的情形相去甚远。

考虑到现今环境与过去不同,哈佛大学前任校长德里克・博克(Derek Bok)把他对高等教育的分析放在了学术界积弊已久的教育观上[②]。他当然清楚资金对于运营一所复杂机构的重要性。然而,博克指出追求收入可能是一个永无止境的命题,将诱使机构出于金钱而非知识的原因开展越来越多的活动[③]。为了强调自己的观点,他请听众们假设,如果可口可乐公司(Coca-Cola)向普林斯顿大学提供 2500 万美元,希望在拿骚大楼(Nassau Hall)的入口处刻上广告词“心旷神怡,万事胜意”(*Things Go Better with Coke*,可口可乐公司 1963 年广告词),毫无疑问,普林斯顿大学肯定会同意在这幢历史建筑上

[①] 这些术语具有多种来源:军事机构、公共部门的其他分支机构、商学院和私营企业。作为一种管理工具,战略规划旨在将使命、价值和能力结合起来。迈克尔・E・波特的著作《竞争战略》尤其具有影响力,参见 Michael E. Porter, *Competitive Strategy* (New York: Free Press, 1980).

[②] Derek Bok, *Universities in the Marketplace: The Commercialization of Higher Education* (Princeton: Princeton University Press, 2003).

[③] Derek Bok, *Universities in the Marketplace: The Commercialization of Higher Education* (Princeton: Princeton University Press, 2003), 166.

凿刻字样为可口可乐做广告。博克问缘何如此,答案是学校常常会在捐赠教授职位和奖学金上冠上企业捐赠者们的名字。这个假想交易的问题在于,将广告张贴在象征着大学本身的位置,就意味着"在普林斯顿,几乎任何东西钱都可以买到。"①可口可乐的广告语意味着,"如果价格合适,没有什么地方是神圣不可侵犯的。"②博克补充道:"如此大行其道地传播物质主义,大学将损害为了防止商业压力侵蚀学术价值所做的一切努力。"③

我亲眼目睹了1997—1998年马来西亚的真实境况,一切正如博克所假设的情形。马来亚大学(University of Malaya)是马来西亚最古老的、公认的一流学府,其管理层授权麦当劳(McDonald)在学校正门处开设一家加盟店。这处校门紧挨着大学的清真寺。教职员工和学生们强烈抗议这一举措,理由是金拱门是一种西方商业产物,与亚洲高等学府格格不入,是对伊斯兰教规的公然冒犯。面对愤怒的示威游行,学校的管理高层做出让步,为这家连锁快餐店安排了另一个地点。

学术全球化

虽然麦当劳起源于美国,但这个跨国连锁品牌标志着以市场为导向的全球化的蔓延。与马来西亚一样,世界各地的高等教育机构都正处于学术全球化的阵痛中,即知识领域的转型。也就是说,教育转型不是自成一体的现象,它发生在以扩张性趋势为特征的全球化环境中。

---

① Derek Bok, *Universities in the Marketplace*: *The Commercialization of Higher Education* (Princeton: Princeton University Press, 2003),173.

② Derek Bok, *Universities in the Marketplace*: *The Commercialization of Higher Education* (Princeton: Princeton University Press, 2003),173.

③ Derck Bok, *Universities in the Marketplace*: *The Commercialization of Higher Education* (Princeton: Princeton University Press, 2003),173.

　　社会经济学家卡尔·波兰尼(Karl Polanyi)在 1944 年发表的一篇具有前瞻性的分析报告中,提出了关于广义转型的深刻见解,这种见解超越了他研究的特定对象,即 19 世纪市场经济的增长[1]。其代表作《大变革》(The Great Transformation)的书名概括了市场与社会其他核心机构之间的关系。波兰尼表示,在双向运动的第一阶段,市场改革造成了社会大规模的破坏。由于受到这场大规模转型的不利影响,一些最弱势的群体(尤其是工人)被迫采取集体抵制行动。他们对经济自由主义的反弹形成了一场试图加强对市场力量控制的对抗运动。波兰尼认为,到 19 世纪,"行星式"激增的市场经济取代了欧洲的旧秩序——一个政治与社会需求始终优先于市场的体系[2]。这种双向运动(推力和反推力)很快跨越了国界。波兰尼的研究揭示了这些齿轮推动全球转型的方式。

　　虽然波兰尼没有把大学作为一种社会机构来考察,但他的思想有助于理解大学是如何转型的。是的,大学会受到历史更迭的影响,但同时也是教育全球化的参与者。学术界始终参与并推动着当前的全球化进程。

　　也就是说,我们的时代可以被理解为一种压缩了时间和空间的变革过程综合征[3]。换言之,全球化缩小了范围和距离,是一个由复杂的政治、经济和文化结构形成的多维综合体。全球化跨越国界,着

---

[1] Karl Polanyi, *The Great Transformation: The Political and Economic Origins of Our Time* (1944; Boston: Beacon Press, 1957).

[2] Karl Polanyi, *The Great Transformation: The Political and Economic Origins of Our Time* (1944; Boston: Beacon Press, 1957),89.

[3] Anthony Giddens, *The Consequences of Modernity* (Cambridge: Cambridge University Press, 1990); David Harvey, *The Condition of Postmodernity* (Oxford: Basil Blackwell, 1990); Roland Robertson, *Globalization: Social Theory and Global Culture* (Newbury Park, CA: Sage, 1992); James H. Mittelman, *The Globalization Syndrome: Transformation and Resistance* (Princeton: Princeton University Press, 2000); James H. Mittelman, *Whither Globalization? The Vortex of Knowledge and Ideology* (New York: Routledge, 2004).

陆在各种各样的环境中,其结构并没有完全游离在某个特定国家或地区的外部,而是与内部领域交织在一起。所有地方和各类机构(包括大学)都必须应对一系列前所未有的全球化压力。

然而,波兰尼清晰地阐明了转型的动力,他所考察的领域和教育领域的区别在于阻力,这一点在当前的知识生产模式中并不明显。但是若凭个人经验推断,前面所呈现的证据显示出这些迹象是显而易见的。

全球压力

四股共同冲击大学的变革力量成为我们的时代标志。大多数国家的高等教育系统正面临着一系列类似的压力[1]。第一重压力是市场在大学业务中的延伸。外包意味着学校将某些特定服务承包给私人公司,如餐饮、安保、清洁、场地及保养等。大学和企业通常会通过成立合资企业来获得专利产品,特别是在自然科学和医学领域。境外工作包括跨境招收国际学生、开设分校区、协商管理费用及开展相关活动。如上所述,公立和私立、营利和非营利机构之间的界限变得模糊。例如,学术界很好地利用了可汗学院(Khan Academy)海量优质的教育视频和其他平台,每年有数百万用户访问。同样致力于传播新思想的非营利组织 TED 吸引学者参与其主办的学术会议并出品了大量精品视频[2]。总的来说,这些机构不仅与大学互补,也与大学相互竞争。他们是当前高等教育竞争性市场的组成部分。竞争可

---

[1] 参见 James J. Duderstadt, Jerry Taggart, and Luc Weber, "The Globalization of Higher Education," *The Globalization of Higher Education*, ed. Luc E. Weber and James J. Duderstadt (London: Economica, Glion Colloquium, 2008), 273 - 90, http://www. glion. org/pdf_livres/g08_the_globalization_of_hied. pdf (accessed September 19,2013).

[2] Tobias Denskus and Daniel E. Esser, "TED Talks on International Development: Trans-Hegemonic Promise and Ritualistic Constraints," *Communication Theory* 25, no. 2 (May 2015): 166 - 87.

以是一个国家内部机构之间和各国机构之间的竞争,是同一校园的院系之间和全世界的院系之间的竞争;也可以是独立学术单位内部的竞争。竞争也是为了吸引学生的注意力,他们往往在学术内容上投入的时间较少,而更多时间用在娱乐、社交媒体或技术载体上,如电脑游戏、智能手机、脸书(Facebook)、推特(Twitter)等[1]。

第二重压力是政府在公共领域的投资减少大幅削减了大学的预算。以美国为例,2012 年州政府对高等教育的资助降到了 25 年来的最低水平[2]。根据康奈尔大学(Correll University)和爱荷华大学(University of Iowa)前校长、后出任美国大学联合会(Association of American Universities)主席的亨特·罗林斯(Hunter Rawlings)的说法,截至 2012 年年初,已有 41 个州在此前减少的基础上再次削减了对公立大学的投入,削减幅度从印第安纳州(Indiana)的 1% 到新罕布什尔州(New Hampshire)的 41%[3]。这些削减伴随着联邦拨款和其他援助的紧缩,影响了科研产出、低收入家庭学生的入学机会,从而波及社会流动和社会平等程度。截至 2013 年,萨克拉门托(Sacramento)的立法机构将加州大学系统(University of California)的高等教育预算份额从 2000 年的 27% 缩减至 10% 出头。从 2004 年至今,其旗舰分校伯克利分校的州政府资助已经被削减了一半,现在仅余 12% 的预算来自州政府。对于十大联盟(Big Ten)中的大多数大学来说,州政府提供的资金比例仅余个位数。弗吉尼亚大学(The

---

① 关于大学生花在学习、公共娱乐、社交生活和个人消遣上的时间数据,参见 Derek Bok, *Higher Education in America* (Prince ton: Princeton University Press,2013),184 - 85.

② Eric Kelderman, "States Push Even Further to Cut Spending on Colleges," *Chronicle of Higher Education* 58, no. 21 (January 27,2012): A1 - 3.

③ Hunter R. Rawlings III, "The Biggest Problem Confronting Universities Is Not What You Think It Is" (paper presented at the conference "The Future of the Research University in a Global Age," Rice University, Houston, TX, February 27 - 28,2012). 罗林斯引用了伊利诺斯州立大学高等教育研究中心编制的数据(1)。

University of Virginia)仅剩 6%,而且和许多公立大学一样必须遵守州政府对州内学生的学费限制。科罗拉多大学(University of Colorado)来自州政府的拨款也仅占其预算的 4%。

弗吉尼亚州、科罗拉多州和其他州的公民指称,大学招生官员们更爱招收可收取高额学费的州外(包括国际)申请者,损害了州内学生的利益。一些大学被剥夺了许多用于维护实验室和部门内部设施、用品、设备及后勤人员的预算。从比例上看,一些发展中国家政府对公立大学的撤资力度甚至超过了美国,政府的资助比例通常从非殖民化时期的近 100% 下降到现在的 20%~25%。

为了维持办学,大学的管理者们不得不通过新的方式增加收入。因此,为了解决预算短缺的问题,加拿大达尔豪斯大学(Dalhousie University)医学院以每年 7.5 万加元(折合 75 797 美元)的价格向沙特阿拉伯的全额收费学生"出售"10 个空位,这远远高于国内学生的费用,因为国内学生的学费和政府资助金额合计不超过 4 万加元(折合 40 425 美元)[1]。院长汤姆·玛丽亚(Tom Marrie)解释说,省财政的经费削减需要通过"出售"空位和增加国际招生来补足。当然,院长们的压力在不断加重。他们的任期变得越来越短,在 MBA 项目(即工商管理硕士项目)排名前 25 的学院中,院长的平均任期不足 5 年,而且这一数字还倚仗少数任期较长的院长的支撑[2]。对美式商学院来说,院长的平均任期为 5.73 年;中间值为 4 年[3]。现在,"连任院长"(serial deans)在竞争机构的职位之间流动[4]。

---

[1] James Bradshaw, "Dalhousie Medical School to Sell Saudis 10 Seats," *Globe and Mail* (Toronto), March 18, 2011.

[2] Della Bradshaw, "From the Editor: The Dean Hunters," *FT Business Education* (London), October 23, 2013.

[3] Della Bradshaw, "From the Editor: The Dean Hunters," *FT Business Education* (London), October 23, 2013.

[4] Della Bradshaw, "Short Tenure of Deans Signals Leadership Gap," *Financial Times*, April 27, 2015.

院长须服从高层管理者设定的严苛要求,包括招生目标和外部资金的配额。作为中层管理者,院长经常把部分管理任务分配给系主任。通常,院长必须创造出可量化的成果:更多的学生、研究成果和经费。院长的压力也经常来自其所在的学术组织。院长遇到来自教授们的反领导情绪是很正常的,教授们需要资源,抵制机构改革(institutional change),并一心想保护自己的利益。但院长从高层管理部门得到的指令就是要不断推陈出新。在许多情况下,院长们被告知要改变现状,即约瑟夫·熊彼特(Joseph Schumpeter)所谓的"创造性破坏"(creative destruction)——破坏旧结构,创建新结构①。院长及高层领导们通过不断修改教师手册中的规则、更替工作人员和聘请新的教授(尽管数量减少)等活动进行创造性破坏。教师流动可能带来收益的净增长,但新教授的招聘和启动成本更高。从20世纪初到现在,院长的工作重点已经从提供知识型领导转向高效管理和有效的网络构建。

为了聚敛学费收入,院长们可能会被迫降低招生标准。除了将更多的业务私有化以外,他们还把一部分责任分配给了教授,教授们将因其创业活动获得回报。因此,学校通过设置聘任与晋升考核的标准,使新进教师不断重视这些创业活动。

迄今为止,仅有少数国家尚未大幅削减政府资助。目前,中国和东南亚一些国家可以被看作是少数例外,尽管这种情况也可能会发生改变。他们同样面临迎合市场需求的情形,比如向捐赠者募集资金,满足管理者的研究成果产出标准,以及撰写耗尽他们研究推进和学生指导时间的行政报告。

第三重压力是人口波动对招生、人员配备和体量(教室、住宿、办

---

① Joseph A. Schumpeter, *Capitalism*, *Socialism and Democracy* (1942; New York: Harper, 1975), 82 - 85. 熊彼特普及了"创造性破坏"的概念,但此概念由其他作者先于他提出。

公空间、图书馆、实验室和其他设施）的直接挑战。发达国家的人口老龄化和发展中国家年轻人数量的增长都直接影响到大学的招生、财政和硬件设施。这一趋势符合近几十年来从精英教育转向欧洲人所称的大众化进程，即高等教育入学人口比例上升。大学入学人数在过去的二十多年里大幅增长。例如，塞内加尔（Senegal）谢赫•安达•迪奥普—达喀尔大学（Cheikh Anta Diop University）的学生人数已经超过 6 万人；美国亚利桑那州立大学（Arizona State University）有 7.3 万人；奥地利维也纳大学（University of Vienna）有 9.2 万人。在互联网上，远程学习者增加了高等教育的入学总人数。英国的开放大学（The Open University）招收了 25 万名学生。营利性机构的数字更高。美国菲尼克斯大学（The University of Phoenix）2010 年的注册学生达到 60 万人；然而，由于其他在线供应商的激烈竞争、围绕问题招生行为的负面宣传、低毕业率、学生沉重的债务负担以及不良的就业记录等问题，该校的招生量随之下滑①。而美国高等教育招生规模最大的营利性企业劳瑞德教育公司（Laureate Education）在 30 个国家开设了 75 所学校，拥有 80 万名学生。

颇为讽刺的是，大众化承诺了社会流动性，似乎增强了大学在社会中的作用，但实际上却削弱了大学的作用。在过去，大学更注重培养精英的后代，他们是主要的知识提供者。然而，随着大众化程度的提高，大量高学历毕业生到大学寻找工作机会，但大学却无法吸纳大部分的毕业生。许多毕业生在学术界以外的地方找到了知识生产者和知识经纪人的工作。在获得博士和硕士学位后，这个青年群体在

---

① Valerie Strauss, "Largest For-Profit U. S. University Expects to Be Put on Probation by Accreditor," *Washington Post*, February 26, 2013, http://www.washingtonpost.com/blogs/answer-sheet/wp/2013/02/26/largest-for-profit-u-s-university-expects-to-be-put-on-probation-by-accreditor/（accessed January 20, 2013）.

知识社区的其他地方寻找合适的职位①。这些新成员把自己的能量和知识技能带到了智库、国家和全球治理机构或企业的研究部门,以及非政府组织的政策分析部门,所有这些部门都在研发方面进行了投资。新兴的知识生产者和传播者参与到了全球知识网络中。多方位的全球化知识通过网络传播开来。

因此,大众化使大学成为创新知识和培训中心的若干来源之一②。我们很难确定高等教育机构是否仍是知识生产和传播的主要场所。但我们可以确定的是,非传统教育供应商目前在高等教育中扮演着更重要的角色。非传统教育囊括了课堂以外的选择,其形式包括私营企业提供在线、远程、体验和基于能力的在职培训等,这些项目越来越远离大学实体校园的学习文化。越来越多的高等教育机构成为传统机构和外部机构的综合体。

与其他知识生产者相比,大学不宜快速变化。在像爱尔兰、英国和美国这样的国家,共同治理、共同协商的大学文化和监管环境束缚了大学应对全球压力的脚步。面对社会机构之间不断加剧的拨款、合同、地位竞争,大学高层管理者担心其组织机构被过时的价值观、旧式的管理实践和陈旧的技术所拖累,沦为落伍者。这些担忧能在多大程度上促使高等教育机构以一种有益的方式进行调整,政策分析人士对此看法不一。

第四重压力是大学重新强调新技术的重要性,前三重压力与之密切相关。虚拟学习和在线课程可以减少校园空间的需求。虽然这

---

① 知识社群是在特定领域和问题上具有专门知识的专业人士组成的网络群体。Peter M. Haas, "Epistemic Communities and International Policy Coordination," *International Organization* 46, no. 1 (Winter 1992): 1 - 35.

② 参见 Michael Gibbons, "Higher Education Relevance in the 21st Century"(paper presented at the UNESCO World Conference on Higher Education, Paris, October 5 - 9, 1998), http://www-wds. worldbank. org/servlet/WDSContentServer/WDSP/IB/2000/07/19/000094946 _ 9912220532351/Rendered/PDF/multi_page. pdf(accessed October 29, 2013).

些技术成本昂贵,需要更多的支持人员,但技术也可以作为一种赚钱和补贴高等教育高端模式的方法,至少对像斯坦福这样的大学来说,他们针对技术创新开展了试点项目和合同谈判。与此同时,技术对教育的破坏也是巨大的。比如,以大规模开放在线课程(massive open online courses,简称 MOOCs,中文简称"慕课")为例,慕课于2008 年首次推出,目前已经以低成本在全世界范围内上线。慕课将大学的学生学习体验、评估、招生服务和其他管理职能分离开来。慕课的出现预示着大学正处于转型的阵痛期,大学正在从一个学术项目和教育服务的整合者转变成为知识业务重组的代理人。

像慕课这样的平台让高等教育机构脱离了本土环境。慕课把教学外包给由知名大学的明星教授授课的远程站点。这些课程的潜力在于承诺实现高等教育的大众化,而且承诺让高等教育资源持续地向青年和成年学习者开放,包括不能参加现场学习的学生。然而,因为担心慕课会导致学术单位的解体、裁员以及影响本土教育创新,一波针对慕课的强烈抵制正在爆发,尤其是在发展中国家。基于这样的理由,阿姆赫斯特学院(Amherst College)、杜克大学(Duke University)和米德伯理学院(Middlebury College)等一些美国大学的教师们投票反对参与这项冒险活动。

同样,加州参议院(California State Senate)代理议长达莱尔·史坦伯格(Darrell Steinberg)于 2013 年提出了一项法案,要求各大院校为慕课中供不应求的导论课程授予学分,而教师们对他这项高等教育改革提案反应强烈。他们认为这项待立法案是政治干预,是对学术标准的稀释,是公立院校向高等教育私有化迈出的又一步。加州州立大学系统、社区学院教授和教师工会的反对促使史坦伯格的措施软化,变成了设计慕课的激励措施[①]。

[①] David L. Kirp, "Tech Mania Goes to College," *The Nation* 297, no. 12 (September 23, 2013): 12–17.

　　学者们对改革的抵制并不罕见。教授们在制度上可以说是趋于保守的。我们大多数人都享受自己的工作和随之而来的特权。当然，大家也努力去维护这些特权。但我们也要为学生的利益和大学所象征的美德负责。因此，应对高等教育机构的压力也就成了我们的首要目标。

　　总之，教育市场的需求越来越重要。越来越多人认为教育是学生和父母必须为之付费的个人利益，这种观点与公共领域应该缩小的想法是相关的。在许多国家，税收并没有覆盖公立大学的高成本模式，为了获取收入，公立大学越来越多地向私营部门转化。议程的不断变化不仅源于财政承受能力，也源于价值体系的演变。国家正在将保障社会教育需要的大部分财务责任转移给大学。在当前的政策框架下，政府希望高等教育机构能够解决国家的经济紧急状况[①]。政府的主要压力越来越多地被转移到大学身上。随着政府拨款的减少，大学理应发展科学基础设施，加强国防和经济。在这一点上，政府与大学的关系被重新调整。"政府—高等教育—产业"的旧三角正在瓦解，这方面的社会契约已经破碎。取而代之的是什么呢？

　　纽约州立大学(State University of New York)洛克菲勒政府研究所(Rockefeller Institute of Government)高等教育研究主任本·威尔达夫斯基(Ben Wildavsky)指出，新的发展趋势与市场逻辑更加协调[②]。他发现跨界竞争是高等教育转型的动力。全球化带来了一场学术市场的革命，在威尔达夫斯基看来，这场革命是由学术市场必要

---

① James J. Duderstadt, "Higher Education in the 21st Century: Global Imperatives, Regional Challenges, National Responsibilities; Emerging Opportunities," in *The Globalization of Higher Education*, ed. Weber and Duderstadt, 195 - 206, http://www.glion.org/pdf_livres/g08_the_globalization_of_hied.pdf (accessed September 19, 2013)；作者与密西根大学名誉校长兼科学工程学院教授杜德斯达(Duderstadt)的电话讨论内容，2013 年 2 月 15 日。

② Ben Wildavsky, *The Great Brain Race: How Global Universities Are Reshaping the World* (Princeton: Princeton University Press, 2010).

的资源和潜力所引发的。他描述了一些国家的大学正在如何努力达到像哈佛和剑桥这样的标准,寻求成为世界一流大学。在威尔达夫斯基的判断中,全球化促进了学术的卓越发展。他的书引人入胜、内容丰富,论述了大学正在转换方向,金钱交易在学术界也越来越突出。值得称道的是,威尔达夫斯基从访谈中收集了有价值的数据,并在其著作中穿插了各种相关的案例。他的案例有助于突出要点,但是不管案例多么贴切,都不能代替具有严谨概念和历史深度的系统方法。虽然案例在分析中起到一定作用,但若要理解大学在全球舞台角色的重大转变,一个重要任务是将系统性的发现与历史轨迹联系起来。

许多关于高等教育全球化的研究推进了微观议程,这些议程有别于威尔达夫斯基对全球市场的基本认知。全球规划者们清楚压力所在,明白生产力已经成为一个标语,并关注绩效体系的整体环境。由于这一类型的研究重复性较高,这里将省去学术文献的调研工作。不过,我会尽可能简洁地介绍一些对分析非常重要的观点。这里主要有三篇文献值得关注。

查尔斯·维斯特(Charles Vest)基于自己在 1990～2004 年期间在麻省理工学院担任校长和随后 6 年在美国国家工程院(U. S. National Academy of Engineering)担任院长的经历,推测"全球无墙大学"(global meta-university)即将到来[1]。依托信息技术这股高等教育改革的变革力量,"全球无墙大学"正在不断发展。这是由高质量设备和系统(个别机构无力负担)的共享使用所实现的规模经济促成的。共享数字化信息和材料的优势包括追求卓越的新机遇和获取

---

[1] Charles M. Vest, *The American Research University from World War II to World Wide Web: Governments, the Private Sector, and the Emerging Meta-University* (Berkeley: University of California Press, 2007);作者与维斯特的讨论内容,华盛顿特区,2013 年 3 月 11 日。

的新渠道①。针对虚拟大学(virtual university)是否会取代传统大学校园的争论,维斯特认为教学楼、操场和面对面的交流仍将是高等教育的核心。即便如此,维斯特在其 2007 年出版的著作中表示,大学正逐步走向一种全球模板②。

凯瑟琳·莫尔曼(Kathryn Mohrman)与其合著者展开了类似的研究议题,基于不断加剧的全球化绘制了研究型大学的"新兴全球模式"(emerging global model),并描述了其若干特征③。在新兴全球模式中,研究型大学极其重视探索新知识(特别是科学技术方面的新知识)和培养高级研究人员。由于核心同盟及重点计划都是全球性的,教师、学生和管理人员的竞争性招募也跨越了国界。从全球视角来看,新兴全球模式大学从单一学者的独立探索转向了旨在创新应用知识的跨学科团队合作。由于成本的增加和对技术型基础设施的依赖,这些活动依托于由部分大学、国家和企业组成的新复合体。此外,大学联合政府间组织和非政府组织,鼓励合作研究、促进人才交流,从而确立世界一流的地位。通常情况下,新兴全球模式鼓励创业活动。虽然这种模式主要源自美国,但却蔓延到了全球各地。简而言之,这意味着民族国家在其管辖范围内对大学的控制力减弱。

在一篇补充文献中,罗杰·金(Roger King)关于大学全球治理的著作详细描述了学术与全球化之间的共生关系④。罗杰·金认为大学主要是立足于国家财政和监管体系,并描绘了这个竞技场走向全球化的方式。参与者们被灌输了竞争、绩效评估和其他管理手段

---

① Vest,*The American Research University.*

② Vest,*The American Research University.*

③ Kathryn Mohrman, Wanhua Ma, and David Baker, "The Research University in Transition: The Emerging Global Model," *Higher Education Policy* 21, no. 1 (March 2008): 5 - 27.

④ Roger King, *Governing Universities Globally: Organizations, Regulation and Rankings* (Northampton, MA: Edward Elgar, 2009).

等市场规范,所有这些都越过了领土疆界。

通常情况下,这种软性监管需要机构自愿遵守。在质量和卓越标准上达成共识需要大型慈善机构等一系列公共和私营机构来共同协商。对形成共识同样重要的是在战略规划的公事化叙事中体现话语权的使用。但如果共识未能建立,市场就会对拒绝采取经济改革的参与者的违约行为予以惩罚。因此,面对不断上涨的成本,参与者的资金就会缩水。如果再被认证机构和排名机构等类似的政府或非政府监管机构认定为表现欠佳,则会累及招生和教师招聘,加剧机构资金短缺,导致项目削减。

在全球规划者们对这些现象的描述中,微观层面的研究辨清了一系列的机构与环境。在此基础上,研究者可以在考虑区域、国家和地方差异的同时去探究系统模式。在我看来,总体框架是基础性的,但还不够明确,需要细化。这里的分析比起概括教育发展的全球概览并点出某些差异要复杂得多。这是一个明确全球与本土如何相互融合和相互渗透的问题。我会具体说明对这些相互作用进行仔细推敲的缘由。

风　　险

一方面,教育全球化带来巨大机遇,大力推动了教学和研究的提高。当然,有人可能会对用激励制度推动成就的手段提出异议,因为在一个崇尚学习的专业社区中,最重要的是内生动力。但是,全球化带来的一大好处是促进了学者及学生的流动,这使他们能够结识其他地方的同行和接触到不一样的文化。

虽然更多的资讯、知识交换、材料和经验值得肯定,但与教育全球化相联系的大学在改革中可能遇到的重大风险是显而易见的。哲学家弗里德里希·尼采(Friedrich Nietzsche)很久以前就已经察觉到了其中一项风险①。在尼采关于政治与社会的著作中,他洞察到教育对"同一性"(sameness)的要求。尼采发现了社会制度趋于一致的倾向,他忧心学校教育会导致不健康的盲从。

尽管在我们这个时代,许多教育文化都重视自由探索,但人们话里行间常常流露出对自由探索减少的忧虑和校园群体思维威胁的不安②。与思想正统的知识分子相对,政府官员、大学理事以及其他一些人有时会采取措施以确保学术项目中的"平衡"。然而,平衡最终取决于旁观者的看法。与平衡知识与思想的努力相反,要消除已感知到的从众心理和话语限制,就应该给予更多的言论自由,以此来保护学术自由。

然而,随着大学对高等教育跨国模式的接受程度越来越高,自治的概念正在被重新定义。自治在不同背景下的历史根基渐渐弱化。教育全球化正在抹去大学各自的独特历史。当然,机构的起源和创始人都会被铭记。人们往往在毕业典礼上和使命宣言中重申旧规范,或以雕像和摄影展的形式向旧规范致敬。这些活动都是对过去的致意,也能为新规范的确立奠定基础。

即便这些旧规范被奉为经典,但总的来说,大学的独特传统正在渐渐湮灭。其他优先事宜正在包揽全球关注。在全球范围内,规划活动和价值观更紧密地缠绕在一起。由于系统化和全球化的进程,一些大学迫于财政紧缩削减了社区外展资源,正在放弃自己的后花

---

① Friedrich Nietzsche, *Beyond Good and Evil*: *Prelude to the Philosophy of the Future*, trans. Helen Zimmern (New York: Russell and Russell, 1964), 20 - 21; Friedrich Nietzsche, The Will to Power, trans. and ed. Walter Kaufmann and R. J. Hollingdale (New York: Vintage Books, 1968), 156 - 63.

② 参见 Jonathan R. Cole, *The Great American University*: *Its Rise to Preeminence*, *Its Indispensable Role*, *and Why It Must Be Protected* (New York: Public Affairs, 2009), 494;作者与哥伦比亚大学前教务长兼院长乔纳森·R·柯尔、约翰·梅森教授的讨论内容,哥伦比亚大学,2013 年 3 月 8 日。

园。与此同时,他们正在从外部模板中剪切黏贴最佳实践,照搬外部模板的语言与措施,常常忽略本土的知识来源,例如前辈们的经验分享。这个问题在发展中国家尤为严重。因此,在发展中国家以及一些保有原住民的发达国家,恢复本土知识的工程正在推进,但这些努力往往缺乏支持,也可能没有被很好地落实。

获奖著作《女性发明家:让非洲人了解西方性别话语》(*The Invention of Women: Making an African Sense of Western Gender Discourses*)的作者奥耶隆克·奥伊乌米(Oyeronke Oyewumi)回顾了她在尼日利亚该大学的经历,她尖锐地指出:"他们究竟是非洲的大学,还是只是位于非洲大陆的大学?"[1]这个尖锐的问题可以转变成:当大学身处时代蜕变的艰难时刻,谁是大学的拥有者? 谁在负责经营大学? 又是谁的知识和价值观占主导地位? 这些问题接近于这样一种主张,即通过抹杀本地人民的声音,磨灭了自治的话语。事实上,知识结构的腐化会削弱革新的重要举措[2]。

教育价值体系和关键主体,即管理人员、教师和学生等群体,都易受到这种腐化的影响。随着过度竞争、财政削减以及高绩效标准的推动,追求卓越或利润的动力常常受到舞弊的诱惑。在某些情况下,学术不端行为已经泛滥成灾。根据《美国国家科学院院刊》(*U. S. Proceedings of the National Academy of Sciences*)2012 年的研究记录,自 1975 年以来,因欺诈或涉嫌欺诈而撤回的科学论文比例增加了十倍[3]。为什么会有越来越多的人试图弄虚作假? 数字技

---

[1] Oyeronke Oyewumi, "The Coloniality of Power and the Production of Knowledge on Africa" (keynote address at 4th European Conference on African Studies, Uppsala, Sweden, June 16, 2011).

[2] 在苏珊·斯特兰奇(Susan Strange)看来,知识结构是一种权力关系系统,谁在发现、存储和传播什么样的知识? 参见 Susan Strange, *States and Markets: An Introduction to International Political Economy* (New York: Basil Blackwell, 1988), 117 - 19.

[3] 引自 Peter Whoriskey, "Behind Acclaimed Research, Doubts," *Washington Post*, March 12, 2013.

术使走捷径的过程和检测违规都变得更加容易。拨款的减少、在最有声望的期刊上发表的价值以及就业市场趋紧带来的竞争都是其影响因素①。现在的研究环境就如同生意场，不道德的行为日益突显。举例来说，约翰·霍普金斯大学（Johns Hopkins University）通常每年从美国国立卫生研究院（National Institutes of Health）这一个资助机构就可获得超过 6 亿美元的资助②。这些发展的累积效应直接影响到大学的核心宗旨。

结　　果

对预算削减影响的反应包括学生们抱怨支付了更高的学费，回报却更少。在许多校园里，学生们不能修读某些人文学科的基础性课程。由于公共资金的不足，一些大学正在取消外语类学位。在美国，欧洲语系（除了西班牙语）正在逐步被许多教学项目淘汰。与此同时，对阿拉伯语和汉语等语言的需求有所增长。批评人士指出，在大学肯定国际使命的价值并致力于发展成为世界一流机构时，取消语言类课程是颇为讽刺的做法。

根据 2013 年的报告，在过去十年里，哈佛大学人文学科专业的学生人数下降了 20％。在美国，人文学科专业的学生比例从 1970 年的 14％下降到 7％。出现这种下降也许一定程度上可以归咎于教师们相对的后现代主义倾向，某些批评人士将其视为知识的竞赛场。这已使一些一心想着就业的学生从人文科学转向更倾向于传统认为的应用领域③。与此同时，许多大学的管理部门都是将科学和技术放

---

① 这个问题将在第七章进行详细阐述。
② 这个问题将在第七章进行详细阐述。
③ 有关这种下降的其他原因，参见第四章。

在首位①。另外，在一些国家，网络教育成为一项正在兴起的重点工作。在美国国家安全局（National Security Agency）和五角大楼（the Pentagon）的资助下，网络安全学科逐渐发展为美国在线课程市场上的一个全国性品牌。马里兰大学学院分校（University of Maryland University College）在该领域拥有美国最大规模的公共在线课程，拥有大约9.3万名学生，也是众多在线课程供应商之一②。美国国土安全部（U. S. Department of Homeland Security）也提供了拨款，期望"学术界将在确保美国安全方面发挥关键作用"③，为信息保障方面相关学科的"学术卓越中心"提供支持④。国土安全部与其他政府机构一起，鼓励建立国家安全领域的课程、证书和学位，包括为协调这些努力的联盟提供资助⑤。

在课程和研究支持的层级中，理性胜过了其他形式的推理。理性主义者认为，科学知识可以处理大部分的人类事务，高等教育是拯救社会低迷的一种方式。面对这种强烈信念，道德推理和道德想象力已不成比例地减少。人文科学的捍卫者呼吁，不同推理形式都值得支持。他们表示，推理不应局限于一种主流形式。他们认为，理性主义信奉客观性和（对某些人而言的）数字逻辑，否定了作为洞察力

---

① Tamar Lewin, "Interest Fading in Humanities, Colleges Worry," *New York Times*, October 31, 2013.

② 马里兰大学学院于1947年成立，是马里兰大学的分支机构，自1970年开始成为一个独立机构。

③ U. S. Department of Homeland Security, www. dhs. gov (accessed May 29, 2007).

④ James H. Mittelman, *Hyperconflict: Globalization and Insecurity* (Stanford: Stanford University Press, 2010), 146 - 47; Nick Anderson, "Cybersecurity," *Washington Post*, Education Issue, November 3, 2013.

⑤ 例如，美国恐怖主义研究和应对国家联盟（National Consortium for the Study of Terrorism and Responses to Terrorism）设在马里兰大学；美国国土安全学术联合会（National Academic Consortium for Homeland Security）位于俄亥俄州立大学（Ohio State University）；美国国家安全和反恐怖主义研究所（Institute for National Security and Counterterrorism）坐落在雪城大学（Syracuse University）。参见 Mittelman, *Hyperconflict*, 146 - 47.

源泉的直觉思维和内在自我。艺术、哲学、音乐、舞蹈和戏剧也提供了认识和连结世界的学习方式。如果发展这种能力的空间缩小,高等教育是否会后退?是否所有研究领域都会受到影响?[1]

芝加哥大学(University of Chicago)的法律学者和哲学家玛莎·娜斯鲍姆(Martha Nussbaum)认为,在大学的全球市场竞争中,人文学科正被逐步边缘化[2]。古典学的教学范围被压缩,应用技能成为今天的主旋律。决策者和企业高层优先考虑的是创造短期利润,而不是让国际公民具备应对全球化世界的长期能力。为了支持自己的观点,娜斯鲍姆研读了大量有关人类发展的研究、报告和指数。她的著作促使读者去思考高等教育是否会走入歧途[3]。

与娜斯鲍姆一样,美国科学院的人文社会科学委员会 2013 年的报告指出,经济上的不安全感正在将公众推向重视快速回报的狭隘教育取向[4]。报告强调,需要认识到广泛学习的投资会带来惊人的收益:

> 在一个必定不断变化的世界中,适应和成长的能力不是基于今天具体工作的指导,而是建立在长期的思维品质培养的基础上,即好奇心、洞察力、践行力,以及与他人的世界进行思想交流和思想构建的能力[5]。

---

① 我非常感谢萨拉·海纳玛(Sara Heinämaa)的见解,赫尔辛基,2010 年 6 月 1 日。

② Martha C. Nussbaum, *Not for Profit：Why Democracy Needs the Humanities* (Princeton：Princeton University Press, 2010).

③ Martha C. Nussbaum, *Not for Profit：Why Democracy Needs the Humanities* (Princeton：Princeton University Press, 2010).

④ American Academy of Arts & Sciences, Commission on the Humanities and Social Sciences, *The Heart of the Matter* (Cambridge, MA：Academy of Arts & Sciences, 2013), http://www. humanitiescommission. org/_pdf/hss_report. pdf (accessed September 27,2013).

⑤ American Academy of Arts & Sciences, Commission on the Humanities and Social Sciences, *The Heart of the Matter* (Cambridge, MA：Academy of Arts & Sciences, 2013), http://www. humanitiescommission. org/_pdf/hss_report. pdf (accessed September 27,2013),32.

相关调查显示,雇主们一致认为如果要解决实际问题,就需要对科技技能的人文基础提供支持。企业和政府的招聘专员并不主张大学为学生提供岗位培训,他们深知其所在机构会提供现场操作的教学计划。其中很多实践工作都是日新月异,更何况针对个别公司或国家机构的具体问题,大学教授凭借他们的教育背景、经验和技能开展的实践教学是否真的具有比较优势呢?

令人好奇的是,学生寻求入门级职位时,大学更偏好职业导向的课程,这与雇主的要求相矛盾。高等教育机构显然违背了他们客户的长、短期利益,而学生的利益本是大学的首要义务。更现实的是,学生也是大学主要的收入来源,尤其是在依赖学费运转的大学。此外,值得注意的是,一些领导大学或理事会的首席执行官们(chief executive officers)并不是专业的教育工作者。在许多情况下,他们来自商界或担任过政治职务,并号称深谙财政事务。这些非教育工作者应该擅长于从私营部门、立法机关和政府机构募集资金。他们中间很少有人从事或曾经从事过教学和研究工作。试想一下,像银行这样的机构邀请一位没有金融等相关领域教育背景和任职经验的人担任其高层领导会导致怎样的后果。[1] 尽管医疗机构和投资公司也拥护新自由主义价值观,但他们很少招募没有本领域专业知识的人担任最重要的职务。

虽然治理程序因国家和大学而异,但大学校长通常由遴选委员会或大学理事会选举或推荐,并提请批准。那些被提名的候选人必须得到政府或法定机构(理事会,不同的背景下又被广泛地称为董事会或其他名称)的认可(实际上是任命或确认)。抛开那些非自由体制下的情形不谈,理事会成员通常来自多个领域,包括投资银行、保

---

① Pasi Sahlberg, *Finnish Lessons: What Can the World Learn from Educational Change in Finland?* (New York: Teachers College Press, 2011),92.

险、房地产、信息技术、法律、政治、媒体、艺术和学术界。许多理事对复杂的大学世界及其共同治理的传统缺乏认识和理解，这并不是近期才出现的现象①。他们的行为可能导致大学校长地位降低②。通常情况下，他们采用的是企业化管理，强调效率、绩效和高质量的产品。

举个例子，2008—2012 年，明尼苏达大学（University of Minnesota）面临每年近 1. 4 亿美元的政府资助削减,校长艾瑞克·凯勒（Eric Kaller）用精辟的语言回应道:"高等教育机构必须在更大程度上规范办学及应用商业经验。"③凯勒和其他高层管理者希望将私营部门的市场原则应用到大学中来。他们带来了管理主义,这是一种思维定势,也是一套方法和实践的工具箱。从一个国家或地区到另一个国家或地区,新的管理理念会以各种名义出现。这种"技术经济范式"④（techno-economic paradigm）有不同的形式。但无论在任何地方,管理主义都是一种意识,一种利用盘踞在新古典经济学中的理性选择技巧来优化政策决策的方法⑤。管理主义与旧的思维方式并存,并对其进行改造。

矛盾的是,新上任的管理者们承诺提高效率,大学的行政机构却日益膨胀。行政臃肿的原因是越发冗杂的审计和评估活动。英国和澳大利亚采用了一些广泛开展的研究评估活动。简单来说,就是规则和程序增多,评估变得更加复杂。会议次数成倍增加。管理者们热衷于任命委员会和工作小组。他们通常会设立更多的副手职位,

① Cole, *The Great American University*;作者与维斯特的讨论内容。
② 进一步讨论见第四章。
③ Eric W. Kaller, "Cost-conscious at the University of Minnesota," *Washington Post*, January 5, 2013.
④ Gibbons, "Higher Education Relevance in the 21st Century," 22,26,56.
⑤ 新古典主义经济学派认为,经济行为人以理性方式寻求最大限度的满足,竞争引导资源的有效配置和市场均衡。

副手们则需要雇佣一大批助理，助理们当然也需要配备秘书，而他们所有人又都需要办公空间、用品和设备[1]。管理者们还聘请了外部顾问，引进顶级商学院和私营部门中所使用的技术。这类改革通常意味着管理方面的预算相对于教学预算有所增加。

随着行政成本的上升，大学需要在学术课程中找到节余。管理者们有充分的财政理由对某一特定领域的过度专业化保持警惕，并倾向于合并系所、学院甚至整所大学。合并背后的基本原理是，拥有更多教师的巨型大学将为新的跨学科课程提供机会和合作的可能性，提升大学的形象，并提高大学的排名。但是，这些诱导性的安排经常带来恐慌或遭致激烈反对，即使在有信任文化和团队合作传统的大学里也同样如此。合并的实施可能会带来一些棘手的问题。虽然跨国并购在企业中并不鲜见，但在崇尚共同治理和秉持学术自由原则的高等教育机构中，合并的难度就截然不同了。如果合并学术单位势在必行，那么挑战就是让教学和研究理念相冲突的教授们完全接受一个联合机构。对于高层管理者来说，得到教育工作者的同意被证明是阻力最小的合并途径，而且在全球化的背景下，这个途径也不受领土边界的限制。

值得再强调的是，我认为从全球化进程中发展外向性和获取优势的过程中，大学已经凭借自身实力成为全球参与者。他们拥有外交政策，是主要的出口收入来源，帮助推动经济增长。

此外，大学提供的指导最终在地方、国家和全球治理中实现。南非贸易和工业部部长罗布·戴维斯（Rob Davies）佐证了这一观点。他证实道，贸易和工业部的一个根本问题就是员工的教育问题，他们的培训被新古典经济学的标准范式主导[2]。戴维斯呼吁在众多紧迫

---

[1] 参见 Ben Ginsberg, *The Fall of the Faculty: The Rise of the All-Administrative University and Why It Matters* (Oxford: Oxford University Press, 2011).

[2] 作者于 2010 年 3 月 29 日与罗布·戴维斯在比勒陀利亚的讨论内容。

性问题上提交立场文件和简报,他对缺乏能与有效市场假设、信息讨论相抗衡的竞争框架表示遗憾。他强调鼓励非正统观点的必要性①。对于良好的治理来说,要在国家或企业领域做到这一点,就要从多种角度看待复杂问题。

这与大学的联系是明显的。高等教育应该培养探索性思维,一些工作人员希望为治理单位带来知识的力量。但是,如果副手们只专注于一种主流思维方式而对不同范式缺乏充分了解,那么治理者就会受到阻碍。基本上,下一任政府官员们的素质能力将折射出他们所接受的高等教育水平。

当高等教育的地缘政治在国际关系中成为一个日益突出的主题时,大学的宗旨又一次受到了新的质疑。

---

① 作者于 2010 年 3 月 29 日与罗布·戴维斯在比勒陀利亚的讨论内容。

第二章
现代大学的宗旨之争

在 1952 年写给《纽约时报》(*New York Times*)的一封信中,阿尔伯特·爱因斯坦(Albert Einstein)批评了那些将教育专业化凌驾于"对价值的理解和鲜活的感受"之上的支持者。他坚持认为,专业化可以培养出"一条训练有素的狗,而不是一个和谐发展的人"①。可贵的教育培养了爱因斯坦认为"宝贵"的能力:欣赏美和道德。

与在他之前的经典著作《大学的使命》(*Mission of the University*)②的作者西班牙哲学家奥特加·伊·加塞特(Jose Ortega y Gasset)一样,爱因斯坦把普及思想和美学列为头等大事。他认为专业学习和专业分工确有其价值,但并不重要。然而,大多数学科越来越专业化和职业化。这其中的原因包括,大学对准市场回报(以短期业绩指标来衡量)的压力越来越大;学生对找到有偿工作的担忧;

---

① Albert Einstein, "Education for Independent Thought," *New York Times*, October 5, 1952, http://mczcm. wordpress. com/2006/12/19/albert-einstein-education-for-independent-thought/(accessed October 4, 2013).

② José Ortega y Gasset, *Mission of the University*, trans. Howard Lee Nostrad (London: Routledge and Kegan Paul, 1952). 在反思英国和德国的教育传统时,奥特加强调了大学改革和高等教育机构的总体宗旨是密切相关的这一关键问题。用他的话说:"大学改革的根源就是对其宗旨的完整表述。除非改革从清晰、果断、真实地审查其使命问题开始,否则对我们这所房子的任何改变,修缮或调整都将是爱的徒劳"(第36页)。对奥特加来说,"这所房子"只是国家实体的一部分;他认为,必须从国家角度来理解大学。值得注意的是,他是在 1930 年起草了这一声明,当时正值民族主义时期,也是西班牙内战和第二次世界大战爆发前夕。

鼓励快速发表的激励机制,即看重刊发在知名出版物上的文章和著作数量,这些出版物的评审倾向于奖励晦涩难解和作者集体自引的文章。虽然世界需要优秀的外交官、医生、牙医、律师和其他专业人士,但大学不仅要培养实用技能,还要培养对伦理、历史和审美的感知力。

我想说的是,高等教育与其他行业不同。大学服务于公众利益,其学术价值至关重要。虽然创造新的知识和培育后代可以造福整个社会,但这种崇高理想必须与现实挑战相调和。随着大学的发展,其宗旨已成为实践的目标。

在本章中,我们首先通过回顾现代大学的传统宗旨来审视这些问题。本章的第一节将为后续的详述提供　个概况;第二节旨在理解这些相对立的大学宗旨;第三节我们将评估主流观点是如何被转化为高等教育改革的;第四节探讨了价值体系之间的矛盾关系;最后,我们盘点了那些正在重塑高等教育的发展原则。

大学的历史使命

从历史上看,大学促进了学生心智的发展,帮助人类去理解外部世界。知识领域是浩瀚的,人们需要通过各种方式来厘清他们在社会和自然环境中的境遇。高等教育引导着我们去发现这些相互作用。从 19 世纪开始,许多(非所有)大学的教学和研究都是为了培养学生对宇宙奥秘的好奇心。这些机构的主要宗旨是让学生能够提出深刻的问题并寻求其意义所在。

也就是说,大学为不同类型的知识提供了空间,既包括那些没有任何明显用处的、大而华丽的理论,也包括试图解决日常生活中棘手问题的其他形式的探究。所以,不同形式的知识既可以丰富人们引以为傲的传统,也能帮助我们应对艰难的过去。大学将文明的价值观代代相传,但大学也可能会破坏这些价值观。学者们的职责就是颠覆现有的知识,这扰乱了传统的思维方式。与此同时,学者们也必须重构主流范式,他们必须提供新的知识,其中一些可能是另类的想法。在这种情况下,大学是值得捍卫的特殊领域,因为统一的思想会排除异议,限制未来的可能性。但这种自由并不会被自动赋予或支持。关于价值观和社会公正的公开辩论权利不能被认为是理所当然的,这种权利需要保护。它必须一次又一次地赢得胜利。

对于学者来说,努力珍惜学习机会和激发想象力是穷其一生的使命。大学的理念是推崇终身学习。在纽曼和与之志同道合的思想家们看来,这种教育能更好地为学生服务。

纽曼的传统观点过时了吗? 大学久经考验的优先事项有没有发生改变? 应该如何更新这些优先事项? 对它们进行完善的必要性是显而易见的,一定程度上是因为纽曼对国家与大学关系的思考尚不成熟。此外,高等教育在权力和市场方面的作用也面临着前所未有的挑战,与之相关的争论纷至沓来。这一点在当代欧洲大学表现明显,欧洲大学的发展已经影响了世界其他地区的高等教育进程。

纽曼对教学的重视给后世的高等教育留下了深刻的影响。这与18 世纪末、19 世纪初的语言学者兼政治理论家威廉·冯·洪堡(Wilhelm von Humboldt)开创的模式形成了鲜明的对比①。作为普鲁士内政部教育、宗教和文化司(Section for Education, Religion, and Culture in the Prussian Ministry of the Interior)司长,洪堡领导了高等教育改革。他认为大学的主要宗旨是促进科学,继而将知识传授给学生。从这一信念出发,洪堡在柏林大学组建了由国家资助的研究机构和实验室,支持通识教育,为进入专业阶段学习的学生提供研

---

① Daniel Dye, unpublished background paper, February 7, 2012.

究机会①。大学推崇学术发现的精神,提供神学之外的博士学位(在当时是第一也是唯一的学位),但作为高级学位的候选人,他们可以获得非官方的第一学位②。此外,洪堡模式(Humboldtian model)的研究型教育强调学术自由,即学者按照自己的喜好进行研究和教学的个人权利以及教师管理自身事务的集体权利。在 19 世纪,这种理想来源于教学自由(*Lehrfreiheit*)和学习自由(*Lernfreiheit*)的原则。这种高等教育的概念逐渐传播到世界各地,包括法国,但法国拿破仑式的国立专业大学(*grandes écoles*)与德国改革者所倡导的结构并不相同③。

在大学宗旨的演变过程中,英国、德国和法国等这些被普遍采用的国家参照体系都是值得关注的。当然,这些体系也存在地方上的差异。牛津和剑桥绝不是彼此的复制品,英国其他大学之间的差异就更显著了。毫无疑问,在民族主义的时代,大学使命的国家特点不断丰富,他们被周围更大的社会经济环境所侵润。

在 20 世纪末、21 世纪初,教育工作者们表达了大学的全球理想。国家教育和跨国教育之间的差别逐渐消失。外部元素与地方动力相融合,尽管这未必是一件容易的事。21 世纪初制定的使命宣言说明教育政策的范围已经被扩大到国界以外,有时会引发那些将民族主义或西方中心主义作为高等教育支柱的支持者们的强烈反对。

有争议的问题

围绕纽曼和洪堡创建的早期宗旨模式的升级,至少有四个问题

---

① Christophe Charle, "Patterns," in *A History of the University in Europe*, Vol. 3: *Universities in the Nineteenth and Early Twentieth Centuries* (1800 - 1945), ed. Walter Rüegg (Cambridge: Cambridge Press, 2004), 47 - 48.

② Daniel Fallon, *The German University: A Heroic Ideal in Conflict with the Modern World* (Boulder: Colorado Associated University Press, 1980), 33 - 34, 38 - 39.

③ Charle, "Patterns," 33 - 82.

引发了争议。首先,极端保守主义者对高等教育的发展方向发起了一连串的攻击,尤其是针对那些偏离传统知识讲授、拥抱非西方文明和多元文化研究的举措。其次,那些更具历史视角的学者们提出了一系列的干预措施。第三个问题则强调了教育工作者未能有效传递大学的理论依据。最后一个问题是,对其他观察者和参与者而言,物质因素是最重要的。学术价值和金钱的关联已经引发了不同角度的广泛评论。

受到芝加哥大学列奥·施特劳斯(Leo Strauss)的哲学启发,学者们提出了一种极端传统的观点,强调他们所认为的永恒真理。这些真理被认为是西方传统的精华。他们把柏拉图(Plato)和亚里士多德(Aristotle)等人的鸿篇巨作放在首位,而不是环境。奎迈·安东尼·阿皮亚(Kwame Anthony Appiah)继承了康德(Kantian)提出的人类命运相连的概念[1],施特劳斯学派则与阿皮亚这样的世界主义者形成了鲜明对比,他们认为历史和文化对西方文明的贡献是仅次于指南针的里程碑式贡献。

基于施特劳斯的基本原则,艾伦·布卢姆(Allan Bloom)提出了一个悖论:学校进行的开放教育消减了对道德和理智做出果断判断的能力,并导致了思想的封闭[2]。罪魁祸首正是对不同价值体系和混乱文化标准的宽容。布卢姆发现,新学科和新院系的出现是政治和经济衰退的象征,因为以往被大学拒之门外的知识得到了支持,至少在美国是这样的。布卢姆认为,这种趋势是一种知识性的错误,其根源在于大学缺乏目标。学生们并未受益于过去伟大先哲们的经典著

---

[1] Kwame Anthony Appiah, Cosmopolitanism: Ethics in a World of Strangers (New York: Norton, 2006).

[2] Allan Bloom, *Closing of the American Mind: How Higher Education Has Failed Democracy and Impoverished the Souls of Today's Students* (New York: Simon and Schuster, 1986); cf. James H. Mittelman, "Opening the American Mind: International Political Science," *PS: Political Science & Politics* 22, no. 1 (March 1989): 52-58.

作和思想。

施特劳斯的信念深深地影响了像哈佛大学政治哲学家哈维·曼斯菲尔德（Harvey Mansfield）等一批受人爱戴的教授所讲授的课程,也影响了其他崇拜者的想法,如《评论杂志》(*Commentary magazine*)的资深主编诺曼·波德霍雷茨(Norman Podhoretz),《旗帜周刊》(*The Weekly Standard*)的创刊编辑欧文·克里斯托(Irving Kristol)和美国前副国务卿、世界银行(World Bank)行长保罗·沃尔福威茨(Paul Wolfowitz)等。一些施特劳斯和布卢姆的思想继承者已经将他们的反相对主义(anti-relativist)哲学运用到学校的课程中,使得这些经典著作成为学术课程的主要内容。

其次,更具历史视角的学者们普遍认为,高等教育中存在的问题不在于忽视推定的真理,而在于未能运用长时段历史方法进行思考。人们可以向各种文明所创造的经典著作表达敬意,同时也可以从历史回顾中受益。例如,亚里士多德的许多见解可以在雅典(Athenian)城邦的背景下加以解读,因为这里的男性和女性、主人和奴隶之间存在特殊的等级关系。从这个角度来看,高等教育中有一个令人担忧的趋势是追求从非历史角度解读开创性著作。多年来,正如美国艺术与科学学院(American Academy of Arts & Sciences)所报告的那样,天平已经向狭隘而快速的回报倾斜,偏离了历史变革的大趋势[1],这种趋势包含了历史的起起伏伏,支撑了当下事件的走向。学术项目面临的挑战是如何掌握应对世界当下面临的问题和长期转变的具体方式。

第三个立场是,信息传递系统存在偏差。罗林斯是一位古典主义学者,曾任爱荷华大学、康奈尔大学校长和美国大学联合会主席,

---

[1] American Academy of Arts & Sciences, Commission on the Humanities and Social Sciences, *The Heart of the Matter*, 32.

他长期为高等教育奔走游说。他发现,大学在争取公众支持时存在一种缺陷,学者们主张机构需求和希望的方式缺乏说服力①。教育工作者在传达大学宗旨和计划方面做得还不够,应该更加重视如何向决策者和公众说明大学的作为和我们对社会福祉的贡献②。此外,罗林斯和为大学代言的其他人士呼吁教授们向学生,尤其是本科阶段的学生,提供更有效的教育。这是一个事关课程内容的问题,包括现在的学生如何学习,以及课程之间知识的整合。

的确,大学应该变得更好。但是,究竟是什么原因导致了无法说服大学财政的负责人们和广大公众为大学的运营充分支持呢?毕竟,许多高等教育机构本身就设有传媒学院或传媒系。况且,大多数大学都聘请了擅长信息传递的媒体和营销专家,这些"信使"理应成为大学使命的火炬手。

经济学家、社会学家托斯丹·凡勃伦(Thorstein Veblen)早在1918 年就回答了上述问题,他的答案在今天依然适用。凡勃伦指出,就本质而言,许多学术研究和高等教育是"模糊的"。他认为对"门外汉"而言,大学的工作是"看不见的,停留在幕后"③。我相信,他的意思是高等教育的主要元素并不显眼,因为这些元素是由学术团体内部各种质性思想交流构成的,时常发生在走廊和咖啡馆之类的非正式场合④。如上所述,这些交流可能在将来具化,而非即刻兑现。但是,如何回应对问责和合理支出的要求,尤其是在困难时期?

---

① Rawlings, "The Biggest Problem Confronting Universities Is Not What You Think It Is," 6.

② Rawlings, "The Biggest Problem Confronting Universities Is Not What You Think It Is," 6;作者与亨特尔的电话讨论内容,2012 年 9 月 20 日。

③ Thorstein Veblen, *The Higher Learning in America: A Memorandum on the Conduct of Universities by Business Men* (New York: B. W. Huebsch, 1918),139.

④ 凡勃伦认为,硬件设施和物资设备是吸引注意力的可见要素。在今天的美国,这些元素包括了奢华的设施,如豪华住宿环境、高档健身房、零售店,甚至水疗中心,这些都有助于收取高昂的学杂费。当然,互联网也为高等教育的有形和无形方面带来了关注。

这个问题引出了第四重考量——资金。学术价值和金钱目的的相关性是一个特别令人困扰的问题。甚至在凡勃伦之前,教育哲学家约翰·杜威(John Dewey)就已经注意到,智力的能量常常指向物质的回报。他承认大学需要收入来维持办学(图书馆、设备、工作人员等等),但却承担着"学术唯物主义"的风险[1]。他对财政压力如何侵蚀大学理想的告诫让人踌躇:

> 一个机构的重大历史事件现在可能会是一份大礼,远非展开一项新的调查或培养一名年富力强的教师可比拟。机构依据表面的物质繁荣来排名。……想象力或多或少被这股思想力量所左右,模糊而有力;金钱带来的可能性点燃了人们的热情[2]。

物质因素不仅占据了知识分子的想象,而且在重新校准大学宗旨方面存在风险。实际上两套价值体系之间存在矛盾关系,一套基于市场逻辑,另一套基于学习的内在价值。前者是一种资本积累的风气,源于货币价值膨胀的压力;后者是一种知识积累的精神,以发展思维为纽带,主张纽曼所言的知识本身即为目的。二者能否合并起来? 一来,两者都要求问责制;再者,尽管不同的价值体系不必相互对立,但稀缺的资源和偏向市场规范的政治理念的抬头都需要做出艰难抉择。所以,不同类型的宗旨的确可以合并,但是其结合并不是天衣无缝的,问题在于,在结合体中,哪一套价值体系和谁的价值观占主导地位。

如果物质思维渗透到大学里,那么危险在于将大学视作是一项

---

[1] John Dewey, "Academic Freedom," in *The Middle Works*, 1899 - 1924, vol. 2, 1902 - 1903, ed. Jo Ann Boydson (1902; Carbondale: Southern Illinois University Press, 1976), 62.

[2] John Dewey, "Academic Freedom," in *The Middle Works*, 1899 - 1924, vol. 2, 1902 - 1903, ed. Jo Ann Boydson (1902; Carbondale: Southern Illinois University Press, 1976), 62 - 63;另请参见 Joan W. Scott, "Knowledge, Power, and Academic Freedom," *Social Research: An International Quarterly* 76, no. 2 (Summer 2009): 451 - 80.

在"顾客"和招生"管理"中建立"智力资本"的"产业"。在这个习语中，毕业生和学位都是"产品"。这种说法强调了这样一种观念，即"学生是消费者"和"顾客永远是对的"。这样做的风险在于错误估计了大学在激发心智、传承知识和培养品格方面的价值。陷入货币化的叙述而牺牲了持久的知识价值，会加速大学使命的转变。对这一行动采取批判的态度，其回报在于以共同梦想的形式来应对集体的幻想。其目的不仅是要解构普通知识，而且要对其进行重建并提供具体的选项。

因此，在大学宗旨的万神殿中，批判性推理是指揭开既定"真理"的面纱①。这是一个宽泛的术语，需要承认和打破正统观念。尽管这种反思的过程可能令人不安，但它涉及的不仅仅是怀疑和揭示真相。这种思维的锻造赋予了对传统知识的理解，并试图构成一种新的常识。

作为批判思想家，杜威认为高等教育机构的目标取决于民主教育，更关键的是让学生浸润在民主环境中。他认为高等教育的主要目标是培养具有公民道德的优秀公民——为民主生活做出贡献的道德公民②。杜威还强调，大学是一种由质性的人际互动构成的社会体验。教育是民主的组成部分，需要"社会调查及传播其结论的自由"③。

---

① 关于质疑权威在高等教育的核心地位和促进主动学习，参见 Henry Giroux, *Critical Pedagogy in the New Dark Ages*, ed. *Maria Nikolakaki* (New York: Peter Lang, 1998); Paulo Freire, *The Politics of Education: Culture, Power and Liberation*, trans. *Donaldo Macedo* (South Hadley, MA: Bergin and Garvey Publishers, 1985); Paulo Freire, *Pedagogy of the Oppressed*, trans. Myra Bergman Ramos (New York: Continuum, 2002).

② 这种观点的起源可以追溯到亚里士多德的《政治学》和涂尔干的《教育与社会学》。Aristotle, *Politics*, trans. Ernest Barker (Oxford: Oxford University Press, 1995), 251 - 300; Émile Durkheim, *Education and Sociology*, trans. Sherwood D. Fox (New York: Free Press, 1956), 61 - 90.

③ John Dewey, *The Public and Its Problems* (Athens: Ohio University Press, 1927), 168; Daniel Dye, unpublished background paper, February 14, 2012.

杜威作为美国大学教授协会（American Association of University Professors，1915 年成立）的创立主席，声明协会宗旨是帮助组织教育界坚守重要原则和利益，他坚持认为大学的知识生产和传播是以学术自由为前提的，号召教授们捍卫学术自由。扩展一下杜威的推理，即市场价值观不同于核心教育价值观，市场价值观使得数量成为资本概念，并维持了对包括知识产权在内的商品保护来抗衡竞争对手。

杜威所谓的"学术唯物主义"（academic materialism）也关乎治理问题。善政必须问责。因此，私营企业的标准被写入法律，接受行业协会监督，嵌入行为准则中。当商业实践违背法律和道德规范时，有时会采取强制措施。原则上，大学应努力践行杜威对民主治理的信念，这一点在反希特勒战争之后尤为重要。大学以自治为荣：同行评议、严格的任期、晋升程序、内部利益相关者之间对学术项目方向的决策特权等等。但是，学术是否应该免除类似于工程、医学和法律等其他领域所接受的公众监督？公众向政府纳税，政府反过来又直接或间接向公、私立高校拨款。那么为什么把大学视作一个特例呢？

责任问题必然是一个监管的问题。在我们这个时代，当一些分析人士和公众人士认为大学表现不佳时，这个问题就凸显出来了。对这种担忧的一种回应是强调高等教育机构已经由认证机构和审计机构等实体机构负责，如果发现标准不严，这些机构拥有追索权。另一种回应是，尽管大学的教职工有时会犯错，但自治和学术自由的原则意味着允许他们犯错和寻求自我纠正，这比外部政治控制知识分子的探索自由和表达更好。此外，由于大学不再严格地甚至是不再集中在一个国家的管辖范围内办学，政府无法充分控制大学的所有活动。依托新技术，开放大学可以开展跨国界的远程项目。在线大学则不需要在特定的地区开设实体校园。

　　大学越来越多地采用企业的决策技术，像跨国企业一样运作。跨国企业追求利润，而大学原则上追求知识，但企业也投资研发，也是知识的生产者。在全球范围内，越来越多的大学以营利为目的；另一些大学则成为营利性事业的大本营或合作伙伴。此外，公立和私立大学都从营利性企业中获取收入，其形式包括企业捐款、政府提供的助学金和奖学金，而且在某些情况下，税收减免部分抵偿了 MBA 项目和其他高管培训项目的成本。

　　正如大学之间存在不同，跨国企业当然也不尽相同。但这两个体系都在一个以不稳定和不安全为特征的全球环境中运行。在这个舞台上，资本家们在企业和学术界都占有一席之地。为了争夺市场份额，他们展开了激烈的竞争，也取得了更大的影响力。对大学来说，可以采用分校制或双学位制的特许教育形式；对跨国企业来说，可以采用子公司和合资企业的形式。为了寻求规模经济，这些参与者结成联盟：大学合作伙伴关系、企业联盟和大学—产业联动。与学术生活密不可分的另一组合绝不能弄错："不出版就出局"（publish or perish）这句箴言后紧跟着"不结盟就出局"（partner or perish）的告诫①。

　　上述模式所包含的不仅仅只是全球经济对大学的影响，这样说并不为过，以免招致简化论的控诉。必然，财政一直是高等教育的一个要素，特别是在战争对人员、资金和运营造成严重影响时。然而，自 20 世纪 80 年代开始，我们可以明显看到市场作用在大学事务中不断扩大。随着跨国网络的日益普及，学术市场的拓展和深化被冠以"商业化""商品化""法人化"等称谓。尽管赋予这些称谓的含义各不相同，但其传播者很容易就能看到参与全球市场的收益和

---

① 为了表明这些合作在发展中国家的不平衡，南非一所大学的副校长将这种说法转换成了"毁灭的伙伴关系"。参见 Gibbons, "Higher Education Relevance in the 21st Century," 55。

成本[1]。

在收益方面，教育全球化可以将人们从地方主义的观念中解放出来，并使人们对确定性产生怀疑。对先进技术、信息搜集以及新知识来源的渴望，正促使大学对自身重新定位。推进此举的不单单只是被理解为一个经济系统的市场，这样的市场运作概念太过狭隘，其实质性的解释需要扩充延伸。市场不是万能的，市场的意识形态和抱负正在发挥作用。

如今，一些学生欣然接受市场，希望以知识型人才的身份进入市场，并为此做准备。举一个我亲身经历的例子。在一门名为"社会理论"（Social Theory）的博士研讨课上，一位博士生在课程评价表上只写了一句话，"这门课不太有市场"。起初我对这条看似令人费解的评论感到惊讶，因为14周来我们阅读和讨论了若干重要概念——关于什么是社会的纽带以及为什么某些社会会被撕裂，囊括了马克思（Marx）、韦伯（Weber）、杜尔凯姆（Durkheim）、福柯（Foucault）、赛义德（Said）、斯皮瓦克（Spivak）等人的观点。但仔细一想，这句话勾起了我的好奇心。那位学生到底在说什么？我很抱歉让他失望，也意识到一个人的反应未必能代表一个同伴群体的观感；尽管如此，我把他的批评记在心里，也反复琢磨着这个观点。这条评语反映出学

① Sheila Slaughter and Larry L. Leslie, *Academic Capitalism: Politics, Policies, and the Entrepreneurial University* (Baltimore: Johns Hopkins University Press, 1997); Stanley Aronowitz, *The Knowledge Factory: Dismantling the Corporate University and Creating True Higher Learning* (Boston: Beacon Press, 2000); Bok, *Universities in the Marketplace*; Sheila Slaughter and Gary Rhoades, *Academic Capitalism and the New Economy: Markets, State, and Higher Education* (Baltimore: Johns Hopkins University Press, 2004); Robert A. Rhoads and Carlos Alberto Torres, *The University, State, and Market: The Political Economy of Globalization in the Americas* (Stanford: Stanford University Press, 2006); Harry Eyres, "Inspired by a True Amateur," *Financial Times*, January 12/13, 2013; Jeffrey J. Williams, "Deconstructing Academe: The Birth of Critical University Studies," *Chronicle Review* 58, no. 25 (February 24, 2012), B7 - 8.

生需求和愿望发生了怎样的变化？相关性是否被解释为解决问题的应用形式，而不是基础的、好奇心驱动的学习？向有用的知识和当代性倾斜，而不是基于历史的分析？物有所值的道德观？消费主义文化？高等教育水平的内隐标准越来越多地预示着一支以创业价值观为导向的知识型人才队伍，与教师的创业精神保持一致[①]。这个观点的内含远不止职业愿望和金钱动机，或许，适销性（marketability）这个概念包含了关于大学应如何获得成就的多维度、广泛共识的思考方式。

大学在其战略计划中阐明了他们想要达成的正式目标。战略规划是一个机构追求地位、声望和收入的雄心壮志的缩写。这一行为宣告了大学的宗旨，混合了旧的和新的、连续和不连续的使命。传统使命并没有消失，更确切地说，相对于不断上升的市场价值，传统使命正在衰落。这是一个趋于重新调整的不稳定配置。

密歇根州立大学（Michigan State University）的路·安娜·赛门（Lou Anna Simon）校长认识到了这一转变，她在给校友们的寄语中写到：

> 我们热爱我们的传统和周期性节律（seasonal rhythm），但我们也被那些正在融合的、重塑高等教育格局的力量所鼓舞。密歇根州立大学必须勇于独树一帜，因为我们将成为一所定义21世纪赠地使命重要性的大学[②]。

显然，赛门校长是在校园中最古老建筑之一的莫里尔大楼（Morrill Hall）被拆除后不久写下了这段话。该大楼的前身是 1899 年建成的妇女大楼（Women's Building），并以 1862 年《莫里尔赠地学

[①] 参见 Matthew M. Mars, Sheila Slaughter, and Gary Rhoades, "The State-Sponsored Student Entrepreneur," *Journal of Higher Education* 79, no. 6 (November/December 2008): 638 - 70。

[②] Lou Anna K. Simon, "President's Message," *MSU Alumni Magazine* (Fall 2013): 3.

院法案》(Morrill Land-Grant Colleges Act)命名，该法案在美国高等教育发展中至关重要①。尽管密歇根州立大学（美国第一所赠地学院）的校长并没有清晰阐述高等教育"正在融合的力量"，但她概述了她的倡议。以"大胆设计"为旗帜，这些倡议旨在将密歇根州立大学置于创新前沿，推动"高绩效"运动，并计划通过使用前沿技术来改变教育经历。从现在人们谈论高等教育的方式来看，这似乎没有什么特别，但这段话本身构成了认知格局不断变化的一个主要特征。

对于决策者来说，重构机构使命和战略的表述是非常重要的，因为这是说服利益相关者支持政策的一种方式。在大学活动中定期重申这些使命和战略是建立共识的一种方式。这让现代大学从其公开宣称的民主公民意识、批判性探索和学术自由等优先事项向其他价值观的转变变得合理。

严谨的实证研究表明，在过去的40年里，市场逻辑已经超越了学术—科学逻辑②。在20世纪70年代之前，尽管在冷战时期也出现了人造卫星太空竞赛，但市场逻辑在纯科学领域中所起的作用有限。人们当时认为科学知识的重要之处在于其内在价值，而不是作为私营企业的工具和国家经济增长的引擎。在20世纪70年代末和80年代，教师创业等源于市场逻辑的新实践愈发普遍。关于这种转变，伊丽莎白·伯曼(Elizabeth Berman)在她的书中追溯了"这种通过市场实现科学价值的观点"的上升轨迹③。相信科学可以解决日益增长的实际问题，这种信念成为一种趋势。一些明显的迹象是，人们愿意

---

① 详见第四章。

② 本段中的信息来自伊丽莎白·伯曼的著作，参见 Elizabeth Popp Berman, *Creating the Market University: How Economic Science Became an Economic Engine* (Princeton: Princeton University Press, 2012): 8 - 9,11,39,44.

③ Elizabeth Popp Berman, *Creating the Market University: How Economic Science Became an Economic Engine* (Princeton: Princeton University Press, 2012),9.

为生物技术、专利、研究中心和科技园区的成果付费。在政策制定者中，创新和公私合作成为关键词。

继工业社会之后，信息资本主义的出现为科技进步适应经济发展提供了有利的环境。决策者认识到，信息和技术的全球流动是全球化的关键特征，并试图顺势而为。在 20 世纪的后 25 年中，政策精英们构建了"知识社会"和"知识经济"的叙事框架。1996 年，时任世界银行行长的詹姆斯·沃尔芬森（James Wolfensohn）宣布世行将发挥"知识银行"的作用。世行在沃尔芬森任职期间资助了大量研究并一直延续这一做法。"知识银行"以大量论文集和大数据集的形式生产和传播知识，以迎合亲市场化的全球化项目。其重点是降低监管壁垒，促进跨境贸易，包括受到知识产权限制（偶尔也由知识产权促成）的科技密集型产品的进出口，尽管这种限制给新自由主义全球化带来了冲击。教育行业也受到了这种经济改革的影响，实际上，教育是经济改革的核心领域。

改　革

为了适应全球化，一所又一所大学进行了高等教育改革。新知识和技术驱动型产业成为全球化经济的支柱。大学与企业、国家政府、全球治理机构等其他知识生产者和技术人员联结成了网络。在这个跨越国界的认知网络中，一些合作或互动在线上举行，一些则在大学校园内的研究中心和培训项目实地进行，这些工作都力求创新，融入到大学的全球化进程中。

为了使大学更具创新力和全球竞争力，世界各地的高等教育系统纷纷进行改革。改革的动力来自于希望推动教育政策更有效地运作，效率本身与时代精神的其他转变有关，即知识对经济和社会愈发重要；大学对于培养形成全球秩序所需的技能和专业知识至关重要。

大学是这一秩序的支柱,改革的目的是为了增强大学的实力。

　　一些学者强调全球教育改革的共同要素,提出了"全球教育改革运动"(Global Educational Reform Movement)[1]。这是一项非官方议程,借鉴了企业部门的管理模式和方法,比如数据驱动的绩效评估和问责制的量化指标。该议程与世界上大部分地区公共服务分权并行,并实现了课程的同质化。这种跨国运动缩小了国家政策制定的范围,向私营企业的逻辑和运营方向看齐。企业慈善事业、双边资助者和全球治理机构的激励手段推动了这种趋势的发展[2]。

　　进行全球教育改革运动的设想似乎是可行的,因为这些变革正在进行,而变革本身自然也会受到国家和地方差异的影响。但也有其他的观点,内罗毕非洲社会与治理研究伙伴关系(the Partnership for African Social and Governance Research)的执行主任、纽约卡耐基基金会(Carnegie Corporation of New York)前项目干事塔德·艾纳(Tade Aina)呼吁转变改革的主题[3]。他认为非洲的高等教育转型已经超出了改革的范围:"尽管历经半个多世纪的干预措施和一次又一次的'改革',今天的非洲高等教育仍由缺乏明确价值观和目标的机构、系统和实践组成,或者说缺乏将其与本土和全球背景下的主要挑战联系起来的使命和愿景。"[4]艾纳关于改革范围的看法是正确的,这些改革关乎教育领域内的结构调整。

---

[1] Sahlberg, *Finnish Lessons*, especially 99 – 106; Andy Hargreaves, *Teaching in the Knowledge Society: Education in the Age of Insecurity* (New York: Teachers College Press, 2003); Andy Hargreaves and Dennis Shirley, *The Fourth Way: The Inspiring Future of Educational Change* (Thousand Oaks, CA: Corwin, 2009). 萨尔伯格(Sahlberg)赞同安迪·哈格里夫斯(Andy Hargreaves)及丹尼斯·雪莉(Dennis Shirley)在著作中提出的观点。

[2] Sahlberg, *Finnish Lessons*.

[3] Tade Akin Aina, "Beyond Reforms: The Politics of Higher Education Transformation in Africa," *African Studies Review* 53, no. 1 (April 2010): 21 – 40.

[4] Tade Akin Aina, "Beyond Reforms: The Politics of Higher Education Transformation in Africa," *African Studies Review* 53, no. 1 (April 2010): 21.

同样，人们必须面对的是不同类型的改革，而非单一的全球教育改革。社会哲学家安德列·高兹（Andre Gorz）区分了改良派改革（reformist reforms）和结构性改革（structural reforms）[1]。改良派改革是对现状进行微调，并将其合理化。这些修正措施由上层发起；改革是自上向下的。相比之下，结构性改革则是动摇现行体制。高兹认为，结构性改革是进行根本性的改变，改革是自下而上的。一种改革是局部的改革；另一种改革则更全面的改革。当渐进式的改良主义无助于解决问题根源时，结构性改革有望从根本上将问题解决。

反思20世纪70年代以来的高等教育经验，高兹的构想可以加以拓展。首先，无论改革的范围大小，两种改革都不是一个整体。改革是先出台，再细化，后修正，有些改革还被写入律法。改革是链状的，有若干连接点。因此，可以将高兹描绘的两种改革类型结合起来，而不在两者之间划出过于明显的界限。

教育工作者可以发起能推动其他领域改革的改革，使参与者之间达成新的力量平衡。改革的动力来自于上下两方，也来自于高等教育机构内部和外部。要想在这条道路上前进，大学面临的挑战是如何应对改革带来的矛盾。

矛　盾

在一定程度上，大学需要与知识环境相契合，但泛化的改革可能会导致其宗旨和使命的偏离。从全球化力量中获益和赶超竞争对手，大学间的争夺战要么与他们追求知识的承诺保持一致，要么与之背道而驰。

知识与权力之间的矛盾是一个古老的问题。当柏拉图区分智者

----

[1] André Gorz, "Reform and Revolution," *Socialist Register* 5(1968): 114-43.

和当权者时，他指出，前者很少有权力，后者很少有知识。柏拉图的理想是让他们彼此独立①。在我们这个时代，追求知识的阻力不仅是压倒性的权力，还关系到学术自由、自治、治理和文化。这些价值观、思想和社会关系的冲突都与不同职权领域的权力争论有关。

在实践中，政治官员利用职权授权全球商业交易等跨境活动。然而，松散的边境线会招致问题。毫无疑问，这是911事件的一个教训，使国家主权在国家安全与移民相关领域中得到重申。这些领域的某些政策（如签证政策）深刻地影响了大学在招生、聘请明星教师和引进杰出管理人员方面的努力。

尽管大学在追求知识的过程中出现的不和谐可能是地方性的，但随着大学将其核心使命扩展到国际化工作，这种不和谐越来越具有全球性。将本土和全球参与联系起来的工作经常采取合资经营的形式，其中许多是跨大陆的项目。例如因此邻美国芝加哥的西北大学凯洛格管理学院（Kellogg School of Management）与香港科技大学（Hong Kong University of Science and Technology）共同开办的联合项目在英国《金融时报》（*Financial Times*）MBA百强排行榜中位列第一。其校友在毕业三年后的平均薪资最高，是最具国际化的人群之一，他们在职业发展、工作经验和目标实现方面的排名进入了前十②。

跨国MBA课程是特许教育的主要例证。学习者在一个国家，学位授予机构在另一个国家。这种合作可能存在于公立大学和私立大学之间。如前所述，这两类大学之间的界线是模糊的。合作的基本概念包括双联课程（twinning arrangements）、联合培养或双学位项目（joint or dual degree programs）、分校（branch campuese）和区域教育

---

① *The Republic of Plato*，trans. Francis MacDonald Cornford（New York：Oxford University Press，1965），29，262ff.

② Laurent Ortmans，"What Makes an Excellent MBA?" *FT Business Education*，October 21，2013.

中心(regional hubs of education)。

很少有国家袖手旁观或任由这种趋势发展。它已经变得举足轻重，不容忽视。许多国家和高等教育机构的对外政策被称为"国际化"或"全球化战略"。在朝着这个方向前进时，一些像新加坡政府这样的行动派，比其他国家更谨慎、更适时地思考了如何参与教育全球化的问题①。

为了优化在知识产业中的地位，新加坡2002年启动了"全球校舍"(Global Schoolhouse)计划②。在对其高等教育系统进行了多次评估以及到海外考察探明最佳实践后，新加坡确立了一套改革程序，旨在提高其人力资源质量，开发利润丰厚的教育市场和吸引外国知识型专家(foreign knowing experts)。最初的改革分为三个阶段：选任国际知名学者和企业高级官员组成国际学术顾问团(International Academic Advisory Board)，协助政府发展世界一流大学；与宾夕法尼亚大学(University of Pennsylvania)沃顿商学院(Wharton School of

① 这一过程正在催生一项蓬勃发展的咨询业务，专门设计高等教育全球化战略。这些咨询专家们借鉴了许多大学在全球化中的经验，针对所服务大学的特定环境量身定制战略计划。他们的介绍大多展示一系列数据和复杂的技术。然而，在与海外大学的协议中，咨询专家们往往没有将两项关键内容包括在内。一项是关于学术诚信的指导方针，特别是在不同环境下的跨文化合作中尤为重要。另一项是谅解备忘录的关键条款应该是附有终止合同条款的退出方案，这些规定应当考虑到提前终止的理由。此外，许多国际化战略的缺点是缺乏一致性。通常，它们由一份包含多项活动的列表组成。标题可以被包装成"增强大学的国际影响力""建立新的国际伙伴关系""提升全球影响力"之类的短语，而无需认真思考与校本部历史、学术重点以及正在进行的活动之间的有机联系。简而言之，现行策略主要是提供附加服务，一定程度上是出于追赶竞争对手大学的愿望。在很大程度上，这些项目的成功是通过数量来衡量的，比如海外教育中心的数量。最后，对"回流"(即25年后海外大学不再需要或不被需要的情景)的前瞻性思考也是需要的。

② 参见 Kristopher Olds, "Global Assemblage: Singapore, Foreign Universities, and the Construction of a 'Global Education Hub,'" *World Development* 35, no. 6 (June 2007): 959 - 75; Ka Ho Mok and Kok Chung Ong, "Asserting Brain Power and Expanding Education Services: Searching for New Governance and Regulatory Regimes in Singapore and Hong Kong," *The Emergent Knowledge Society and the Future of Higher Education: Asian Perspectives*, ed. Deane E. Neubauer (London: Routledge, 2012), 139 - 60.

Business)合作，建立一所新的私立大学新加坡管理大学（Singapore Management University），与当地公立大学竞争；给予大学更大的自主权以使其承担更多责任。

此外新加坡还采取多项举措以推动新加坡成为国际教育中心。这些举措包括增加了新加坡本土大学和知名海外合作伙伴之间的联盟数量。尤其是由新加坡国立大学（National University of Singapore）、南洋理工大学（Nanyang Technological University）和麻省理工学院联合创办的创新研究生学位项目（innovative graduate degree programs）和工程领域的研究工作已经引发世界关注。新加坡的做法是与海外知名机构建立合作关系，包括澳大利亚国立大学（Australian National University）、美国卡内基梅隆大学（Carnegie Mellon University）、法国国家科学研究中心（Centre National de la Recherche Scientifique）、美国康奈尔大学、中国上海交通大学、美国斯坦福大学（Stanford University）、美国宾夕法尼亚大学和日本早稻田大学（Waseda University）。简言之，新加坡政府一直积极致力于制定连续一贯的全球化战略和协同多方参与者。

虽然新加坡在高等教育领域比大多数国家更为审慎，但其经验表明，国家角色和监管环境正在发生转变。当国家作为市场力量的推动者时，我们找到了问题的症结所在。原则上，大学致力于开放性的探索，全球化也同样致力于开放。但一个是关于自由表达，另一个则是关于自由市场。在这种关系中出现了越来越大的矛盾，而且是显而易见的。

大学维护学术自由的承诺既不是必然的，也不是抽象的①。虽然传统、成文和参数因环境各异，但学术自由的理念是建立在大学共同

① James H. Mittelman, "Who Governs Academic Freedom in International Studies?" *International Studies Perspectives* 8, no. 4 (November 2007): 358–68.

体成员的一系列权利和责任之上的。这些权利和责任是尊重他人尊严、批判性探索、异议的重要性，以及呼吁辩论和知识整合。而且，由于拥有学术自由，一些学者敢于直言质疑传统。我们有权认同或质疑已有知识并提出异议，包括令人反感的观点。然而，在一些国家的实践中，包括在有麦卡锡主义（McCarthyism）遗留的美国，学术自由仍然是脆弱的。如果学术界太过封闭，公众对大学的信任就会下降。毫无疑问，与世隔绝的大学非常危险。应对之策是继续对外部团体的批评持开放态度，让学者们与公众互动。

大学开放的理念与营利性企业不同。跨国企业并不按照大学所承诺遵守的道德准则运作。当然，有一些企业赞同社会责任契约。尽管如此，企业希望员工开展的工作有利可图且避免公众争议。归根结底，企业是等级森严的组织，致力于创造财富推动创新，保持竞争力。许多企业都在促进边界开放和信息公开，只要这些安排都符合底线。

事实上，一些校企合作关系引发了严重冲突。在20世纪70年代，哈佛大学和孟山都（Monsanto，一家农业和生物技术跨国公司）谈判达成了一项合同，就一种被认为可以调节肿瘤生长的物质领域进行研究合作。这项商业交易带来的是开发抗癌药物的机会和2 300万美元的研究经费。当时，有人提出了疑问：这个项目是否会回避同行评审？专利知识和牟利会不会违反学术自由？这些市场动态对其他大学的合同意味着什么？①

近年来，寻求确保其在全球教育中的市场份额的大学在国外开设了校园。中国、新加坡、马来西亚和一些海湾国家等都已向著名大学和博物馆提供了极具吸引力的合作计划，以获得在东道国开办分支机构的许可。阿拉伯联合酋长国拥有纽约大学（New York

---

① Berman, *Creating the Market University*, 8.

University)、索邦大学(Sorbonne University)、卢浮宫(the Louvre Museum)和古根海姆博物馆(Guggenheim Museum)的分支机构。卡塔尔的教育城(Education City)拥有康奈尔大学、乔治城大学(Georgetown University)、西北大学(Northwestern University)、德州农工大学(Texas A&M University)和卡内基梅隆大学分校区。在推进这些项目的机构中,纽约大学和耶鲁大学(Yale University)一直是最雄心勃勃的两所大学。然而,纽约大学校长约翰·塞克斯顿(John Sexton)和耶鲁大学的校长卡尔·莱文(Carl Levin,现已退休)各自都遭遇了在威权体制下发展全球事业的阻力。耶鲁大学的教师通过了一项不具约束力的决议,表达了对这些举措的保留意见。签名者们提到了对言论自由受到限制的担忧,包括参与到耶鲁—新加坡国立大学学院(Yale-NUS College)教授的自我审查[1]。自由表达的气氛得以缓和,"禁止入内的标记"(out-of-bounds markers)还依然存在。

这类冒险事业很少正式确立对学术自由的保障[2]。有关海外学术项目的兼容问题纷至沓来,不仅涉及直接的政治控制,还涉及对性别、性取向和残障等方面的人权限制。问题在于自由主义艺术价值观与控制学术自由的非自由主义制度之间的契合度。

围绕分校、海外学位项目、海外培训项目、咨询服务以及这些伙伴关系的财政影响的争论,基本上都与大学的宗旨有关。一些教师对议程和程序的不满则与学术特权有关。谁来决定修正一个机构的使命和全球抱负? 虽然经常使用"协商"这个词,但人们关注的主要

---

[1] Ian Wilhelm, "As Higher Education Goes Global," Chronicle of Higher Education Almanac 59, no. 1 (August 31, 2012): 93; Jackson Diehl, "An F in Academic Freedom," *Washington Post*, January 24, 2013. 由于纽约大学蒂什艺术学院(NYU's Tisch School of Arts)的新加坡分院的前学生向法庭提起了诉讼,声称该分院未能提供高质量的教育,因此,纽约大学在2012年关闭了该分院。

[2] 参见本节段落6中引文的相关说明。

问题是所有权。在耶鲁—新加坡国立大学学院的案例中,耶鲁大学的一些教师把这个根源性问题归结为大学治理的问题[1]。谁有发言权以及如何解决分歧?

对东道国而言,大学改革也会在文化保护方面造成矛盾。海外学生和教师数量的增加,在学术项目中使用英语,与国际教育框架接轨,这些都可能被视为边缘化。在一些地方,当地知识分子、议员和民间团体成员们声称,弱化对民族语言的强调会导致思想的控制。例如,法国和意大利的大学在课程中使用英语就激起了人们的不满,引发了抗议活动。海外项目引入了语言,广泛的生活方式也随之而来,而它们可能与当地习俗习惯相悖,甚至违反法律,比如同性恋问题[2]。而在东道国和输出国,大学招收国际学生的政策引起了人们的不安。在美国,新兴的咨询行业"赏金猎人"(bounty hunters)向这些招生机构在海外招收的每一位付费学生收取佣金[3]。这种可谓掠夺性的行为激起了人们的愤慨。这些改革的意外后果为我们提供了重新审视大学基本宗旨的契机。

过去和现在

大学的宗旨不止一种单一的观点,这符合鼓励自由表达的大学

---

[1] Karen Fischer, "What's in a Name? For Yale in Singapore, a Whole Lot," *Chronicle of Higher Education* 58, no. 36 (May 11,2012): A1, A22 - 24; Olds, "Global Assemblage."

[2] 详见第六章案例。

[3] Tamar Lewin, "Schools Use Controversial Commissioned Agents to Recruit Foreign Students," *New York Times*, May 13, 2008; "NACAC Assembly Approves New Policy for Recruiting International Students," National Association for College Admission Counseling (Arlington, VA, 2013), http://www.nacacnet.org/media-center/PressRoom/2013/Pages/NACAC-Assembly-Approves-New-Policy-for-Recruiting-International-Students.aspx (accessed October 8, 2016); Stephanie Saul, "Recruiting Students Overseas to Fill Seats, Not to Meet Standards," *New York Times*, April 19,2016.

精神。全球压力并没有使这种精神消弭,但改革的浪潮却威胁到这种精神。

进入 21 世纪,大学改革是在全球经济危机引发的深刻变革中进行的。正如前文所指出的那样,新自由主义政策的后果包括扩大了"相关"研究领域的空间,减少了基础领域的空间,尤其是艺术、古典语言、历史和哲学等领域。其风险在于今天的相关可能会成为明天的不相关。而高等教育的空间毕竟不同于经济政治生活中的其他空间,大学是用来形成思想、培养下一代和发展新知识的场所。一方面,大学必须分担经济停滞或衰退所带来的负担并适应时代的变化;另一方面,这种适应不必抬高金钱文化和过度竞争的价值,不必低估当地环境的重要性,也不必削弱基本原则。

总而言之,现代大学有三方面的存在意义:塑造民主品格、培养批判性见解和维护学术自由。在这个范围内,大学允许多元化,他们有各式各样的办学目标。在一个复杂的世界里,有很多东西可以被说成是为大学的辉煌使命添砖加瓦的存在。但是,包容多元是一回事,而使命偏离导致高等教育机构目标混淆则是另一回事。在这些道路上行进需要更谨慎地思考航向控制。

在不断满足知识需求的同时,大学也在努力尊重学生合理的工作需求,将大学教育更有效地与劳动力市场联系起来。许多高等教育机构意识到,他们必须达成一种与自身背景相适应的平衡。显然,对学习的热爱和实践技能并不一定相互对立,两者都需要把好奇心视作发现过程中不可或缺的部分。

发展高等教育的理由是高等教育能够让人感受到纯粹的快乐。知识的快乐成为一种思维习惯。这趟旅程持续终生。2011 年,我收到了一封电子邮件,其内容证明了高等教育的回报。邮件的开头是这样说的,"这么长时间过去了,我确信您已经不记得我了。我参加了 1979 年秋天您在哥伦比亚大学(Columbia University)讲授的当代文明课。"①通过介绍,这位几十年前的学生还提到他已经获得了生物学的高级学位,并在一家研究中心工作,他在那里担任一个实验室负责人。接下来,他讲述了我们当时的课程如何影响了他的世界观。"我还记得第一天上课时黑板上的两句名言:弥涅尔瓦(Minerva)的猫头鹰总是在黄昏降临时才起飞;哲学家们已经解释了历史,现在我们必须改变历史。"②

第一则典故摘自黑格尔(Hegel)的《权利哲学》(*Philosophy of Right*),是指罗马智慧女神弥涅尔瓦和她的猫头鹰同伴,猫头鹰在黄昏时起飞,暗示知识是具有回顾性的,而且只有当一件事件发生之后才能被理解。第二则引自马克思《关于费尔巴哈的提纲》(*Theses on Feuerbach*)(第11条),是对唯心主义的批判。马克思认为,社会经济力量决定思想和解释,他呼吁采取行动来改变正在发生的事件。学生们在课堂争论的这些段落之间的矛盾关系,引发了关于思想和物质力量关系的问题。后来韦伯在他关于宗教和资本主义的论文中谈到了这个问题,后现代主义者和后结构主义者也对此展开讨论。

通过面对历史性的辩论,毕业生们可以更好地树立自己的世界观。高等教育的成功不仅仅是精通伟大的文学作品;还在于了解自己在竞争中所处的位置。就这封电子邮件的作者而言(他绝对是一位有代表性的毕业生),新生研讨会上的提问所激发的好奇心为他非凡的职业生涯指明了道路。几十年来,他一直在细细品味我们的课程内容。于我而言,这也使得大学成为一个工作胜地。

从这个角度看,大学是一个从事知识活动的舞台。如何像纽曼所说的那样,现在,要推动学生向目标前进可能需要依靠新技术等手段。但大学仍然是一个独特的空间,无论是物理的还是虚拟的。此

---

① 一位毕业生发给作者的邮件内容,2011年1月7日。
② 一位毕业生发给作者的邮件内容,2011年1月7日。

外,鉴于世界问题的严重性,这个空间比以往任何时候都"宝贵",这让人回想起爱因斯坦描述人文学科向年轻一代传递知识时使用的形容词①。

　　知识分子需要辩论和创造的自我空间。这个空间是批判性思考的避难所,不过不能脱离社会环境。这些安全空间是新教徒们的港湾,是未来管理者们的家园。这些空间是教师和学生可以选择将他们的精力用于改变教育和社会的地方。但究竟是什么在改变大学?又是谁在引领大学改革?这是个问题。

---

① 与本章开篇的引文相同,参见 Einstein, "Education for Independent Thought."

第二章
改革的动力

是什么力量推动着大学重新定位？改革者又是谁？推动教育政策改革的这些力量是理解全球知识生产和分配的关键。

我在本章的论点是，一个由参与者和程序构成的松散网格（meshwork）正在改变高等教育。此处的网格，我指的是一种网络（networks）形成的复杂形式且可以重新配置大学。网格参与了一个全球性的知识结构。大学是这个结构中众多知识生产参与者之一①。

大量知识参与者正在用他们自己的方式编织着世界一流的梦想。当然，教育改革推动者之间存在着巨大的差异。这些团体争夺资源、比拼影响力，内部争议巨大。不过，对于何为"客观的"高等教育卓越的大致共识正在形成。全球化的推动者们正在形成生成与传播卓越标准的方式，包括制定议程和影响舆论制定者。这个过程需要铸炼话语、符号和协调程序，包括奖励某些实践和设计成果评估工具。

虽然人们不会期望一项高等教育重新定位的宏伟计划，但全球标准的制定是通过建立精英的共识来实现②。为了探索这种共识的

---

① 关于知识结构的概念，参见 Susan Strange, *States and Markets*: *An Introduction to International Political Economy* (New York: Basil Blackwell, 1988), 117 - 19.

② 在标准制定方面，参见 Craig N. Murphy and JoAnne Yates, *The International Organization for Standardization* (ISO): *Global Governance through Voluntary Consensus* (London: Routledge, 2009); Valerie Sperling, Altered States: The Globalization of Accountability (New York: Cambridge University Press, 2009).

形成，接下来，我们可以对知识治理进行解构；再然后，轨迹将清晰可见。

尽管能确定更多的参与者，但有十组改革参与者最为突出。他们推动变革并为改革进程提供动力。这些全球代理机构分布在以下机构和环境中：①政府；②咨询机构；③全球治理机构；④区域组织；⑤认证机构；⑥排名机构；⑦高等教育慈善机构；⑧智库；⑨技术社区；⑩大学本身。

尽管条约、宣言和书面章程等各种文件都在发挥作用，但其中的复杂性和含义却难以捉摸。这些往往都是非正式的理解，而不是成文的政策。在上文提到的知识社区博弈中，标准被映射为叙事、实践和规范。这些标准可能成为监管或准监管框架以及自我监管手段。后者，即软治理，主要依赖于合作而非强制措施，是一种提高效益的方式。

问题是，没有一个知识团体或个人监督这种运作方式。这是一个关于集体行为的问题。一群设计师已经创造并促成了这种做法。

在不同利益的各类知识生产者之间，其相互联系可能是不透明的，也可能是无视监管的。参与者的利益体现在认证和排名等程序中。这些程序表达的是利益的诉求，而非自主活动。

在过去的50年里，参与者的行为对知识治理造成了严重影响，但人们对参与者数量增长的方式知之甚少。因此，绘制这些参与者的分布图并思考这些力量结合的程度非常重要。本章将重点讨论高等教育的趋同（convergence）与分化（divergence），我们将通过检视各类改革参与者与程序来展开。

政府和咨询专家

首先从我国国内教育改革的源头入手。政策植根于地方和国家两个层面。这是大学改革的支点。政府资助或撤销资助推动了大学的重新定位,但这种动力越来越多地与外部因素混合在一起。财政只是形成这一趋势的众多因素之一。国家职能、政府各部门的影响力以及官方中介机构的作用(如高等教育委员会这样的"缓冲器")都是监管改革的关键要素。

各国在大学改革领域中奉行的基本原则反映在双边和多边教育战略中。虽然各国对相关单位的命名和更名有所不同,但都由教育部门和国际合作发展部门协助制定与执行大学的改革战略。例如,《2011—2015 年美国国际开发署教育战略》(U. S. Agency for International Development Education Strategy 2011 - 2015)优先支持善治良政、有效管理和学习成果[1]。根据美国国际开发署的声明,全球化需要更多高技能和更具竞争力的劳动力,发展中国家必须扩大接受高等教育的机会,提高高等教育的质量和相关性,实现更大的公平性以及建立研究议程。美国国际开发署认为可以通过与私营部门合作,利用其他资助方来实现发展中国家的目标。此外,美国国际开发署承诺将通过下列方式为知识共享提供援助:"特派团的教育官员必须与全球教育专业人员网络建立联系,使他们有机会经常交换新思想、最新创新、最佳实践和从其他国家获得经验教训。"[2]这需要与世界银行开展更全面的协作,因为世界银行是大学改革的领跑者,拥有大量资源。这些组织先后将政府合同授予私营企业,并在冲突地区或冲突后地区(尤其是在伊拉克和阿富汗地区)建立美式大学。

上述美国国际开发署的声明具有重大意义,虽然声明中的语言看似中立,但一些隐喻暗含其中。美国国际开发署、其他富裕国家或

---

① United States Agency for International Development, *USAID Education Strategy 2011 - 2015* (Washington, DC: USAID, 2011),12.

② United States Agency for International Development, *USAID Education Strategy 2011 - 2015* (Washington, DC: USAID, 2011),20.

相对富裕国家的政府机构或国家部门、世界银行等机构之间的合作伙伴关系具有非常大的影响力,凭借其所拥有的庞大研究队伍,以及通过培训项目和咨询服务传播其价值观和理念。世界银行确定了针对特定目的和符合援助国使命的最佳实践。在实践层面上,这些最佳实践更喜欢解决问题的知识,而不是好奇心驱使的批判性探索[①]。

定向资助很少支持基础研究,但基础研究是生产先进知识所必需的。这些拨款也反映了援助国而非受援国高等教育机构的学术价值。受雇的咨询专家们将价值观转化为当地语言,并就如何在当地推行提供建议。专家们没有为研究拟订主要问题框架,而是在资助者设定的框架范围内开展工作。这类委托研究可以转移自主话语的能量并削弱批判性思维。通常情况下,研究成果没有经过学术同行评议。尽管咨询专家们可以自行决定是否把时间花在资助方的项目上,但物质奖励很难让人拒绝,尤其是在那些资金匮乏的大学。事实上,在许多国家,本土大学通过咨询业务向资助机构和企业提供服务。甚至,一些知识分子离开大学,成立了独立的咨询公司。

也许有人会说,资助者会诱发地方和国家对教育项目所有权的争议。可以肯定的是,许多负责大学运营和教师事务管理的学术管理人员与管理机构中的跨国精英们拥有共同的价值观,他们也被激励接纳跨国精英们的使命。通常,这些跨国精英们的知识形成具有共性,尽管存在一些无关紧要的差异和间或的不一致。他们接受的培训被固定在同一个知识结构中,包括留学、交换项目、资助、奖励,以及有机会在有声望的出版社或高知名度期刊上发表成果。奖励制度体现了市场机制有关最佳实践的定义。但受助者不能自由支配他们所选择的受助款项,因为这些款项被限定在某些用途上。到最后,收入来源枯竭。资助者的支持变化无常,很可能不可持续。在援助

---

① Gibbons, "Higher Education Relevance in the 21st Century," 15,16,55 - 56.

国和受援国,资助行为受在决策中摇摆的政治优先事项和市场环境左右。

全球治理和区域主义

在本节中,我将展示资助者如何设法协调他们的高等教育项目和各利益相关方的优先事项。我认为,存在一种承载世界一流梦想的多边流动发展模式,它深受美国模式影响,与不同的国家和地区结构融为一体并产生了各种反应。本节的任务就是研究这种发展模式。

早在 1945 年联合国教科文组织(United Nations Educational, Scientific and Cultural Organization)成立之前,关于教育领域全球权威的讨论就很普遍。因此,长期以来,国家主权的捍卫者也一直支持通过双边机构和世界银行为海外教育注入资金。虽然联合国教科文组织和联合国开发计划署(United Nations Development Programme)等某些国际组织参与了这一进程,但这些组织逐渐变成无法解决深层结构性问题的全球管理机构。在高等教育方面,联合国教科文组织受资源匮乏的阻碍尤为严重。联合国开发计划署的作用也从启迪社会民主导向更多地转向监测千年发展目标(Millennium Development Goals)和 2015 年后的可持续发展目标,即建立一套以推进发展的联合国量化目标为核心的全球标准和共识框架。联合国开发计划署对各国多大程度上实现了这些量化目标进行测量。

随着新自由主义全球化的兴起,传统上负责社会政策的联合国组织在教育改革中发挥的作用总体上逐渐减弱①。取而代之的是世界银行集团(World Bank Group)和世界贸易组织(World Trade

---

① 新自由主义将在第四章中进行阐述,接下来的章节将探讨不同环境下的新自由主义全球化对高等教育的影响。

Organization)，二者已成为高等教育改革的主要引领者[1]。

对世界贸易组织而言，教育是一个服从贸易自由化原则的服务行业[2]。世界贸易组织执行《服务贸易总协定》(*General Agreement on Trade in Services*)，致力于减少跨境知识流动的贸易壁垒。这些贸易壁垒包括签证限制、阻碍外国机构发展的高税收、保护国内机构的认证方案，以及国家或地方对高等教育资格和质量保证的认证限制。最惠国待遇原则(Most Favoured Nation rule)是《服务贸易总协定》的一个关键原则，要求平等对待外国贸易伙伴的有条件和无条件最惠国待遇(尽管也存在若干豁免规定)。换句话说，必须给予世贸组织 164 个成员国所有竞争性服务供应商市场准入，并获得与国内供应商同等的机会。

《服务贸易总协定》是一种促进专业教育工作者和学生更大流动性的机制，但也可能导致人才的长期迁移。所谓"人才环流"(brain circulation)，即某处的人才流失是他处的人才流入。进出口教育服务的管理框架(包括人口流动)在许可、认证和质量保证方面都非常重要。该框架可以增强国家职能，但也会破坏国家加强高等教育的努力。对于世界上一些地区的大学来说，外国供应商提供的巨大好处极具吸引力，但也有人担心西方霸权风险和对当地文化，尤其是本土知识的"稀释"。

此外，减少贸易壁垒的手段与产品和服务的知识内容价值有关。

---

[1] Craig N. Murphy, *The United Nations Development Programme: A Better Way?* (Cambridge: Cambridge University Press, 2009); Karen Mundy, "Education for All and the Global Governors," in *Who Governs the Globe? ed. Martha Finnemore, Deborah Avant, and Susan Sell* (Cambridge: Cambridge University Press, 2010), 333 - 55; J. P. Singh, *United Nations Educational, Scientific and Cultural Organization: Creating Norms for a Complex World* (New York: Routledge, 2011).

[2] 下文关于世界贸易组织的段落参见 Jane Knight, "Trade in Higher Education Services: The Implications of GATS," *Kagisano*, no. 3 (Autumn 2003): 5 - 37.

《与贸易有关的知识产权协定》(*The Trade-Related Aspects of Intellectual Property Rights agreement*)涉及专利、商标和版权[1]。这些协定内容直接影响到大学的教学大纲和学术研究。随着国际贸易越来越自由,教育全球化的狂热者们指出,未来会有更多的职业流动机会、更好的工作条件、更高的薪水。但批评人士担心,高等教育商品化程度的进一步提高会削弱国家控制;而且,在一个权力界限模糊的密集多边体系中缺乏问责。

这场争论的一个重要方面是高等教育被指定为一项服务。高等教育是某些国家的主要出口产品。对美国来说,教育是十大服务出口之一,2012年的出口额达到近230亿美元。教育服务包括教育信息、远程教育供给、设施、管理费用等。世界贸易组织方针的争议在于,商品化可能削弱了高等教育的公益性。如果高等教育机构的任务是培养民主价值观、批判性思维能力和不受约束的学术自由,那么写入国际贸易标准中的市场行情变化与大学的基本宗旨并没有内在联系。此外,这些监管标准也被认为是重新定位高等教育机构的一个主要因素[2]。

在国际银行的谈判中,一些多边倡议是由多个组织"共同促成"的,因为倡议包括贸易、金融和发展的不同组成部分。这些活动符合双边机构和区域开发银行的混合投资组合的需要[3]。其中涉及的政

---

① 知识产权保护是由世界贸易组织和世界知识产权组织的共同负责。

② United States Department of Commerce, International Trade Administration, "Education as a Top Service Export," *Tradeology blog*, September 4, 2012, http://blog.trade.gov/2012/09/04/education-as-a-top-service-export/(accessed January 20, 2013); "Can Next-Generation Education Have an Effect on U.S. Education Exports," *Tradeology blog*, September 27, 2013, http://blog.trade.gov/2013/09/27/can-next-generation-education-have-an-effect-on-u-s-education-exports/(accessed January 20, 2013). U.S. International Trade Commission, "Recent Trends in U.S. Services 2013 Annual Report," Publication 4412 (July 2013): XV

③ 双边机构包括亚洲开发银行(Asian Development Bank)、英国国际发展部(U.K. Department for International Development)、法国开发署(Australian Agency for International Developmen)、丹麦政策发展局、澳大利亚国际开发署(Australian Agency for International Developmen)、新西兰援助计划署(New Zealand Aid)、美国国际开发署、日本外务省(Ministry of Foreign （转下页）

策领域范围非常广泛,包括法律、规则、人事、技术和其他服务领域的相互作用。

要更详细地了解世界银行对高等教育的影响,最好是从其 20 世纪 80 年代以来的发展历程切入。1981 年《博格报告》(Berg report)提出在计算回报率的基础上评估高等教育的理念后,世界银行决定将贷款集中在中小学,因为它发现高等教育的经济产出水平较低[①]。大量私人资助者紧随世界银行的步伐撤销了对高等教育的资助。这些行动符合国际货币基金组织(International Monetary Fund)和世界银行的结构调整计划(structural adjustment programs),后者提供贷款的条件是采取私有化、放宽管制和减少对外贸易壁垒的政策框架。在许多债务国,这些经济改革行动,特别是在高等教育上的公共开支削减,为外国竞争对手铺平了道路,同时加剧了以发达国家为目的地的人才流动。

面对人们对其政策负面影响的猛烈批评,世界银行在 20 世纪末、21 世纪初重新思考了高等教育战略,开始将高等教育视作全球知识经济的一个关键因素[②]。与此同时,世界银行对结构调整计划的

(接上页)Affairs of Japan)和欧洲委员会。区域发展银行也推进教育改革。非洲发展银行(African Development Bank)、亚洲开发银行(Asian Development Bank)、欧洲复兴开发银行(European Bank for Reconstruction and Development)和美洲开发银行(Inter-American Development Bank)试图与世界银行协调它们的项目。此外,这些多边集团还包括分区域发展银行,如安第斯开发协会(Andean Development Corporation)、加勒比开发银行(Caribbean Development Bank)和北美开发银行(North American Development Bank)。

① World Bank, *Accelerated Development in Sub-Saharan Africa*: *An Agenda for Action* (Washington, DC: World Bank, 1981); Joel Samoff and Bidemi Carrol, *From Manpower Planning to the Knowledge Era*: *World Bank Policies on Higher Education in Africa* (UNESCO Forum Occasional Paper Series, paper no. 2, Paris, October 2003); Isaac Kamola, "The World Bank and Higher Education: From Poverty Reduction to a 'Global Knowledge Economy'" (paper presented at the annual meeting of the International Studies Association, San Francisco, April 3 - 6, 2013).

② World Bank, *World Development* 1998 - 99: *Knowledge for Development* (Washington, DC: World Bank, 1998).

态度愈发谨慎。到 2004 年,这一框架彻底失去众望,主要基于三方面原因:世界银行在金融危机期间的过失,特别是 1997～1998 年的亚洲金融危机;新兴市场力量的崛起为不具备严格条件的借款国家提供了替代性的资金来源;民间团体对结构调整计划发起抗议,因为该计划忽视了改革的社会层面,包括性别等级、边缘化和脆弱性等①。

　　世界银行对其表述进行了修订,强调其致力于减少贫困的宗旨并推出了修订版本,即地方和国家自主权、良好的治理、宏观经济增长和社会可持续性。但是这些话语在实际生活中意味着什么呢? 虽然世界银行准备对研究施加影响,但其评估由资助者买单,需经资助者批准。世界银行设定了成败的标准,然后根据这些标准衡量自身表现和这些贷款受助者的表现②。

　　在高等教育领域,世界银行的影响在很大程度上来自于知识构建、开发和传播的软实力。这种软实力源自于技术援助、政策建议(通常以有偿服务为基础)、培训项目和一个拥有大量数据集的网站。此外,世界银行自身关于全球知识和教育的出版物以大量的著作、著作章节、工作文件和同行评议期刊上的学术文章来呈现。根据世界银行的数据,仅在教育经济学一个主题领域,其期刊论文发表数量就超过了 14 所顶尖大学,只有哈佛大学接近这一论文发表量③。在这些领域,世界银行职员、咨询专家和网络就如何实现机构目标,报告

① 作者与前世界银行首席经济学家切维·切斯(Chevy Chase)的讨论内容,马里兰州,2010 年 12 月 8 日。
② 世界银行的独立评估小组向理事会报告,而不是向世界银行行长报告,但对支持自由市场的右翼和对左翼错误市场意识形态的批评人士们提供了超出了内部评估范围的外部评论。因此,监测银行的表现就成为了决定该集团独立性程度的问题,也必然是对评估者进行评估的问题。关于世界银行的不同评论,参见 James H. Mittelman, "Globalization and Its Critics," in *Political Economy and the Changing Global Order*, ed. Richard Stubbs and Geoffrey R. D. Underhill (Toronto: Oxford University Press, 2005), 64 - 76.
③ World Bank, *Learning for All : Investing in People's Knowledge and Skills to Promote Development : Education Strategy 2020* (Washington, DC: World Bank, 2011), 53.

了他们的研究成果并提出了想法。

在世界银行集团"2020 战略"(Strategy 2020)议程中,世界银行主张教育"系统改革"(system reform)。这个广泛概念包括在一个国家的公共和私营部门为教师、管理者、学生及其家庭在内的所有利益相关者"提供全面的学习机会",以及解决系统外部长期障碍的方法,因为这种障碍迄今为止一直存在①。为了广泛地调动知识,世界银行声称:"仅仅正确地掌握技术细节是不够的;改革还必须应对国家政治经济的挑战。"②具体来说,这意味着要向最佳实践学习,这些最佳实践在关于如何在竞争对手之上建立世界一流大学的手册中都有介绍③。这些实践被整理成清单,经过双方协商后在达成的贷款协议中加以规定④。

世界银行集团标准化模板的特征是在非营利性和营利性机构中

---

① World Bank, *Learning for All*: *Investing in People's Knowledge and Skills to Promote Development*: *Education Strategy 2020* (Washington, DC: World Bank, 2011),5.

② World Bank, *Learning for All*: *Investing in People's Knowledge and Skills to Promote Development*: *Education Strategy 2020* (Washington, DC: World Bank, 2011),72.

③ Peter Materu, *Higher Education Quality Assurance in Sub-Saharan Africa*: *Status*, *Challenges*, *Opportunities*, *and Promising Practices* (Washington, DC: World Bank, 2007); Jamil Salmi, *The Challenge of Establishing World-Class Universities* (Washington, DC: World Bank, 2009); Philip G. Altbach and Jamil Salmi, eds., *The Road to Academic Excellence*: *The Making of World-Class Research Universities* (Washington, DC: World Bank, 2011). 我在与世界银行工作人员,特别是其首席教育专家皮特·N·马特鲁(Peter N. Materu)和贾米尔·萨尔米(Jamil Salmi)(后来出任世界银行高等教育负责人)的讨论中收集了信息,世界银行(位于华盛顿特区),2010 年 12 月 21 日。

④ 例如,萨尔米在其著作《世界一流大学:挑战与途径》(The Challenge of Establishing World-Class Universitie)中列出了一份"问题清单"(Summary Checklist)(第 10 - 11 页)。在关于大学如何取得世界一流地位的表述中,世界银行的研究报告将世界一流大学的竞赛视为一场战争。在"日益激烈的国际人才竞争"中,大学的叙事以咄咄逼人的形象相互对立,这在萨尔米《追求学术卓越之路:经验与教训》(The Road to Academic Excellence: Lessons of Experience)一文中可以找到(参见阿特巴赫和萨尔米主编的《世界一流大学:发展中国家和转型国家的大学案例研究》一书第 325~326 页),也可以在萨米尔《世界一流大学:挑战与途径》一书中找到(第 25 页)。

提供更多的资金。这在一定程度上属于世界银行集团国际金融公司（International Finance Corporation）的管辖范围，该公司是全球新兴市场健康和教育私营部门最大的多边投资者[1]。它之所以发展壮大，是因为公共财政无法满足高等教育的需求。公司支持"教育企业家"（educational entrepreneurs），提出"优秀实践建议"（Good Practice Propositions），列出实现优质教育的任务清单[2]。

此外，全球知识管理与区域主义交织在一起。一个例子是欧盟委员会（European Commission）的博洛尼亚改革，即一个将全球化引入欧盟成员国的监管框架，试图减轻全球化不受欢迎的特征，包括一些观察人士所认为的美国规范对当地的价值观造成损害的不当影响[3]。博洛尼亚进程（The Bologna Process）是欧洲标准的一种推动力量，是一项区域战略，大学国际化在其中被推进并寻求高等教育的一体化。

博洛尼亚政策是希望提高欧洲高等教育的全球竞争力，促进公民的流动性，提高学生的就业能力[4]。1998年的"索邦宣言"（*Sorbonne Declaration*）呼吁建立欧洲高等教育区域。次年，欧洲高等教育区域以自愿加入的形式成立，如今已经吸纳了48个成员国。其采取的具体改革举措已经解决了如何使各种教育系统具有可比性

[1] International Finance Corporation, *IFC Annual Report 2010* (Washington, DC: IFC, 2010), http://www. ifc. org/ifcext/annualreport. nsf/Content/AR2010_ HealthEd (accessed February 15,2011).

[2] John Fielden and Norman LaRocque, *The Evolving Regulatory Context for Private Education in Emerging Economies: Discussion Paper* (Washington, DC: International Finance Group, May 2008),14 - 15.

[3] Eva Hartmann, "Bologna Goes Global: A New Imperialism in the Making?" *Globalization, Societies and Education* 6, no. 3 (September 2008): 207 - 20.

[4] *Bologna Declaration of 19 June 1999*, Joint Declaration of the European Ministers of Higher Education, www. ehea. info/Uploads/Declarations/Bologna _ Declaration1. pdf (accessed December 10,2013).

和兼容性的问题。该架构的主要支柱是两级学位结构(本科生和研究生)的标准化、质量保证制度、学分转换方案、支持流动性的伊拉斯谟项目(Erasmus Programme),以及在"资格框架"(qualification frameworks)中学习成果和能力的使用。

尽管有共同公约和议定书,但博洛尼亚改革在各成员国的实施成果并不完全一致。由于不同的国家政策及法律体制的种种框架,执行情况参差不齐[1]。学士和硕士学位的两级学制在大多数国家已经实现。但是有些国家(例如德国,面临着来自教授们的强烈反对)刚缓慢过渡到两级学制与旧学制并存的阶段。反之,荷兰则根据博洛尼亚改革议程迅速调整了自己的计划[2]。

尽管如此,伊拉斯谟项目仍然促进了跨境交流,主要是欧洲的东西部流动。而且该项目在课外支持方面也产生了溢出效应,即学生服务、留学意向咨询、课程及其他信息相关的英文资讯[3]。

然而,在奥地利和德国等国内,由于博洛尼亚改革具有自上而下的管理特点和缺少民主参与,遭到了学生们的抗议。批评人士声称,"博洛利亚化"(Bolognaization)正在创建面向大众的学士学位和面向精英的硕士课程,导致项目本身越来越专业化。在高等教育机构中,人们担心博洛尼亚进程正在加强中央管理和支持市场改革(比如收

---

[1] Torben Heinze and Christoph Knill, "Analyzing the Differential Impact of the Bologna Process: Theoretical Considerations on National Conditions for International Policy Convergence," *Higher Education* 56, no. 4 (October 2008): 493 – 510.

[2] Jeroen Huisman and Marijk van der Wende, "The EU and Bologna: Are Supraand International Initiatives Threatening Domestic Agendas?" *European Journal of Education* 39, no. 3 (September 2004): 354.

[3] *The Bologna Independent Assessment: The First Decade of Working on the European Higher Education Area*, http://ec. europa. eu/education/higher-education/doc/bologna _ process/ independent _ assessment _ 1 _ detailed _ rept. pdf (accessed December 11, 2013); European Commission, Directorate-General for Education and Culture, *The Impact of ERASMUS on European Higher Education: Quality, Openness and Internationalisation*, DG/EAC/33/ 20017, December 2007.

取学费、院系和大学重组），使公共教育处于危险之中①。

在跨洲一致性方面，尽管各大洲在文化、法律和制度上同欧洲各国一样差异显著，西半球的一些教育政策分析人士试图从欧洲的改革经验中汲取教训，但这些经验教训很难从其背景中剥离出来并转移到大西洋彼岸，尤其是传播到以高等教育卓越为荣的美国。尽管如此，博洛尼亚进程和欧洲高等教育区域的跨国影响在亚太区域质量保障网络组织（Asia-Pacific Quality Assurance Network，该组织于2003年在联合国教科文组织和世界银行的支持下成立）中是显著的。这些措施反映在《布里斯班公报》（Brisbane Communiqué）地区的目标和努力中，该区域拥有从澳大利亚到土耳其等27个签署国②。

连接博洛尼亚和布里斯班计划的共同元素是确定最佳实践和协调质量保证的举措。质量鉴定和定期审查是认证机构和排名系统的职权，两者为课程项目和大学制定标准，并履行监管职责。

认证机构和排名机构

认证是为了保护学生的权利和服务公众利益。这一机制是为了提高高等教育水平而发展起来的。在许多国家，一所大学或项目申请官方批准，如果符合要求，则会获得全面或临时认证；如果不符合，

① Sybille Reichert, "The Intended and Unintended Effects of the Bologna Reforms," *Higher Education Management and Policy* 22, no. 1 (March 2010): 14, 16; Tonia Bieber, "Transatlantic Convergence in Higher Education? Comparing the Influence of the Bologna Process on Germany and the U. S. " (presentation at the American Institute for Contemporary German Studies, Washington, DC, November 10, 2011), and "Building a Bridge over the Atlantic? The Impact of the Bologna Process on German and U. S. Higher Education," http://www. aicgs. org/publication/building-a-bridge-over-the-atlantic-the-impact-of-the-bologna-process-on-german-and-u-s-higher-education/(accessed December 11, 2013).

② 参见 Brisbane Communiqué and accompanying documents，https://www. aei. gov. au/About-AEI/Policy/Pages/BrisbaneCommuniqu%C3%A9. aspx (accessed December 12, 2013).

则会收到建议或改进要求。对于不满足认证要求或压根不去申请认证的机构,后果包括失去某些类型的资助资格以及引起潜在申请者的顾虑。为了满足认证机构的要求,大学必须提供若干文件,通常包括说明学习目标和结果的教学大纲等。管理人员或政府对认证活动设定了标准格式,所列目标和结果清单可以作为学校招聘和评估教师的标准。

加拿大多伦多瑞尔森大学(Ryerson University)的泰德·罗杰斯商学院(Ted Rogers School of Management)院长肯·琼斯(Ken Jones)在谈到这些观点时表示,认证工作"让我们有了为高质量的新员工获取资源提供了优势。"[1]他的意思大概是,认证有助于在聘任师资时与中央政府进行谈判,也有助于获得其他财政来源。琼斯还指出,这一过程对现有教师产生了积极影响:"每个人都在朝着一个共同目标努力。"[2]当加拿大维多利亚大学(University of Victoria)彼得·古斯塔弗森商学院(Peter B. Gustavson School of Business)完成了二十多道程序后从国际商学院协会(the Association to Advance Collegiate Schools of Business)获得认证时,大学管理者发现这个耗时且昂贵的过程是值得的,尽管学院此前已经获得了欧洲质量改进体系(European Quality Improvement System)的认证。据古斯塔弗森的副院长 A. R. 埃兰戈文(A. R. Elangovan)说,双重认证标志着"你是数一数二的,你进入了顶级联盟。"由于这种被认可的标志,"我们发现我们聘请教师和吸引学生的能力显著提升。"[3]阿尔伯塔大学(University of Alberta)商学院副院长汤姆·斯科特(Tom Scott)补充道,认证过程"要求自律,会避免你对自己的使命变得倦怠"[4]。

---

① Erin Millar, "Schools Are Going for Big-League Cred," Globe and Mail, March 16, 2011.

② Erin Millar, "Schools Are Going for Big-League Cred," Globe and Mail, March 16, 2011.

③ Erin Millar, "Schools Are Going for Big-League Cred," Globe and Mail, March 16, 2011.

④ Erin Millar, "Schools Are Going for Big-League Cred," Globe and Mail, March 16, 2011.

　　然而，认证工作是有争议的，因为认证对一部分实践内容进行了规范，但对其他方面却未做要求。认证机构表示，他们在工作过程中保证廉洁诚信，在确保高等教育机构向公众提供的项目和服务信息准确的基础上进行评估，并加强了对外部组织的问责。认证机构认为，政府加强对认证范围的监管限制了学术领域自身的规范，并威胁到高等教育的知识独立性。但批评人士声称，认证工作对需要认证委员会印章的机构强加了硬性规定。怀疑论者也表示，传统的标准（例如任期的审查）阻碍了创新，尤其是当技术和其他形式的创新为大学变革和非传统教育供应商提供了机会的时候。从这个角度来看，认证机构被视为强有力的守门员，维护其作为监管部门的角色，以袒护法律教育、医药和工程等领域的既得利益。

　　认证机构本身的成本可能是昂贵的，满足其标准和程序的步骤也是如此：自我研究、专家团队反复进行实地考察、其他同行评审方法和行动信函。认证职能可以对大学图书馆的评价、全职教师的比例和研究能力作出规定。那么谁来支付认证和满足其标准的费用呢？更重要的问题是，谁来决定采用什么样的标准？

　　这很大程度上取决于国家和地区。认证工作可能需要政府资助、向大学收费以及增加学生学费。

　　于是出现了一大堆问题。从学术自由的角度衡量，认证工作在何种程度上被认定为政府程序或非政府程序？谁来评估认证机构？如果有必要，谁来对认证机构进行改革？认证的程序和报告是否足够透明？虽然认证主要由地区、国家和规划机构在护理或商业等特定领域实施，但谁有权评估大学海外活动的表现？而且，鉴于有时受援国和援助国之间巨大的文化、法律和政治差异，要根据谁的卓越标准来衡量？在不同的环境中，监管机构是否将标准理解为定义绩效的数据和准则的使用，还是理解为一项民主程序？在判断教育优劣时，国际标准和地方准则如何平衡？越来越多的认证机构必须关注大学的跨境行动，但谁来对此负责？鉴于人们越来越关注"招生磨坊"（recruitment mills，招收尽可能多的学生，而不考虑学生的能力和取得成功的可能）、外国"文凭工厂"（degree mills，出售假冒的"羊皮纸"学位）、认证磨坊（出售欺诈性的认证资格）以及不择手段的营利性供应商（未经国家机构的认可），认证的可信度尤其令人担忧①。

同样，全球排名系统也有一些问题尚待解决。与认证机构一样，全球排名系统是给大学评分的监管工具，但排名更直接地成为了教育全球化的副产品和催化剂②。

在应对全球排名的广泛影响之前，我们应该关注排名的起源。在 21 世纪的前十年，上海交通大学高等教育研究院的世界大学学术排名（Academic Ranking of World Universities）、《泰晤士报高等教育增刊》（*Times Higher Education Supplement*）和夸夸雷利·西蒙兹公司（Quacquarelli Symonds，简称 QS 公司）联合发布的泰晤士高等教育世界大学排名成为高等教育的主要标准。世界大学学术排名于 2003 年首次发布，主要以研究指标为核心。2004 年问世的泰晤士高等教育世界大学排名则更加注重对声誉的调查。2010 年以来，泰晤士高等教育世界大学排名与汤森路透（Thomson Reuters）合作推出了更多排名指标。如今，英国 QS 公司已经发布了自己的世界排名，不再与《泰晤士报高等教育增刊》合作。其他全球排名也正在

---

① Jane Knight, "New Developments and Unintended Consequences: Whither Thou Goest, Internationalization?" in *Higher Education on the Move: New Developments in Global Mobility*, ed. Rajika Bhandari and Shepherd Laughlin (New York: Institute of International Education, 2009), 118.

② 下文中关于排名的部分段落改编自詹姆斯·H·米特尔曼《全球排名是重新评估大学价值的标志》一文（该文载于泰罗·埃尔基莱主编的《全球大学排名：欧洲高等教育的挑战》一书中），参见 James H. Mittelman, "Global University Rankings as a Marker of Revaluing the University," in *Global University Rankings: Challenges for European Higher Education*, ed. Tero Erkkilä (New York: Palgrave Macmillan, 2013), 223 - 35.

不断涌现①。

　　欧盟的大学地图分类(U-Map classification)和多级大学排名(U-Multirank)等各种大学排名都在纷纷跟进,但采用的方法各不相同。多级大学排名网站允许用户选择标准和创建定制的结果,在教学、研究和国际定位等方面对机构的具体表现进行比较。由世界银行和地中海治理中心(Centre for Mediterranean Governance)发起的大学治理筛选卡项目(University Governance Screening Card Project)和其他项目也有类似的联系。然而,许多试图优化计量方法的尝试,比如基于互联网的世界大学排名(Webometrics Ranking of World Universities),大多都是模仿世界大学学术排名、泰晤士高等教育世界大学排名和QS世界大学排名。

　　在新技术的普及下,全球大学排名中根深蒂固的价值观带有北美高等教育的印记。这些印记源于美国一个全国性的排名机构——《美国新闻与世界报道》(U. S. News & World Report)杂志(一家1983年创办的私营企业),其形式激发了排名的灵感。包括像吉普林(Kiplinger)和福布斯(Forbes)等大公司在内的美国其他出版公司,很快也加入了《美国新闻与世界报道》的竞争行列。英语的普及进一步推动了这些规范体系的传播。

　　在某些方面,比较大学表现的数值数据可能是有益的。这些数据传递了有用的信息,促进学者改进他们的实践,培养更强的责任感。排名还有助于加强高等教育机构之间的竞争,并帮助区分他们②。

---

① 参见 Andrejs Rauhvargers, *Global University Rankings and Their Impact* (Brussels: European University Association, 2011), http://www. eua. be/pubs/Global_University_Rankings_and_Their_Impact. pdf (accessed October 29,2012).

② UNESCO European Centre for Higher Education (Centre Européen pour l'Enseignement Supérieur [CEPES]), "Berlin Principles on Ranking of Higher Education Institutions," May 20, 2006, http://www. che. de/downloads/Berlin_Principles_IREG_534. pdf (accessed March 14, 2017).

上海交通大学世界一流大学研究中心（Center for World-Class Universities）主任和高等教育研究院（Graduate School of Education）院长刘念才证实，在20世纪90年代末，中国的国家领导人推动教育工作者们支持建设几所世界一流大学。随后，刘念才教授及其同事们推出了世界大学学术排名，以便更好地将上海交通大学与竞争对手学校进行比较①。我们在上海交流时，他指出，参与排名工作的学者都是上海交通大学教育学领域的教授，他们把开发世界大学学术排名系统作为自己研究的一个方面，排名没有来自政府或私营企业的外部资助②。他们使用汤森路透和其他来源发布的第三方数据集（非大学自己提供的统计数据），旨在衡量可量化的内容——主要是研究产出，而不是教学或服务。

但是，排名机构无法衡量和比较大学在多大程度上培养了学生的品格、求知欲和对学习的热爱。高等教育机构在这些使命导向问题上表现的这种复杂性，目前还没有办法通过量化排名来反映，这在一定程度上受到时间滞后的影响。而且看起来，包括任何一所大学将自己与竞争对手进行排名比较，多是出于自身利益的考量。这就让我们在排名竞争中面临着高风险，而且也关涉谁有资格担任"记分员"的问题。

从有形和无形的影响来看，排名系统给学校带来的潜在回报或损失都很明显。大学管理者用排名指标来更新学校的使命宣言、筹集资金、分配资源，并采用"胡萝卜加大棒"的激励措施。学生及其家庭在决定申请哪所大学时，排名也会为他们提供指导。85％的国际学生表示，全球排名和声誉是他们选择的关键因素，而且有三分之一

---

① 作者与刘念才教授的讨论内容，上海，2013年9月11日。
② 作者与刘念才教授的讨论内容，上海，2013年9月11日。

的学生表示全球排名和声誉是最重要的考虑因素①。

此外，在蒙古、卡塔尔和哈萨克斯坦等国，排名系统与学生团体的社会构成有关。这些国家的政府资助和留学奖学金仅限于进入全球百强大学的学生②。印度尼西亚的总统奖学金计划只颁给被全球排名前50的顶尖大学录取的学生。以平等主义精神著称的挪威，则将留学奖学金的授予限制在寻求进入海外著名大学的申请者范围内。排名对大学其他工作也有着举足轻重的作用：巴西的大学只与全球排名前500的大学合作；新加坡只与前100名的大学合作；荷兰和丹麦的移民法则有利于那些拥有世界上最著名大学学位的国际学生③。此外，中国、德国、印度尼西亚、日本、马来西亚、韩国、俄罗斯等国家都已承诺，至少有一所大学进入全球前100名；尼日利亚也已承诺将推动两所大学进入全球前200名④。

为了实现这些目标，高等教育管理者们设立委员会或聘请更多的管理人员来制定战略，以期借此扶摇直上，进入精英大学的超级联盟。他们的任务是准备文件和报告，提高大学的网络显示度，提升大学形象。而且，如果一些大学在排名中大幅上升，这些学校的校长则

---

① According to research cited in Karin Fischer, "American Universities Yawn at Global Rankings," *Chronicle of Higher Education* 60, no. 5 (October 4,2013): A25.

② Jamil Salmi and Alonoush Saroyan, "League Tables as Policy Instruments: Uses and Misuses," Higher Education Management and Policy 19, no. 2 (August 2007): 1 - 38, as cited in Ellen Hazelkorn, *Rankings and the Reshaping of Higher Education: The Battle for World-Class Excellence* (New York: Palgrave Macmillan, 2011),162.

③ Jamil Salmi and Alonoush Saroyan, "League Tables as Policy Instruments: Uses and Misuses," Higher Education Management and Policy 19, no. 2 (August 2007): 1 - 38, as cited in Ellen Hazelkorn, *Rankings and the Reshaping of Higher Education: The Battle for World-Class Excellence* (New York: Palgrave Macmillan, 2011),162; D. D. Guttenplan, "Vying for a Spot on the World's A List," *New York Times*, April 14,2013.

④ Guttenplan, "Vying for a Spot on the World's A List,"; Fischer, "American Universities Yawn at Global Rankings," A25; Hazelkorn, *Rankings and the Reshaping of Higher Education*, 162.

会获得奖金。反之，若大学排名下降，大学的领导者也会受到波及。于是，当2013年霍华德大学（Howard University）在一项重要的全国排名中大幅下滑后，校长西德尼·瑞博（Sidney Ribeau）突然宣布退休。由于募资和招生问题，霍华德大学的排名从2010年的第96名降至2013年的第120名，再降至2014年的第142名，这标志着校长任期的结束[1]。

简单来说，排名活动是大学管理和营销的重要工具。全球排名有助于标准的去国家化。通过将哈佛、剑桥、麻省理工、加州理工学院或其他精英大学认定为黄金标准，这些排名系统正在对知识管理进行排序和去环境化（decontextualize）。模仿符合世界排名标准的策略的风险在于一种群体思维模式，即一种塑造大学宗旨的全球化模型。2008年，全球经济崩溃和欧元区衰退（波及到了其他地区）后，紧缩政策加剧了群体思维的危险。对于大学来说，这些衰退是在多年来普遍采用改良派的思想和政策之后出现的。

的确，大学的领导者们经常会批判大学排名。他们列举了排名在方法上的缺陷和指标上的不靠谱。应该考虑哪些因素？研究、声誉、教学、流动性或其他？要测量哪几种？该如何量化？但大学的领导者们仍然坚持把这些记分卡转变为目标，用于他们机构的管理。他们继续援引全球排名来动员教职员工。

虽然研发排名的专家们准备好接受这些批评并改进排名方法，但他们也坚信大学的价值是可以测量的，而且他们并不怀疑这些价值本身是否可量化。但是，我们真的可以比较不同历史和文化背景下的大学吗？毕竟，不同历史文化背景下的大学都面临独特的挑战。例如，为什么要把南非后种族隔离时代大学的表现与牛津大学或耶

---

[1] Nick Anderson, "Howard University President Retires," *Washington Post*, October 1, 2013; Allie Bidwell, "Campus Life: Presidents in Peril," *U. S. News & World Report*, October 13, 2013.

鲁大学的成就相提并论呢？前者在消除全体师生种族差异方面面临着巨大挑战。全球排名是否会排挤那些不符合研究成果和声誉测量指标的举措（比如法学院为贫困地区的工作或消除性别等级制度提供实务训练）？而且，在某些情况下是否无法反映出学生所承受的代价？

支配和从属问题很难从全球排名系统的衡量标准（比如对大学声誉的网络调查）和描述性统计上体现出来。打个比方，排名将高等教育机构等同于餐馆、汽车和旅馆等商业服务；排名给大学指定了许多明星。因此，当美国总统贝拉克·奥巴马（Barack Obama）呼吁建立一个面向学校的政府评级系统时，教育部副部长杰米尼·S·斯塔利（Jamienne S. Studley）告诉大学校长们，这项任务就像评估厨房用具一样简单，用她的话来说："这就像给一台搅拌机打分一样容易。"①

消费者导向的大学记分卡是一种会计工具，用于比较各机构在劳动力市场结果方面的数据，如毕业后学生的收入和学生贷款的还款率等，以此作为衡量学位价值的指标。因此，那些计算高等教育复杂程度并将其转化为全球排名的分析人士可以被比作会计师。和任何一家会计师事务所一样，他们自身的责任值得关注。在大学排名工作中，这些排名研究人员对谁负责？这些评分的专家是如何挑选的？行使了哪种监督？谁又来花钱聘请审计公司审核这些排名机构的信息？审计报告是否公开透明？回答这些问题需要从上下文求证，答案会在本书的第二部分提到。

一个普遍的现象是，大学自行报告了大部分数据。于是，这个问题就变成了数据虚报的后果，比如美国的克莱蒙特·麦肯纳学院（Claremont McKenna College）、埃默里大学（Emory University）和乔

① Michael D. Shear, "Seeking Accountability, Obama Steps into College Ratings Fray," *International New York Times*, May 20,2014.

治华盛顿大学(George Washington University)夸大了数据,显然是在试图钻排名系统的空子[1]。排名机构是否将不再对违规大学进行排名?也许,跨国评估院校资源和声誉的整个过程应该接受公共监管或从根本上重新加以考虑。

当然,在全球排名竞赛中有赢家就会有输家。优胜者获得金牌,是其他选手努力看齐的高标准,所有选手都希望跻身世界一流大学的超级联盟。

但是,在全球排名顶层梯队的争夺赛中,流动性是有限的。年复一年,出现在顶层梯队的大多数大学几乎是固定的那几所精英大学。此外,全球排名几乎只关注世界顶尖的研究型大学,而无视其他高等教育机构。根据安德烈斯·拉瓦格斯(Andrejs Rauhvargers)为欧洲大学协会(European University Association)提供的报告,主要的全球排名为世界范围内约1.7万所大学中的700~1000所大学提供了可靠数据[2]。大学的类别和标准成为对其实施奖励或惩罚的依据,排名机构藉此成为权力的掮客。他们请求允许对大学进行重新定位并参与其中,进一步扩大了竞争的标准。泰罗·埃尔基莱(Tero Erkkilä)和奥西·皮隆内(Ossi Piironen)精辟地道出:"竞争的意识形态孕育了排名,而排名则为竞争的意识形态提供支撑。"[3]排名压力通过对最佳实践的屈从,对不一致行为的有效惩罚以及对量化结果的关注来引导院校对其标准的顺从。将大学局限在量化的语言上是对其宗旨的束缚。从根本上讲,无价的社会文化机构(图书馆、博物馆和大学)

---

[1] Craig Weinberg, "GW Kicked Off U. S. News & World Report Rankings for Inflating Freshman Admissions Data," *GW Hatchet* (Washington, DC), November 15, 2012; Nick Anderson, "5 Colleges' Inflated Data Spark Debate on Rankings," *Washington Post*, February 7, 2013.

[2] Rauhvargers, *Global University Rankings and Their Impact*, 65.

[3] Tero Erkkilä and Ossi Piironen, "Reforming Higher Education Institutions in Finland: Competitiveness and Global University Rankings," in *Global University Rankings*, ed. Erkkilä, 140.

是绝不能用数字来衡量的。

高等教育慈善事业和智库

为了支持这些机构,国际慈善事业在高等教育的改革上投入了大量资金。作为捐助者,私人基金会根据他们的利益和优先事项进行资金分配,包括知识生产和传播的最佳实践模式。大体上,这些捐款与慈善家们所属政府的外交政策相辅相成。他们通常有着相同的基本价值观,尽管有时在有些具体问题上与官方政策有所分歧[1]。

美国的企业慈善事业建立在 19 世纪和 20 世纪早期安德鲁·卡耐基(Andrew Carnegie)、约翰·D·洛克菲勒(John D. Rockefeller)和亨利·福特(Henry Ford)等人的巨额财富基础上,与其他国家相比规模庞大。根据美国税法,基金会每年至少要缴纳其资产市场价值 5% 的税金。美国规模最大的 100 家家族基金会的资产(非所有家族基金会的总资产)超过了英国和其他欧洲国家的总和[2]。如今,美国拥有 3.3 万多家基金会。2010 年,共有 50 家美国大型连锁企业为高等教育拨款超过 10 亿美元[3]。

随着全球化进程的推进,针对国际项目的资助大幅增加。金融家和技术型企业家已经扩大了美国高等教育慈善事业的范围。利用全球业务的收益,乔治·索罗斯(George Soros)、盖茨夫妇(Bill and

---

① Joan E. Spero, "The Global Role of U. S. Foundations"(New York: Foundation Center, 2010),5.

② Cathy Pharoah, "Family Foundation Philanthropy: Report on the Giving of the Largest Charitable Family Foundations in the US, the UK and the Rest of Europe 2008," Centre for Charity Effectiveness, Cass Business School, City University London, 2008, 11, http://www. cass. city. ac. uk/__data/assets/pdf_file/0020/37280/famfoundationphil. pdf(accessed January 20,2014).

③ Stanley N. Katz, "Beware Big Donors," *Chronicle Review* 58, no. 30(March 30,2012): B6 - 7,引自美国基金会中心(Foundation Center)数据库。

Melinda Gates)、沃伦·巴菲特(Warren Buffett)等人成立了新的基金会,为符合其政策偏好的项目提供资金。盖茨基金会是世界上最大的私人慈善基金。美国规模较小的基金会也为跨国高等教育改革项目提供资助。例如,位于印第安纳波利斯(Indianapolis)的卢米纳基金会(Lumina Foundation)资助了一项基于欧洲4 000多所高等教育机构经验的高等教育改革项目,名为"调优美国"(Tuning USA),其试图借鉴博洛尼亚进程的经验教训①。该项目将印第安纳州(Indiana)、明尼苏达州(Minnesota)和犹他州(Utah)的学生、教师和教育官员连接在一起,旨在创建"高等教育利益相关方之间的共识",即"特定学科的知识和特定领域的通用技能(transferable skills)"②。

博洛尼亚改革和调优项目的影响超出了大西洋地区,目前正致力于将调优方法应用于非洲。在欧洲委员会(European Union)和非洲联盟委员会(African Union Commission)的支持下,"调优非洲"(Tuning Africa)试点计划于2011年启动,并沿袭了欧洲和其他地方的一贯趋势。与博洛尼亚进程一样,"调优非洲"力求确保非洲各参与大学的资格相当和具有可比性,并促进非洲地区师生的流动。

在国家经济干预范围超越美国的欧洲和日本,诺基亚(Nokia)和丰田(Toyota)等依托企业财富的私人慈善机构也提供奖助学金。在发展中国家,尤其是在新兴经济体国家,新成立的基金会正在聚拢教育改革的支持者们。与发达国家一样,这些基金会正在分担一些国

① Lumina Foundation, "Tuning USA: Lumina Foundation Launches Faculty-Led Process That Will Involve Students and Employers in Linking College Degrees to Workplace Relevance and Students' Mastery of Agreed-upon Learning Objectives," http://www. luminafoundation. org/newsroom/news_releases/2009-04-08-tuning. html (accessed December 18,2013).

② Lumina Foundation, "Tuning USA: Lumina Foundation Launches Faculty-Led Process That Will Involve Students and Employers in Linking College Degrees to Workplace Relevance and Students' Mastery of Agreed-upon Learning Objectives," http://www. luminafoundation. org/newsroom/news_releases/2009-04-08-tuning. html (accessed December 18,2013).

家责任并对公共领域进行私有化①。尽管所处的法律和政策环境不同,但全球机构资助者们眼中的高等教育"战略"挑战已经趋同:机遇、领导、管理、技术以及更普及的基础设施。他们被市场手段吸引,尤其关注流动性、基准、测量指标、毕业率以及生产力等问题。总之,全球慈善事业的兴起,世界收入不平等的加剧以及某些企业家手中私人财富的增加不谋而合。由世界事务委员会(World Affairs Council)于 2001 年召集成立的全球慈善论坛(Global Philanthropy Forum)每年都会将这些资助者汇聚一堂。

关于基金会及其世界观的问题,多瑞斯公爵慈善基金会(Doris Duke Charitable Foundation)前主席琼·斯佩罗(Joan Spero)认为,"基金会是追求外交政策的政治参与者,在新的全球世界中发挥着重要作用。"她补充道:"许多新老基金会正在跨越国界,在全球问题上展开合作。"②这种合作在试图加强非洲高等教育的七个美国基金会之间的伙伴关系中非常明显③。

对企业资助者影响的批评集中在他们与国家的关系上。一些工作人员在基金会和政府部门的工作岗位之间来回转换,增加了二者之间的相互作用④。尽管人们不会指望私人慈善机构和国家之间会达成完美的协议,但有人认为,大量慈善家赞助的高等教育项目受到了政府和巨额财富的影响⑤。为了评估这些项目的不足和成就,基金会会委托其他机构对其进行评估,但独立评估并不常见。

---

① William Wallis, "Rash of African Philanthropists Aims to Do More than Fill the Gap," *Financial Times*, February 8, 2013.

② Spero, "The Global Role of U. S. Foundations," vii.

③ 详见第六章。

④ Marc Parry, Kelly Field, and Beckie Supiano, "The Gates Effect," *Chronicle of Higher Education* 59, no. 42 (July 19, 2013): A22.

⑤ Marc Parry, Kelly Field, and Beckie Supiano, "The Gates Effect," *Chronicle of Higher Education* 59, no. 42 (July 19, 2013): A21.

可以说,企业慈善和基金会慈善有着不同的目的。企业对教育项目的资助可以帮助提升企业形象,从根本上是受到利润的驱动。相比之下,基金会提供的资助并不一定能实现物质收益。但在对这一区别做出明确区分之前,我们应该思考一下与之相反的观点:在分配资金时,企业和基金会同样拥有设定优先事项(计划除外)和影响结果的特权。这两类资助者的目标都是支持研究。他们经常提供指定性的捐款,如前文所述,他们试图影响公共政策。此外,资金的力量在于促成共识。实现这一目标的方法是,将各类在高等教育改革中意见不一的组织聚集在一起,并为协调共同利益和执行共同平台规定提供奖励。简言之,企业和基金会的慈善事业是相互关联的,而非泾渭分明。

本研究关注的是智库对知识生产的慈善资助。这些智库的想法可能与许多大学教授所持的长远的、更理论化的观点不同。智库专家大多从事公共政策研究。他们寻求制定短期问题的政策,并与决策者信息互通。相比之下,许多具有批判性思维的学者与政府保持距离,避免对其过度依附。

芬兰国际事务研究所(Finnish Institute of International Affairs)和南非国际事务研究所(South African Institute of International Affairs)等一些与政策有关的智库和研究机构都由政府资助,或由政府和私人捐助者联合资助。另一种变体是虚设的非政府智库,他们实际上都是政府或政党的武器。其他混合型智库既有政府内部的,也有政府外部的,他们在两个领域的间隙中运行。这些领域很难区分,因为在这些领域里,政策研究智库和研究机构都与国家联系紧密,并且随时轮换人员。

忽视智库的不同政治倾向是不对的;他们可能倾向于左派、右派或中间派。但在某些方面,这些智库之间又存有相似之处。他们的资助者会影响研究议程。这是一个研究的定义问题,即研究人员需要解答资助者想要知道的研究问题。

在美国,慈善捐款来自美国银行(Bank of America)、花旗集团(Citigroup)和高盛(Goldman Sachs)等公司的企业捐赠,也有来自外国政府的支持。这些资助可能会导致受资助的研究团队得出有偏见的研究结论,其中只有一部分问题会被披露[①]。经济支持者通常希望获得知名智库的徽标,通过这些中间机构获得合法地位,以及在权力和制定政策方面获取投资回报。对研究人员来说,他们寻求的是智库授予的"非常驻学者"或"访问学者"之类的头衔。潜在的利益冲突是显而易见的,因为一些研究人员还以注册说客、公司董事会成员和行业顾问的身份获取报酬。他们在智库的资助下进行的研究被用来推动公众辩论,帮助提供一种行业叙事。考虑到智库和资助者(包括一些海外机构)之间的密切关系,一些问题开始浮出水面,比如自我审查、购买影响力的正当性,以及研究的诚信与游说之间界限模糊等[②]。

此外,各种不同信仰的智库炮制了大量的论文和报告。他们能够及时产出快速、有用的知识,不同于弗莱克斯纳当时想要证明的"无用的知识"[③]。虽然有用的知识和无用的知识、应用研究和基础研究可能被视为一个连续体,而不是毫无联系的两种事物的二分法;但

---

① Eric Lipton, "Think Tank Lists Donors, Playing Down Their Role," *New York Times*, December 14,2013.

② Eric Lipton, Brooke Williams, and Nicholas Confessore, "Foreign Powers Buy Influence at Think Tanks," New York Times, September 7, 2014; Eric Lipton and Brooke Williams, "Scholarship or Business? Think Tanks Blur the Line," New York Times, August 8,2016; Eric Lipton, Nicholas Confessore, and Brooke Williams, "Top Scholars or Lobbyists? Often It's Both," New York Times, August 9, 2016. 布鲁金斯学会会长斯特罗布·塔尔博特(Strobe Talbott)对《纽约时报》指控的回应;Kimberly Churches, "Safeguarding Independence in an Era of Unrestricted Giving,," Chronicle of Philanthropy, February 2,2016;有关塔尔博特的更多反驳,请参见他的以下声明:https://www.brookings.edu/wp-content/uploads/2016/08/20160811_eo_brookings_nyt_response_corrected.pdf (accessed December 9,2016).

③ 如第一章第三节所述。

重点显然不同。智库可能将自己定位在某一类知识或研究上，但大学则是两者的混合体。

纯粹以数量来看，美国智库（免税）占主导地位。宾夕法尼亚大学智库和公民社会项目的主任詹姆斯·麦克甘（James McGann）表示，全世界6618(27.7％)家智库中有1830家位于美国[1]。麦克甘及其团队报告称，美国90.5％的智库成立时间晚于1951年。出于靠近政治权力中心的考虑，大约四分之一的智库位于华盛顿特区，其中超过一半的智库都隶属于大学，例如斯坦福大学的胡佛研究所（Hoover Institution at Stanford)[2]。与大学一样，排名机构对世界范围内的智库进行排名，衡量其影响力。在2014年的排名中，布鲁金斯学会（Brookings Institution)、查塔姆研究所（Chatham House）和卡内基国际和平基金会（Carnegie Endowment for International Peace）位列全球前三[3]。近年来，智库在全球扩大了分布范围，遍及182个国家。总部位于华盛顿特区的卡内基国际和平基金会在贝鲁特、北京、布鲁塞尔和莫斯科设立了"全球中心"（global centers)，为人们了解美国的智库文化提供了机会。其他资金充裕的智库也纷纷效仿这一做法[4]。

无论智库在哪里发挥作用，他们的工作都很少接受同行评议。

---

[1] James G. McGann, "2014 Global Go to Think Tank Index Report," 8, http://repository. upenn. edu/think_tanks/8/(accessed February 9,2016).

[2] James G. McGann, "2014 Global Go to Think Tank Index Report," 8, http://repository. upenn. edu/think_tanks/8/(accessed February 9,2016),10.

[3] James G. McGann, "2014 Global Go to Think Tank Index Report," 8, http://repository. upenn. edu/think_tanks/8/(accessed February 9,2016),65. 这些清单主要是基于对研究输入的量化衡量，包括在媒体上出现的次数，在国会听证会上的证词、博客和播客。较少关注对质量的影响：对输入如何处理，即结果是什么。Donald E. Abelson, *Do Think Tanks Matter? Assessing the Impact of Public Policy Institutes*, 2nd ed. (Montreal: McGill-Queen's University Press, 2009).

[4] McGann, "2014 Global Go to Think Tank Index Report," 8; Lee Michael Katz, "American Think Tanks: Their Influence on the Rise," *Carnegie Reporter* 5, no. 1 (Spring 2009): 12 - 22.

智库的部分工作人员由已经离任的学者组成，主要创作的是不通过盲评的内部出版物。诺贝尔经济学奖得主、纽约城市大学的研究生院和《纽约时报》专栏作家保罗·克鲁格曼（Paul Krugman）的说法更加直白，他将智库定性为"一种平行的知识宇宙，一个由'学者'组成的世界，他们的工作是基于步调一致的意识形态，而不是开展经得起同行评议的研究。"① 应该说，大学很难不受到来自资助者的压力，大学研究人员也有他们自己认定的意识形态。但是，可以说，大学里的观点比智库中的更加多样化，也更容易发起批判性讨论。对于那些不像大学一样以学术自由为使命的智库来说，面对程度不一的工具性要求，研究人员需要撰写一系列宣传报告，通过社交媒体在世界范围内传播观点评论，以及通过大量的博客"在线曝光"。通过这种方式，现代技术放大了实用主义知识的力量。

技术和大学社区

技术涌入大学会对研究和教学产生瀑布效应（cascading effects）。技术的使用可能会迫使大学重新思考他们的办学宗旨。为了理解这个现象，让我们回到一个具体问题上来：慕课及其前身。

世纪之交，开放课件运动（open courseware movement）催生了变革。开放课件是一种容易获取的出版物。除了远程学习之外，开放课件还为以标准格式呈现的课程提供了网络教材。该运动将全球各地的大学联系在一起，其中许多大学都加入了国际开放课件联盟（OpenCourseWare Consortium）。

顶尖大学已经投入大量资金开发用于改进教学方法的新技术，并将其引入校园。例如，哈佛大学和麻省理工学院斥巨资建立了一

① Paul Krugman, "Design for Confusion," *New York Times*, August 5, 2005.

个非营利组织 edX，即大规模开放在线课堂平台。该平台成立于2012年，其使命是建立一个开源技术平台，在全球范围内提供在线课程。

大学和教育技术供应商已经同风险投资公司开展合作，激发创新，将知识和社会生产联系起来。营利性企业正在加速升级慕课（MOOCs）。"课程时代"（Coursera）、"优达学城"（Udacity）等供应商吸引了位于硅谷（Silicon Valley）的"凯鹏华盈"（Kleiner Perkins Caufield & Byers）等公司的投资。这些供应商已经在学术市场中占有一席之地，包括与大学出版社开展合作，其中一些出版社认为慕课能将他们的书籍推向更广泛的读者。目前，要彻底弄清慕课如何盈利还为时过早。慕课的赞助商有可能通过商业广告投放、学生信息获取、内容使用授权和职业培训等收费项目来获取收入。"课程时代"已经决定向完成其项目的学生颁发数据科学、移动应用开发和网络安全等证书，这些项目被称为"专项课程"（Specializations），每门课程收费在200～500美元之间①。这些供应商还可以为政府机构和私营企业等寻求技术支持和其他问题解决方案的客户提供收费服务。

创业型的教授兼技术专家们（professor-technologists）正在挑战大学的传统教育模式。"课程时代"的创始人，斯坦福大学的前教授达芙妮·科勒（Daphane Koller）和吴恩达（Andrew Ng）于2012年创办了这家公司，并尝试了流媒体教程和自动评分。与其他技术倡导者一样，他们认为慕课可以重构学习并控制成本。不受地域限制，学生可以下载讲义，而导师则负责面对面的交流。也有人说，全球学习平台是为那些无法支付昂贵大学费用的学生提供教育机会的一种手

---

① Steve Kolowich, "Completion Rates Aren't the Best Way to Judge MOOCs, Researchers Say," *Chronicle of Higher Education* 60, no. 20 (January 31, 2014)：A3.

段。慕课被视为一种突破全球知识传播障碍的一种方式。

然而,技术批评者认为,慕课是一种高等教育的商业模式,大学远程讲授同一门课程,阻碍了不同观点的形成。作为校园技术创新的伟大支持者,开创了大学开放式课程项目的麻省理工学院前校长维斯特在2013年他去世前不久的一次谈话中告诉我,他是如何看待慕课的前景的。他指出,虽然慕课拥有大量受众,但学生之间以及学生与教授之间的互动质量仍然至关重要。维斯特补充道:"我做过一个噩梦,全世界的学生都在观看同一场大型讲座。"[1]此外,人们还对慕课抄袭行为的盛行以及10%甚至更低的课程完成率表示担忧。缺乏自律的学习者会掉队,这是慕课的众多风险之一。

同样,质疑慕课的人认为,第三方在线供应商正在推动公立大学的私有化,并对寄宿制大学造成负面影响。大学校园是学生和教师非正式地交流观点以及不同学科交叉互育蓬勃发展的地方。一些学生发现独立学习(可以选择与导师在线讨论)比在校学习更方便、更实惠。

如果要评估技术创新推动大学改革的方式,还需要更多有力证据和系统分析。在盖茨夫妇基金会的资助下,关于慕课的使用、功效和改进的研究正在进行中[2]。在一项初步评估中,斯坦福大学的计算机科学家、校长约翰·亨尼斯(John Hennessy)(任期至2016年)认为,慕课在质量和开放性两个标准上不合格。他观察到,慕课规模太大,无法激发大多数学生的积极性,而报名参加课程的大多数学生甚至连第一堂课都没有观看。亨尼斯认为,这些课程似乎更像是一种

---

[1] 作者与维斯特的讨论内容。

[2] 盖茨基金会慕课研究计划(MOOC Research Initiative)支持目前在密歇根大学、杜克大学和其他地方收集和分析数据的项目。成果成为论文,一些最好的论文发表在同行评议期刊《国际研究开放和远程学习》(*International Review of Research in Open and Distance Learning*)上。Steve Kolowich, "Researchers Push MOOC Conversation beyond 'Tsunami' Metaphors," *Chronicle of Higher Education* 60, no. 16 (December 20, 2013): A8.

私人产品,对普通受众来说效果不佳①。即使他们最终完成了所有课程,也没有大学学位。

就目前而言,新的学习形式和传统教学的结合似乎是一种正确的选择。但我们仍需回答的问题是:如何最好地将这两种学习形式融合在一起,而不是采用一种模式化的教育方式? 我认为,最新的教育技术本身不会改变高等教育;被誉为系统变革者的前辈们并没有做到这一点。一些新开发的技术"万能药"并不是解决困扰大学问题的关键。正确的路径是更好地教育学生利用技术。而且,对于高等教育的复苏,需要转型的是新事物所处的社会经济环境,而非技术问题。环境必须使一项技术成为可能,从而使其成为知识结构的有机组成部分。

在日益提倡创业的社会环境中,一批学术管理者、学生和教师为知识生产和传播方式的转变提供了动力。采用创新技术只是这个多方面动态的一部分。

为了应对来自大学理事会和资金需求的内外压力,管理人员正在采用"学术分析"(Academic Analytics)之类的工具,"学术分析"整合了大型数据库和预测建模,是一种可操作的智能决策工具。这些由企业生产的工具被用来在国内外推销大学产品。大学的管理人员也利用这些工具来评估教师的年度生产力,找出表现不佳的个别教师,从而节约成本②。面对着激烈的竞争,大学管理层将目光投向所在机构的排名变化上,通过排名序号对大学进行跟踪。

由于负责这项任务的教育领导办公室不愿在战争和社会正义等重大公共问题上发表意见,因此,他们往往以无法联系到校长对此发

① Andrew Hill and Richard Waters, "Problems Identified with MOOC Courses: Too Massive and Too Open," *Financial Times*, February 3, 2014.

② Paul Basken, "As Concerns Grow about Using Data to Measure Faculty Members, a Company Changes Its Message," *Chronicle of Higher Education* 63, no. 8 (October 21, 2016): A14.

表评论的方式回答有关问题。如今,大学校长们把大量的时间花在关注数字上,尤其是附属机构的损益情况。他们中很少有人有勇气站出来直面国家所面临的棘手的公众争议。这些首席执行官们大都选择规避风险,宣传技术治国论,以免与政府当局、大学理事以及其他资助者发生冲突①。可以肯定的是,大学校长所面对的限制因素是可怕的:某些机构公然的干预、繁复的监管程序、上涨的成本、激烈的竞争以及学生的需求。但这并不能为缺乏原则性的领导力以及陷入沉默的胆怯提供借口,后果可能是导致对时代关键问题的社会辩论走向枯竭。

许多学生专注于他们眼前的需求和目标,因为他们受到的教育以商业和政策为导向,这都是可以理解的。在很大程度上,他们在意的是市场上提供的产品。诚然,他们中的一些人抗议经济不平等和气候变化等社会问题,在一些民主社会行动中都能感受到他们的存在。与他们的父辈不同,年轻一代面对的是1‰最富有人群的崛起、一些经济体中产阶级收入的停滞以及高失业率。在这样的背景下,还会有多少学生追求发展高阶思维和批判性思维的学术项目?而且,这些课程的获取方式关系到支持课程的资源和教师的课程决策,而教师反过来也卷入到大学的重新定位中。

知识分子之所以会顺应大学使命的转移,这其中至少有三个原因。首先,社会化是公认的原因之一。个体在培训中学会了学术文化的常规规程,包括对职位和晋升的等级顺序的规定。习惯了评级的教授们对打分也已习以为常,他们中的大多数人都是根据既定标准来争取高分,并接受绩效考核。排名机构聚焦路线,展示卓越标准。其次,大学教师们不愿恩将仇报。而且,越来越多的教师受聘于

---

① 参见 Scott Sherman, "University Presidents—Speak Out!" *The Nation*, March 11 - 18, 2013, 18 - 23.

非终身教职岗位。没有了工作保障,他们就很容易受到人事变动的影响。第三,只要做到循规蹈矩,教师们就可以获得研究资助和认可。因此,顺应全球化进程也能提供额外的有形奖励,比如旅行机会、管理人员为其创造激励的特权等。当个人越来越容易受到竞争性的、全球化市场力量的影响时,胁迫就会以惩罚不符合规则的形式出现,包括在评级系统和外部收入竞争中表现不佳的教授面临裁员或加重教学工作量。

多种因素共同作用?

在教育改革缺乏单一中心的情况下,许多参与者都在推动这一变革。这些分散的改革力量会汇合到一起吗?

这些改革力量共同面对全球化和新自由主义改革的挑战。前面提到的各种参与者都具有共同的参照点:更大范围的大学国际化,更实用的研究方法,更专业化的学位项目,以及重视科学和技术。我们一再看到,改革的具体手段包括最佳实践、新的评估形式、可量化的学习成果以及质量保证。全球各地对这些测量指标有着不同的经验,但很少有哪个国家的高等教育系统能够避开这些指标。

诚然,正如美国国际教育协会(Institute of International Education, IIE)所长兼执行长艾伦·古德曼(Allan Goodman)所关注到的,"国际教育不会向任何方向倾斜。"[1]但是,即使教育全球化不是沿着单一道路蹒跚而行,我们也不能不注意到,教育全球化早期阶段是以不断增长的主体间性(intersubjectivity)为特征。国际精英们正在越过国境传播反映同一性的话语。"培养全球领导力"和"追求卓越"等模糊的口号并没有实质内容,除非将这种单调的措辞具体化。

---

① 作者与艾伦·古德曼的讨论内容,华盛顿特区,2011 年 2 月 10 日。

精英们之间相似的举动是一种新生的却又平淡无奇的共识,他们持续不断地以权威方式重复着关键词,以至于教育工作者们几乎没有注意到这种复制现象并自然而然地吸纳了这一种思维方式。因此,以这种方式施加影响并不是规定课程内容那样简单,还可能会违反学术自由,加剧争论,或引发抗议。

虽然在高等教育改革的问题上建立共识并没有经过精心策划,但在三个节点上可以看到各种改革力量的汇合。对大学重新定位即可发生在这些节点处。非常明显,这些节点包括:国际非政府协会组织的工作会议,推进高等教育改革的重大会议,以及在幕后就这一进程的重要参与者如何加强联系并建立美国式支持性服务进行对话。接下来具体地谈一谈这三个节点。

许多国际非政府组织正在推动高等教育改革,往往得到政府机构的支持。此类举措的例子比比皆是。其中包括:

- 联合国教科文组织为来自 120 多个国家的机构和组织提供了总指挥部,这些机构和组织形成了国际大学协会(International Association of Universities)。

- 在联合国教科文组织和世界银行的支持下由 83 名成员组成的亚太区域质量保障网络组织在菲律宾设有办事处,并鼓励世界人口最多的地区建立质量保证机构的优秀实践。

- 国际高等教育质量保证机构网络组织(International Network for Quality Assurance Agencies in Higher Education)在巴塞罗那设有秘书处,拥有 250 多名成员机构,旨在开发和传播关于质量保证机构的优秀实践和标准信息,例如关于认证的信息。

- 秘书处设在华沙并在布鲁塞尔注册的国际学术排名专家组学术排名与卓越国际协会(International Ranking Expert Group Observatory on Academic Ranking and Excellence)是一个持续开展的论坛。在这个论坛中,排名机构和排名分析人士交换想法，以及与大学管理者等其他决策者交流意见；他们就审计程序等问题向各机构的执行委员会提出可行建议。

在这些节点上，大型论坛汇集来自不同国家的知识型社群。这些集会的代表包括：欧洲大学协会（European Universities Association）的会议、旨在就振兴非洲大陆的高等教育达成共识的全非洲峰会、一年一度的世界教育创新峰会（World Innovation Summit）等。世界教育创新峰会由卡塔尔基金会（Qatar Foundation）资助，每年在多哈举行。与每年召集全球经济领导人在瑞士达沃斯进行头脑风暴的世界经济论坛（World Economic Forum）类似，世界教育创新峰会的设想是成为教育界的达沃斯——一个由教育部长、大学校长、基金会官员、教授和学生代表组成的会议。该峰会奖励最佳实践，鼓励可持续和可扩展的企业模式，并为项目提供资助。从某种意义上看，似乎很难理解把聚集在多哈（由卡塔尔资助）的保守的、非民主政府的代表们看作是对大学重新定位的推动。然而，这类重新定位可能会转移人们对国内校园公开讨论和言论自由这一棘手问题的注意力，从而为非民主制政权利益服务①。

在世界教育创新峰会和其他场合，主要参与者就高等教育改革举行了协商会议。世界银行邀请美国私人基金会团体到华盛顿特区参加闭门会议。会议议程是关于高等教育改革的进程，目标是确认共同利益和可能的合作途径②。世界银行提供资金和支持，为上述一些非政府倡议和集会提供便利。这些互育形式建立了可以达成共识的友好竞技场。正如美国的大学正在世界各地扩张他们的项目和校园一样，美国的学生服务模式也已经得到普及。基于这种趋势，不断

① 非常感谢尼古拉斯·T·史密斯（Nicholas T. Smith）发给作者的邮件中提出这一观点，2013 年 1 月 20 日。

② 作者与纽约基金会项目干事的电话讨论内容，2011 年 1 月 3 日；作者与纽约基金会工作人员在乌干达堪培拉的讨论内容，2013 年 5 月 21 日。

上涨的学杂费意味着学生们认为大学应该提供更多的服务。因此，许多国家引进了美国式的就业服务、心理健康咨询和领导力培训。2010 年成立的国际学生事务与服务协会（The International Association of Student Affairs and Services）推动了这一趋势。该协会包括来自 75 个国家的 1 200 名成员[①]。历史和文化差异当然是主要的考虑因素；然而，学生发展理念的前提是，大学应将其知识的形成延伸到课外活动，并且更直接地参与到学生个体的发展。

这些行动的潜台词是关于规则和自律的重新调整。这些调整可以延伸到基本观点和取向上，也可以渗透到学术人员的个人生活中。重新定位高等教育以这种方式在日常生活中灌输规训的力量。

然而，本章界定的参与者和程序的排列是弱序的。机构和组织在某些情况下进行合作，但也会为了资源和声誉相互竞争。在过程方面，对高等教育改革的监督是不规范的，在范围、特权和资金等问题上，国内和国际、公共和私立、官方之间充满了矛盾。以一个不确定的、有时存在争议的司法管辖权为例，这场争论（本书后续章节中将具体讨论）触及了一个问题，即谁有权评估学术项目和海外校园，并评判他们在性别、心理健康等问题上的标准。鉴于不同的历史轨迹和文化差异，普世化叙事是否应该涵盖所有领域？如何在本地和全球之间取得平衡？

在这一阶段，全球跨洲教育改革网络中的"结缔组织"（connective tissue）并没有实质上的联结，而是逐步地蔓延开来。这种织网不是精心编制的，也与规划人员设计工作的周密方法不同。例如，建筑师和工程师的工作都是系统化的，而且会使用设计图。尽管个别大学和组织进行了战略规划，但高等教育改革并没有一个全

---

① Sara Lipka, "Campuses Engage Students, U. S. -Style," *Chronicle of Higher Education* 58, no. 28 (March 16, 2012): A1, A12, A14, A16, A17; http://iasas.global/(accessed October 11, 2016).

面的总体规划。战略层面涉及适应全球压力和地方趋势。

在全球范围内,高等教育改革与法国结构人类学家克洛德·列维·斯特劳斯(Claude Lévi-Strauss)的"拼装"(bricolage)概念相似,这个概念代表着不用事先筹谋也能进行下去[①]。就像十组参与者组成的改革网络一样,拼装者们发挥想象,运用手边的一切工具。他们大都以一种自发和务实的方式进行拼装。在当代的高等教育中,这意味着处理现实问题胜过有目的的、长期的规划。在大多数情况下,学术和行政单位的重组在合并、成本控制和效率的旗帜下迅速推进。

后结构哲学家雅克·德里达(Jacques Derrida)运用了拼装的概念对主流话语进行了解构,这进一步印证了斯特劳斯的观点[②]。在德里达的应用中,拼装不再仅仅是即兴创作,也不是一堆杂乱无章的临时程序,而是一种解析文本、演讲和政治制度的方法。人们甚至可以进一步思考教育的拼装,即以大学办学宗旨创新为中心的叙事。知识的拼装将扩展到新的思维方式,包括赋予意义并将认知过程与物质力量联系起来的重新组合。

总之,构成大学重新定位的模式不是线性的,而是多向的,也没有单向的因果关系。可见的议程更多的是关于程序而不是内容,从根本上来说,这些议程寻求在实证主义、偏好的方法论、创业精神和特定表述等范式问题上达成共识。随着激励和惩罚的不断重复,这些议程产生从众效应,吸引了更多的学者。

教育拼装者是本章中所确定的变革推手。他们已经创造了一种关于大学的新共识。在世界范围内,伴随这一新共识的语言具有很

---

① Claude Lévi-Strauss, *The Savage Mind* (Chicago: University of Chicago Press, 1966); James H. Mittelman, "Global Bricolage: Emerging Market Powers and Polycentric Governance," *Third World Quarterly* 34, no. 1 (February 2013): 23 - 37; Martin B. Carstensen, "Paradigm Man vs. the Bricoleur: Bricolage as an Alternative Vision of Agency in Ideational Change," *European Political Science Review* 3, no. 1 (March 2011): 147 - 67.

② Jacques Derrida, *Writing and Difference*, trans. Alan Bass (London: Routledge, 2001).

强的吸引力,吸引了许多人用这些术语进行常规思考。最佳实践、基准和品牌化这样的说法是为了适应全球化压力而采用的宽泛概念的简单代名词。在实践层面上,这些对全球化的适应是建立世界一流大学的方式,参与者团体和强大的结构正在改变高等教育。这种改变是缓慢的、时断时续的,而不是急剧的突变。

这些语言受到机构调整和地方政策研究者思想的影响。这些语言将这些变革具体地表现出来,产生了实实在在的影响。为了理解这些语言,我们将会关注信息粒度(granularity),并依靠历史上已知的案例研究脉络。

第二部分

案例研究

第四章
新自由主义模式：美国

美国拥有一众出色的大学，因此，有太多其他国家的大学管理者们着迷于常青藤联盟（Ivy League）和其他美国精英大学。美国以外的一些高等教育系统的发展轨迹表明，他们已经开始在某些方面模仿美国的模式，尽管这种低估其他国家和地区独特历史的做法并不可取。这些高等教育系统沉湎在世界一流大学的幻想中，因为新自由主义范式已为他们创造了一个风靡全球的最佳实践故事。

20 世纪 80 年代以来，新自由主义一直是美国组建"国家—社会—经济"关系的主要纲领。这是由经济学家提出的一种哲学，尤其以诺贝尔奖（Nobel Prize）获得者，芝加哥大学弗里德里希·奥古斯特·冯·哈耶克（Friedrich von Hayek）和米尔顿·弗里德曼（Milton Friedman）为代表。这种自由市场的意识形态已在一些国家中日益盛行，这些国家的学生通常受到了芝加哥学派及其信徒思想的影响。根据定义，新自由主义是一套以放松监管、自由化和私有化为中心的理念和政策框架。美国总统罗纳德·里根（Ronald Reagan）与英国首相玛格丽特·撒切尔（Margaret Thatcher）共同推广了这一思想，并率先将其作为公共政策落地实施。在这一基础上，新自由主义与金融化（financialization）结合到一起，这种组合不仅在市场上，而且在社会政治上都处于最重要的位置。在动荡的金融证券时代，资产泡沫、不良贷款，以及大银行和投资机构的倒闭都破坏了经济稳定，引发了

2008 年全球危机。在大学生活中,教育金融化广泛地蔓延开来,越来越多关于支付能力和学生债务的问题证明了这一点。

　　这段复杂的历史可以分为以下几个时期:殖民时期和后殖民时代初期(1636—1789 年);世俗化和专业化时期(1790—1944 年);大众化时期(1945—1994 年);以及在 911 事件前后的技术扩张时期(1995 年至今),每一个时期都由塑造这段历史的社会力量所推动。

　　改革中方方面面的因素都交织在一起。本章分析了四个方面的因素:社会经济阶层、行政权力、监管调控和全球影响。我们将一一识别这些盘根错节的复杂关系。例如,一方面,美国无与伦比的卓越表现中深刻的自我封闭思想,而另一方面,美国大学面向全球舞台的外向性定位,这两方面是矛盾的。在某些方面,民族主义和全球化是截然不同的力量,但随着教育全球化的发展,这两股力量也在靠拢。

　　这张跷跷板根据不同社会力量的平衡来回倾斜。它随着政治重心起伏,一头是种族中心形式(ethnocentric)的爱国主义(patriotism)和国家忧虑;另一头是今天世俗职业尤为强调的世界主义(cosmopolitanism)。追溯这些变化会使美国大学的主流叙事变得更加复杂。

美国叙事

　　美国的民族主义言论不乏著名的传播者。前哈佛大学校长博克称赞"我们的科学家和研究人员无与伦比"持这种观点的人远不止他一人[1]。哥伦比亚大学的前教务长乔纳森·R·柯尔(Jonathan R. Cole)有关研究生教育和研究型大学的著作令人印象深刻,他描绘了

---

[1] Bok, *Higher Education in America*, 410.

美国研究型大学的发展历程,认为研究型大学的出现造就了"世界上有史以来最伟大的知识生产体系和高等教育系统"[1]。他认为,"我们最好的大学是……天之骄子。"[2]哥伦比亚大学美国研究教授安德鲁·德尔班科(Andrew Delbanco)也在他广受赞誉的《大学：过去、现在和将来》(College: What It Was, Is, and Should Be)一书中大力宣传美国大学人文科学的学习体验,为美国的卓越表现提供了凭据[3]。

美国高等教育"例外论"(exceptionalism)的倡导者们自豪但绝没有自满。他们认识到这种自夸背后的系统缺陷。出于对其卓越地位日益增长的挑战和威胁的担忧,他们对这些夸赞进行了调整。他们表达了对国内趋势以及来自海外机构和政府激烈竞争的担忧,海外机构和政府都在寻求实力雄厚的大学,希望借用他们的经济优势和声望。在这种情况下,历史学家詹姆斯·阿克斯特尔(James Axtell)赞扬了美国高等教育的成就,但他指出联邦政府的慷慨是有代价的[4]。为了阐明研究型大学为获得军事和企业赞助而付出代价的问题,他追溯了斯坦福大学在学术上声名鹊起的过程。阿克斯特尔强调了若干有害的倾向：设定知识议程的自主性下降,外部资金扩大了"贫""富"院系之间的差别,博士生越来越倾向于选择可能吸引外部资助的论文选题。尽管阿克斯特尔对美国精英大学赞赏有加,但其深刻的论述也表明,这些趋势已经导致了从基础研究

---

① Cole, *The Great American University*, *Toward a More Perfect University* (New York: Public Affairs, 2016),13. 在书中,柯尔就具有高度选择性的研究型大学提出了这一观点。

② Cole, *The Great American University*, *Toward a More Perfect University* (New York: Public Affairs, 2016),5. 为了避免他关于美国卓越地位的观点,柯尔认为全世界的学术进步对所有人都是有益的(在本书第七章第五节中进行了讨论)。

③ Andrew Delbanco, *College: What It Was, Is, and Should Be* (Princeton: Princeton University Press, 2012).

④ James Axtell, *Wisdom's Workshop: The Rise of the Modern University* (Princeton: Princeton University Press, 2016),333 - 39.

向应用研究的转变以及大学对人文学科和其他"软"领域支持的下降。

在美国高等教育正经历着公共财政紧缩的同时,德国、俄罗斯、中国和其他一些亚洲国家的政府却在努力提升本国大学水平,增加对大学的投入。此外,在人才回流的逆转下,越来越多在美国获得了博士学位的留学生选择回国,原因是国内有更好的机会,他们的专业技能可以获得更高的回报。在 2001 年 9 月 11 日之后,随着《美国爱国者法案》(USA Patriot Act)和《公共卫生安全与生物恐怖主义应急准备法》(Public Health Security and Bioterrorism Preparedness and Response Act)的出台,留学生面临着严格的移民限制,也受到了某些政治右翼势力的敌视。与此同时,与应用研究相比,美国政府对基础研究的支持水平不断下降,这种迹象表明了政府的立场,即在未来,基础研究的成本将由私人承担,不再是一项公共投资[1]。总之,尽管一些观察人士称赞美国的精英大学,但同时也对这些大学与私营企业和军队的密切合作表示担忧。

那些把美国大学誉为世界第一的教育领袖们其实只说对了一半,另一半则缺乏说服力。因为美国大学的故事具有偶发性,而且是分散的,所以最好通过追踪历史发展的链条并破译宣传运作的方式来进行分析记录。

的确,美国研究型大学称霸全球排名。例如,在 2013 年的世界大学学术排名中,美国大学在前 20 名中占据了 17 席。但是,如果将前 200 名的排名数据与前几年进行比较,你会发现,相对于海外大学,美国院校在全球排名中的地位可能正在下滑[2]。一方面,在 2014年 U21 大学联盟全球高等教育系统实力排名(Ranking of National

---

[1] 除了前面引用的文献外,作者还与杜德施塔特进行了电话讨论。

[2] Fischer,"American Universities Yawn at Global Rankings," A23, A25.

Higher Education Systems）中，美国大学系统遥遥领先，紧随其后的是瑞典、加拿大、丹麦、芬兰、瑞士、荷兰、英国、澳大利亚和新加坡等经济和人口体量小很多的国家。中国正在这项排名中迅速崛起，2014 年比 2013 年的排名上升了 8 位[①]。不过，如若根据经济发展水平和人均国内生产总值（gross domestic product），排名结果则大相径庭。排名前十的国家依次是瑞典、芬兰、丹麦、塞尔维亚、新西兰、英国、加拿大、中国、葡萄牙和荷兰，美国跌至第十五位[②]。同样，爱尔兰都柏林高等教育管理局（Higher Education Authority）的政策顾问艾伦·哈泽尔科恩（Ellen Hazelkorn）通过观测系统整体水平发现，大约 6％的美国高等教育机构出现在了三大主要全球排名的 500 强中，而爱尔兰约 22％的公立高等教育机构位列其中。与爱尔兰相比，美国在教育方面的支出占 GDP 的比例高出不少，而且美国的顶尖大学只招收了一小部分学生[③]。

问题是，在美国拥有大量资源的情况下，为什么美国的大学作为一个整体来看时反倒会失去他们的地位？这并不符合通常从美国教育系统顶层所投射出来的卓越叙事？除了哈佛、普林斯顿和斯坦福等一百多所顶尖研究型大学，美国其他一些大学也在努力应对毕业率低、持续的财政削减、学生债务过高、支付能力不足之间的连锁效应。这些大学的校长们抗议道，在当前环境下，他们大学的资金捉襟见肘。

在大学校园之外，美国的决策者们认为，美国的大学正在走下坡路。许多政要与军方领导人都一样担心表现不佳的教育系统会削弱

---

① Universitas, "U21 Ranking of National Higher Education Systems," http://www. universitas21. com/article/projects/details/152/u21-ranking-of-national-higher-education-systems （accessed May 18,2015). 这些数据由墨尔本大学的研究人员整理所得。

② Universitas, "U21 Ranking of National Higher Education Systems," http://www. universitas21. com/article/projects/details/158/overall-2014-ranking-scores（accessed May 18,2015).

③ Hazelkorn, "Could Higher Education Rankings Be Socially Transformative?"

国家安全[①]。

全球约 1.7 万所大学中有近 5 000 所分布在美国,其高等教育规模十分庞大[②]。所以,美国高等教育机构的范围也是如此:公立和私立、贫和富、世俗和宗教、营利和非营利、男女混合和单性别、黑人传统和印第安人、专业型(艺术、圣经、设计、矿业、音乐、技术)和综合型等等。美国高等教育包含了若干网络,例如像常青藤、十大、全国联合循道会院校协会(National Association of Schools and Colleges of the United Methodist Church)以及耶稣会学院和大学联合会(Association of Jesuit Colleges and Universities)等联盟组织。

与其他大多数国家相比,美国的大学结构(拥有超大校区)分层明显且相当分散,因为各个高等教育机构必须遵守其境内五十个州的法律管辖。公立大学和私立大学主要由私人资本市场资助,监管宽松,个人主义文化注入其中。这种发展形态跨越了三个多世纪。到 1940 年,其结构元素形成了一个多层、分级系统[③]。而且,要强调的一点是,了解过去如何影响现在非常重要,在随后的讨论中也是如此。

---

① 例如,U. S. Secretary of Education Arne Duncan, "Education and International Competition: The Win-Win Game" (Remarks to the Council of Foreign Relations, October 19, 2010), http://www. ed. gov/news/speeches/education-and-international-competition-win-win-game-secretary-duncans-remarks-council-foreign-relations-new-york-city (accessed April 21,2015).

② 美国和世界各地的大学数量因来源、标准和统计方法不同存在很大的差异。与美国教育部、国家教育统计中心(2013 年)发布的数据相比,网络信息计量学的统计发现,在全球 23 887 所高校中,美国高校的数量较少,仅有 3 289 所。U. S. Department of Education, National Center for Education Statistics (2013), *Digest of Education Statistics*, 2012 (NCES 2014 - 15), http://nces. ed. gov/fastfacts/display. asp? id = 84 (accessed April 24, 2015); Webometrics, "Countries Arranged by Number of Universities in Top Ranks," January 2015 edition, http://www. webometrics. info/en/node/54 (accessed April 30,2015).

③ Roger L. Geiger, *The History of American Higher Education: Learning and Culture from the Founding to World War II* (Princeton: Princeton University Press, 2015),507,532 - 39.

高等教育机构的形成

殖民时期和后殖民初期

1636 年，在后来被称为马萨诸塞州的剑桥市，英国移民建立了一所学院①。毕业于剑桥大学的牧师约翰·哈佛（John Harvard）是一位清教徒商人，他将自己的图书馆以及一半的财产捐赠给了这家新生机构，目的是促进北美地区教育事业的发展。为了纪念这位捐赠人，这所学院被命名为哈佛学院，于 1642 年开始颁发学位。哈佛学院早期的两个管理机构分别是督学（Board of Overseers）和法人董事会（President and Fellows）。1865 年马萨诸塞州立法后，非专业人员（laymen）取代了神职人员对学院的管理。

1693 年，美国第二古老的殖民地大学威廉玛丽学院（College of William & Mary）在南部成立。18 世纪，其他殖民地学院也相继问世，包括由伊莱休·耶鲁（Elihu Yale）慷慨捐赠并帮助创建的耶鲁大学；新泽西学院（College of New Jersey），最终的普林斯顿大学；国王学院（King's College），现在的哥伦比亚大学；费城医学院（the College of Philadelphia），后来的宾夕法尼亚大学；罗德岛及普罗维登斯种植园州大学（the College in the Colony of Rhode Island and Providence Plantations），以主要捐赠人尼古拉斯·布朗（Nicholas Brown）的姓氏命名；女王学院（Queen's College），后更名为罗格斯大学（Rutgers）；

---

① 后文的历史概述尤其受益于阿克斯特尔的《智慧工作室》，而且威廉姆·鲍文（William Bowen）和尤金·托宾（Eugene Tobin）合著的《权威的轨迹：高等教育治理中教师、院系角色的演变》一书表面上讲决策，但实际上具有更广泛的意义。参见 Axtell, Wisdom's Workshop; William G. Bowen and Eugene M. Tobin, *Locus of Authority: The Evolution of Faculty Roles in Governance* (Princeton: Princeton University Press and ITHAKA, 2015); Geiger, *The History of American Higher Education*; Laurence R. Veysey, *The Emergence of the American University* (Chicago: University of Chicago Press, 1970)。

达特茅斯大学(Dartmouth)一开始是一所意在服务美洲原住民的教会学校,但实际上他们并未从中获益。美国独立后,政府自 1819 年开始对公立大学提供资助,其中包括弗吉尼亚大学和北卡罗来纳大学,前者由托马斯·杰弗逊(Thomas Jefferson)在夏洛斯特维尔(Charlottesville)设计创立,后者旨在培养受过良好教育的公民和训练有素的专业人士。这些新生机构秉承创立者的愿景,与他们的新教信仰保持一致,但也逐渐建设现代化的基础设施。利用私人和公共资助,这些学校的学费较高,只有极少数学生能够承受。

曾长期担任康奈尔大学校长职务的弗兰克·罗兹(Frank Rhodes,1977—1995 年)在描述这段历史进程时写道:"殖民地学院愿景宏大,规模小,课程范围适度,教育目的明确,选择性招生,学生素质均衡。"[1]在殖民时期,学生们学习古典课程,并被要求参加教堂礼拜。此时的高等教育服务于教会和国家目标,对象仅限白人新教男孩。

殖民地学院的管理者们招收学生的标准由当时的风气决定,即奴隶制、对美国土著文化的掠夺以及将女性排除在领导职位之外。他们向富有的殖民地家庭示好,其中包括从奴隶贸易中获利的商人和种植园主。殖民地学院宣扬美国白人的思想[2]。种族被当作一门科学。在医学院的"解剖学研究"中,学者们对尸体(其中一些是从墓地偷来的)进行了研究,并将尸体的皮肤晒黑,以证明黑人的从属地位。颅骨研究者们测量并展示了头骨,据称是为了证明黑人的劣等,并助长了种族主义。殖民者们怀着传教般的热情,对学生进行宗教和文明训练,将原住民和非新教信仰的奴隶后代贬为

① Frank H. T. Rhodes, *The Creation of the Future: The Role of the American University* (Ithaca: Cornell University Press, 2001),8.

② 参见 Craig Steven Wilder, Ebony & Ivory: Race, Slavery, and the Troubled History of America's Universities (New York: Bloomsbury Press, 2013).

异教徒[①]。

在大学没有提供资助的情况下，个别学者以个人身份对人类变异进行了研究。他们关于种族的研究成果被作为证据引入法庭审判之中。教授、毕业生和科学团体充当证人，给出专家证词。种族科学不仅影响了法律，而且在更广泛的层面上影响了社会政策。公民身份的生物学基础和社会建构在很大程度上由学者决定，他们的成果通常成为歧视非裔美国人、美国原住民、亚洲人、爱尔兰人、犹太人以及女性的试金石[②]。

世俗化和专业化时期

1776 年美国政治独立以后，高等教育机构的治理日渐趋于世俗化，这种趋势在 19 世纪末和 20 世纪的前几十年里日益突显。越来越多的商人（其中一些商人从奴隶贸易中获利）和专业人士加入了大学理事会，取代了大量神职人员[③]。他们在大学的地位象征了奴隶制度的可容许性，直至内战结束。因此，理事会成员的奴隶交易与高等教育机构牵连甚深，也让大学的其他成员深受这种思维模式的影响。

高等教育机构的负责人对他们的理事会负责，这些理事会由内战后重商主义时期的资本利益集团组成。方兴未艾的社会力量塑造了教育机构。从知识结构的治理来看，制造业和工业化加剧了社会分化。在一个不断发展的资本主义秩序中，卡内基、霍普金斯、洛克菲勒和斯坦福等富豪们为大学提供了办学资金，而大学反过来提供

---

① Craig Steven Wilder, Ebony & Ivory: Race, Slavery, and the Troubled History of America's Universities (New York: Bloomsbury Press, 2013), 156, 193, 200, 208; Sean M. Heuvel and Lisa L. Heuvel, *The College of William and Mary in the Civil War* (Jefferson, NC: McFarland, 2013), 17.

② Wilder, *Ebony & Ivory*, 211‐12, 273.

③ Arthur Cohen, *The Shaping of American Higher Education: Emergence and Growth of the Contemporary System* (San Francisco: Jossey-Baas, 1998), 86.

了培训和科学基础设施①。他们鼓励创业精神和竞争的价值,即便在当时,这种精神和价值也是追逐声望和财富的组成部分。

在罗格斯大学这样地处自由州的校园里,大学成为孕育"把黑人送回非洲老家"这种想法的温床。普林斯顿的毕业生查尔斯·芬顿·默瑟(Charles Fenton Mercer)帮助筹划建立利比里亚后,许多学生开始认同他要将美国黑人送回非洲的做法。学生们宣称要投身于使美国"白化"的重要事业。到了 19 世纪 30 年代,约有 36 所高等教育机构的殖民社团活跃在这场运动中②。反奴隶制的意识在美国北方的大学里蔓延开来,一来是反对奴隶制,二来是要求重新安置黑人,两种意图携手并进。北方教师和管理人员蓄奴量的减少增强了这种意识③。这些学生运动反映了在文化和经济方面本土和全球连接的早期意识,也反映了对 20 世纪和 21 世纪校园社会运动所推动的跨国力量的理解。

围绕种族和阶级的斗争以及教会对大学愿景影响的减弱,建设独立国家的动力推动了美国高等教育的发展。联邦政府发现,大学不仅提供培训,也为现代工业和国防提供支持。从殖民时期的清教徒时代到内战时期,美国大学的办学宗旨一直在发生变化。随着美国社会结构的巨大变化,高等教育机构开始更多地参与公共生活,承担更大的社会责任。

1862 年的《莫里尔法案》(Morrill Act)为公共高等教育和鼓励研究奠定了基础。具体来说,《莫里尔法案》将联邦土地授予各州用以建立公立大学和学院,从而满足居民对农业、家庭经济、机械工艺和

---

① Clyde W. Barrow, *Universities and the Capitalist State: Corporate Liberalism and the Reconstruction of American Higher Education*, 1894 - 1928 (Madison: University of Wisconsin Press, 1989). 感谢凯斯范德皮耶尔提醒我关注巴罗和阿博特的作品。

② Wilder, *Ebony & Ivory*, 248, 259, 262 - 63.

③ Wilder, *Ebony & Ivory*, 243 - 245.

军事战术等实用领域和人文科学的需求。不久之后，堪萨斯州立大学（Kansas State University）、密歇根州立大学、宾夕法尼亚州立大学（Pennsylvania State University）等赠地学院相继成立，其中一些大学扩建了已有的农业学校。此外，联邦政府成立了美国国家科学院（National Academy of Sciences，创立于 1863 年）并通过了《孵化法案》（Hatch Act，1867 年），该法案为农业研究提供资金并建立了专家咨询机制①。

　　19 世纪的赠地运动和随后的立法增加了教育机会，并推动了高等教育机构沿着为市场生产有用研究和知识工人的道路向前迈进②。佛蒙特州国会议员兼参议员贾斯汀·史密斯·莫里尔（Justin Smith Morrill）试图为工业阶层的学生进入大学提供便利。莫里尔法案致力于将实用工艺与古典研究相结合，推进应用研究，促进地方和国家经济发展③。但莫里尔的意图并没有完全得以实现。除大学外，德克萨斯州和其他州建立了新的农业和机械单位，例如 1871 年德州农工大学成立并于 1876 年开始招生。在重建期间，南部一些州利用《莫里尔法案》向非裔美国人的教育机构提供资助，使他们与白人大学分开④。这引发了日后出现的一种矛盾：高等教育大众化发展是致力于维护高等教育的核心宗旨，同时也引导大学朝着实用目的前进。这种矛盾体现了不同的高等教育宗旨。我们将在后文讨论这些使命是否兼容或存在冲突的问题⑤。

　　内战结束后，大约从 19 世纪 70 年代到 20 世纪 90 年代初期，大学教师们在各自领域进行了更多的专门研究，创建了新的研究生项

①　Cole, The Great American University, 28 - 29.
②　Geiger, *The History of American Higher Education*, 282 - 84.
③　Geiger, *The History of American Higher Education*, 282 - 84.
④　Geiger, *The History of American Higher Education*, 285,297ff.
⑤　第七章讨论的主题。

目。课程和研发类企业在资金竞争和同行评议方面实现专业化。在1890～1910 年期间,当代学术单位设立的不同学科勾勒出了美国高等教育的知识结构。虽然学科出现的时间不一,但院系之间已经划分出了界限。美国大学的发展和职业流动意味着知识结构需要建立内部秩序。学科网络按照劳动分工建立。市场为学术人员提供了工作机会,他们的知识生活可以用研究单元来分组。鉴于对学科专业化的反对以及对跨学科、多学科性以及跨学科发展的推动,我们有必要回顾一下从通识教育向学科体系转变的最初阶段。直到今天,学者们还在学科的领地上安营扎寨,他们精通自身学科领域的规则、文化和规范,并追求回报①。

到 19 世纪和 20 世纪之交,美国大学已经形成。美国大学融合了英国本科住宿学院以及德国高等教育重视研究和研究生教育的特点,这种模式上的差别可以在康奈尔大学和约翰·霍普金斯大学等机构身上看到。1865 年,在纽约州北部一个风景如画的乡村地区,康奈尔大学由联邦赠地学院和私人捐赠联合创立。这所大学的捐赠人埃兹拉·康奈尔(Ezra Cornell)是西部联合电报公司(Western Union)的股东,他以此发迹并积累了财富,随后出资创办了康奈尔大学。康奈尔与该校的首任校长安德鲁·迪克森·怀特(Andrew Dickson White)分享了他的愿景,怀特同样也希望创建一所大学,"让任何人都能在这里学到想学的科目"②。埃兹拉·康奈尔立志为"所有有色人种和所有女性"提供教育机会,不论贫富、性别,这与怀特不谋而合③。康奈尔大学将这些关于大学使命的想法转化为课程改革,于 1872 年开始招收女学生并专门为她们创办了赛奇学院(Sage

---

① Andrew Abbott, *Chaos of Disciplines* (Chicago: University of Chicago Press, 2001),121 - 36,如本书第三章所述。

② Rhodes, *The Creation of the Future*, 5.

③ Rhodes, *The Creation of the Future*, 5.

College)，该学院于 1875 年开始招生①。

约翰·霍普金斯大学是美国大学另一派别的代表，于 1876 年在巴尔的摩市区创立。校名源自捐赠人约翰·霍普金斯，他在当地从事杂货批发生意，后来投资了包括巴尔的摩和俄亥俄铁路公司（Baltimore & Ohio Railroad）在内的多家公司。受以研究为基础的洪堡（Humboldtian）精神启发，这所大学致力于追求高深学问和研究生教育，同时也提供本科学位。

于是，美国借鉴其他国家的大学，并根据自身的社会背景进行了调整。一个全国性的高等教育系统发展了起来，并随着时间推移融入了美国的独特思想和实践②。但一些著名教育家和资深学者提出了相反的看法，他们认为，鉴于美国各大学之间的巨大差异，美国根本没有形成独立的高等教育系统③。另一种不同的观点则认为，这些机构的演变反映了内战、世界大战、移民潮等重大事件所标志的共同民族文化和历史，构成了一个含有众多子系统的多级系统④。到 1940 年，这个系统变得更加分散和等级化。鉴于自由市场的范围和相对薄弱的监管职能，美国高等教育的流动性和高度无计划性也就不足为奇。总的来说，我们不仅可以看到美国高等教育系统中千变万化的模式，也可以找到其秩序和独特性⑤。

问题是，由于每所院校的教育文化、道德使命感和历史基础不同，他们在这个高等教育系统中存在的方式也不同。现在我们继续来追溯历史。

---

① Morris Bishop, *A History of Cornell* (Ithaca: Cornell University Press, 1962), 148,150.
② Cole, *The Great American University*, 44; Rhodes, *The Creation of the Future*, 6 - 7.
③ 作者与后来康奈尔大学的临时校长亨特·罗林斯的讨论内容，纽约伊萨卡，2016 年 11 月 10 日。
④ Geiger, *The History of American Higher Education*, 536 - 40.
⑤ Geiger, *The History of American Higher Education*, 536 - 40.

第一次世界大战结束以来，一大批国家机构向农业、国防、医疗保健和经济发展方面的研究和国家需求提供了越来越多的财政支持。福特和洛克菲勒基金等私人慈善基金会推动了美国大学系统的发展。这种复杂的局面代表了财富的极度集中，形成了像卡耐基、梅陇和洛克菲勒等人的财富王国。如上所述，凭借对某些学术项目和部分类型研究的支持，这些资助者在塑造美国大学的结构上发挥了重要作用。

这种模式的另一个关键要素是各州的行动和立法，尤其是在种族方面。20世纪初，盎格鲁—撒克逊文化（Anglo-Saxon）出现在威廉玛丽学院、弗吉尼亚大学、华盛顿和李大学（Washington and Lee）等大学校园里①。在裁决普莱西诉弗格森案（Plessy v. Ferguson，1896年）时，最高法院（Supreme Court）支持了州法律"隔离但平等"的合宪性，授权在公共设施中实行隔离。这是一项具有里程碑意义的裁决，它认可了种族划分，包括州立大学在内。南部非裔美国人试图进入资金不足的学校接受高等教育时，不仅遇到了法律障碍，也遭遇了财政困难，特别是在大萧条时期（Great Depression）。为了解决上述问题，塔斯基吉学院（Tuskegee Institute，后更名为塔斯基吉大学Tuskegee University）的院长乔治·帕特森（George Patterson）成立了联合黑人学院基金会（United Negro College Fund）。该基金会通过慈善捐款募集资金，并根据招生情况将善款分发给传统黑人学院②。二战后，美国还采取了一些其他举措。

大众化时期

《1944年军人再调整法》（*The Servicemen's Readjustment Act of 1944*，也称为《退伍军人权利法案》*GI Bill*），为了帮助从战场上归

---

① Heuvel and Heuvel, *The College of William and Mary in the Civil War*, 163.

② Kathleen J. Frydl, *The GI Bill*（New York: Cambridge University Press, 2009），240.

来的军人重新适应平民生活，为就业做准备。该法案规定政府为退伍军人提供大学或职业学校的学费和生活费补贴。到 1956 年，该法案惠及近 1000 万退伍军人，让他们得以继续接受教育，推动了美国的经济发展。

《退伍军人权利法案》不仅扩大了高等教育机构的招生量，还增加了学生群体的多样性。原则上，法案增加了所有退伍军人进入大学学习的机会。尽管该法案的规定是平等的，但非裔美国人在试图利用这些条款时面临着困难。该法案的执行工作委托给州和地方政府，或是学校和银行等第三方机构，但其中一些机构对符合资格参加该项目的退伍军人存在种族歧视。实际上，当局将申请人分为白人和非白人两类①。

为了避免种族融合和维护一种摩尼教（Manichean）秩序，美国南方的某些州为其他州的黑人学生提供学费补贴。对于那些因《退伍军人权利法案》获得津贴的退伍军人，他们的家乡州还会为其购买前往州外机构的火车票②。由于退伍军人也走入了高校，传统黑人大学的入学率飙升。霍华德大学和其他传统黑人大学为民权运动提供了支持。例如，霍华德法学院（The Howard School of Law）在美国这段动荡的历史时期里为许多法律官司提供了专业帮助。凯瑟琳·弗里德尔（Kathleen Frydl）指出，通过使一些传统黑人大学受益，《退伍军人权利法案》不过是用来资助高等教育实行种族隔离的路径③。

另一个里程碑是最高法院在 1954 年布朗诉托皮卡教育局案（Brown v. Board of Education）中的裁决。该裁决推翻了普莱西诉弗格森案（Plessy v. Ferguson），宣布各州建立黑白学生隔离的公立学

① Kathleen J. Frydl, *The GI Bill* (New York: Cambridge University Press, 2009),222.
② Kathleen J. Frydl, *The GI Bill* (New York: Cambridge University Press, 2009),240.
③ Kathleen J. Frydl, *The GI Bill* (New York: Cambridge University Press, 2009),244.

校违反宪法。但是布朗案裁决的推行在南方遭遇了抵制,在其他地方也被回避。十多年后,大规模的学校整合才得以实行。但重要的一点是,布朗案的势头为女性转变观念并追求平等权利提供了助力。从根本上讲,布朗案的裁决为公众讨论影响高等教育领域众多群体的不平等问题拓宽了空间[1]。

一系列行政命令、法律和法院裁决禁止将种族和民族作为妨碍人们接受教育和就业的合法手段。1964 年的《民权法案》(*Civil Rights Act*)强化了这些措施,为理查德·尼克松(Richard Nixon)主政白宫期间施行的平权行动奠定了基础。1970 年的《美国残疾人法案》(*American Disability Act*)和 1973 年的《康复法案》(*Rehabilitation Act*)为更多弱势公民群体提供了机会。围绕这一立法展开的讨论和当时公开辩论的规范性问题今天仍然存在:联邦、州和地方的资助对象应该是谁?哪些属于纳税人的责任?而谁又该自给自足?

到 20 世纪中叶,向大学敞开大门意味着高等教育的公共支持也随之增加。战后联邦政府对基础研究提供资助的设想来自 20 世纪 40 年代中期富兰克林·D·罗斯福(Franklin D. Roosevelt)总统的顾问和美国科学研究发展局(Office of Scientific Research and Development)的首任主任范内瓦·布什(Vannevar Bush)[2]。随后,其他富有远见的决策者也沿用了这些资助政策。其中,大部分的基础研究是在冷战时期的大学进行的,这些大学与工业界和军方结成了联盟[3]。德怀

---

[1] Elizabeth Davenport, "Brown and Gender Discrimination," in *Brown v. Board of Education: Its Impact on Public Education*, ed. Dara N. Byrne (New York: Thurgood Marshall Scholarship Fund, 2005), 77 - 80.

[2] Vannevar Bush, *Science, the Endless Frontier: A Report to the President on a Program for Postwar Scientific Research* (Washington, DC: GPO, 1945).

[3] 正如 Michael M. Crow and William B. Dabars, *Designing the New American University* (Baltimore: Johns Hopkins University Press, 2015), 10, 引自 Stuart W. Leslie, *The Cold War and American Science: The Military-Industrial Complex at MIT and Stanford* (New York: Columbia University Press, 1993), 2.

特·艾森豪威尔(Dwight Eisenhower)总统呼吁社会注意这种关系，他警告说，"政府合同实际上成了求知欲的替代品"，对学术界造成了严重的后果①。参议员 J·威廉·富布赖特(J. William Fulbright)后来也表达了他对学术界使命感的担忧："如果大学偏离其核心宗旨，让自己成为政府的附属物，强调技术而非宗旨，注重权宜而非思想，传递传统的正统思想而非新观念，那么大学不仅没有履行对学生的责任，而且背叛了公众的信任。"②

　　冷战期间，由于美国急于加强大学，很难判断艾森豪威尔和富布赖特的忧虑是否引起了注意。从 20 世纪中叶开始，美国国家科学基金会(National Science Foundation)成为众多提供研究资助和研究生助学金的政府机构之一。美国国家航空航天局(National Aeronautics and Space Administration)和美国国立卫生研究院(National Institutes of Health)等其他政府机构也向大学提供资助。随着 1965 年的《国防教育法》(National Defense Education Act)和《高等教育法》(Higher Education Act)的颁布，联邦高等教育部门也逐渐扩大了服务范围。根据该法案的第六章，大学在冷战期间很容易获得外语教育和区域研究的支持。

　　在 20 世纪 60 年代末到 70 年代的越战时期，军费开支挤占了美国大量的国内支出。这一二十年里，学生们持不同意见，不断挑战权威。许多试图逃避兵役的美国青年通过进入研究生院延期服役或寻找免于服役的医学理由。

　　而后，随着里根入主白宫(1981～1989 年)，国内财政支出大幅削减。然而，大学扩招潮仍在继续。大学的发展导致了更多专业化的学习单元、教学领域和研究项目。教育的连贯性问题日益凸显。高

---

① 引自 Leslie, *The Cold War and American Science*, 2.

② Leslie, *The Cold War and American Science*, 13.

等教育机构在定位上更加分化,新技术革新加速了这一转变。

技术创新及获取途径

在 20 世纪最后的 25 年里,研究型大学已经将新的通讯技术应用到日常生活的方方面面：银行、娱乐、购物、旅游、医疗保健,以及监控形式的安保(特别是在 911 事件后)。大学很难躲开通讯技术的包围。

在学术界,计算机技术正在改进教学方式,如交互式在线格式和学习材料的传播。计算机技术可以把教学内容变成与说教性练习截然不同的游戏形式,激发学生创造力。此外,计算机技术还重新配置了大学的任务和管理职能。数字技术及其相关的技能加强了与世界各地其他大学和企业的联系。新技术提供了许多可能性,包括数字图书馆、数字媒体和数字行动。新技术对于建立研究和专业社区以及提供不同知识文化获取途径至关重要。技术和创业创新使大学能更好地抓住全球化进程。

技术已成为提升大学绩效的必要非充分手段。由于目前尚未完全了解变革潜力,所以低估信息通讯技术在高等教育中的作用是错误的。但我们也不应该高估收益,尤其是当收益具有排他性时。而且,回避现代技术为谁服务的问题也是错误的。每个人在多大程度上能分享到技术带来的回报？那些少数族群呢？

在吉姆·克劳时代(Jim Crow, 19 世纪 80 年代到 20 世纪 60 年代的美国联邦和地方法律强制实行种族隔离)之后的很长一段时间里,种族隔离的强烈影响依然在美国大学里存在。大学招生程序和毕业通道都决定了不同族群获取与使用最新技术的不平等。为避免进入种族意识招生的辩论雷区,配额(包括对亚裔美国人等群体的招生上限问题)和平权行动成为克服种族困境的手段,我们可以以加州为例并分析其 2009 年的数据,其计算方法是"每个族裔/性别的入学人数除以每个族裔/性别的毕业生总数。"①在加州大学的系统中,非裔美国人的比例是4.1%、拉丁裔3.8%、白人5.9%、亚裔25.9%;在加州州立大学(California State University),这些群体的比例分别为9.8%、10%、10%和13%;而在加州社区学院,比例则依次是22.1%、24.9%、20.5%和23.3%②。数据显示,亚裔或白人学生似乎更有可能进入加州大学系统,获得的生均资源在加州高等教育系统中占比最高;而按比例来看,大多数非裔和拉美裔的美国人进入了社区学院。尽管社区学院也使用数字技术,但设备不及加州高等教育系统中另外两个梯队的大学那么完备。

　　从另一组数据也可以看出不同大学在培养技能方面表现出来的差异,那就是按种族划分的四年制大学本科毕业率。根据2014年的数据,非裔美国人的毕业率是20.8%,美国印第安人和阿拉斯加原住民为23%,拉美裔为29.8%,亚裔/太平洋岛民为46.2%,白人为43.3%③。与1996年的统计数据相比较,2014年的数字表明,比起其他几个群体,非裔美国人的毕业率没有提高多少,五年毕业率的数字也没有显著差异。同样,2015年布鲁金斯学会(Brookings Institution)

---

① California Postsecondary Education Commission, "College Going-Rates to Public Colleges and Universities," http://www.cpec.ca.gov/StudentData/CACGREthnicity.asp (accessed March 3,2015). 其中,2009年为能获取的最新数据。

② California Postsecondary Education Commission, "College Going-Rates to Public Colleges and Universities," http://www.cpec.ca.gov/StudentData/CACGREthnicity.asp (accessed March 3,2015).

③ Institute of Education Science (IES), National Center for Education Statistics, *Digest of Education Statistics*, "Graduation Rate from First Institution Attended for First-Time, Full-Time Bachelor's Degree-Seeking Students at 4-Year Postsecondary Institutions, by Race/Ethnicity, Time to Completion, Sex, Control of Institution, Acceptance Rate: Selected Cohort Entry Years, 1996 through 2007," table 326.10, http://nces.ed.gov/programs/digest/d14/tables/dt14_326.10.asp?current = yes (accessed March 4, 2015), cited in U.S. Department of Education, National Center for Education Statistics, Integrated Postsecondary Education Data System (IPEDS), Fall 2001 and Spring 2007 through Spring 2014, Graduation Rates component.

一项测算校友中期收入的研究发现,非裔美国学生在顶尖四年制大学中的注册人数只占 4%。相比之下,在排名垫底的大学中有 26% 是非裔美国人①。尽管这种低于平均水平的毕业率可能与学生进入大学前碰到的社会障碍有关,但大学面临的难题是如何提供给学生终身学习所需的求知技能。这是体现机构进步、履行道德责任、坚守大学根本宗旨的问题。

在努力满足内外部机构制定的各种各样的绩效标准的同时,美国大学也坦然面对他们的历史。2009 年,威廉玛丽学院校董会(Board of Visitors)承认学院曾经参与剥削奴隶劳工的行为,并在内战后曾支持种族隔离的做法。威廉玛丽学院的"柠檬计划:和解之旅"(Lemon Project:A Journey to Reconciliation,该计划以一位曾被威廉玛丽学院奴役过的黑人奴隶的名字命名)调查了学院在支持奴隶制和种族歧视方面的所为。教师和学生研究人员正在探索这段痛苦的历史。威廉玛丽学院的利益相关者也在着手处理这段历史遗留下的标志,比如悬挂在某栋大楼上的南部邦联牌匾。在美国南北部的其他大学,纪念白人至上主义者的建筑物名称一直备受争议②。

耶鲁和布朗大学的研究已经引发了关于学校与奴隶制和废奴运动关系的争论,其中一些研究由理事、捐助者和校友发起。普林斯顿大学、埃默里大学和其他院校也进行了调查。哥伦比亚大学的教授和学生们正在调查从曼哈顿下城区的奴隶市场、棉花贸易和西印度群岛的种植园中获益家庭所提供的捐赠。1730 年,纽约市有 42% 的家庭蓄奴,到 18 世纪中叶,曼哈顿下城区的奴隶市场规模仅次于查

---

① Brookings Institution, "Black Students at Top Colleges: Exceptions, Not the Rule," February 3, 2015, http://www.brookings.edu/blogs/social-mobility-memos/posts/2015/02/03-black-students-top-colleges-rothwell (accessed June 8, 2015).

② Heuvel and Heuvel, *The College of William and Mary in the Civil War*, 16, 167.

尔斯顿的奴隶市场①。乔治城大学承认，为维持大学的运转，掌管该校的耶稣会在 1838 年售卖了 272 名黑人奴隶。目前，乔治城大学正与一个名为乔治城记忆项目（Georgetown Memory Project）的非营利组织合作，帮助寻找这些家庭的后代。

该研究代表着对大学参与奴隶制度的批判性自我反思，有望成为深入分析历史和伦理以及学习方法的途径，具有重要的教学价值。研究还指出了如何以符合大学基本宗旨的方式来纠正历史问题。乔治城大学领导层同意从校园建筑中移除两位早年参与过奴隶贸易的校长的名字。其他提议的补偿形式包括官方发表正式道歉，设立一个奴隶制及其遗产的新研究中心，为奴隶后代设立奖学金，以及为被奴役者建立纪念碑②。建立真相与和解委员会也许可以产生更深远的潜在影响。

未来，改良派将为应对全球化挑战重新确定美国高等教育优先事项并更新教育系统。现在，我要从新自由主义的改革路线出发，找出这些行动的真正意义。

改革的特点

社会经济阶层

美国大学反映了他们的历史和更大的社会趋势，我们可以从中来把握新出现的大学模式。从殖民时期招收新教男孩开始，到 19 世

---

① Sylviane Diouf, "New York City's Slave Market," New York Public Library, 2015, https://www.nypl.org/blog/2015/06/29/slave-market（accessed November 23, 2016）; Eric Foner, "Columbia University and Slavery: A Preliminary Report," file:///C:/Users/jmittel/AppData/Local/Microsoft/Windows/INetCache/IE/Z0FRU0SH/PreliminaryReport.pdf（accessed March 7, 2017）.

② 撰写本书时待决。

纪和 20 世纪中期公共供给的增长,招生对象变得多样化但仍然受到限制,再到最近几十年里更加复杂、分化的系统,这是一段漫长的过程。值得注意的是,高等教育机构已经通过《莫里尔法案》为公共教育出让土地的举措蓬勃发展起来,大众教育也随之扩大。自 20 世纪 80 年代以来,随着美国收入差距的扩大,大学系统日益分化。在这个系统中,一端是经费充足的大学,他们绝大多数是私立大学;而另一端则是经费匮乏的大学,由于公共资助减少和 2008 年的金融危机,不少大学资源流失惨重。

可以说,大学更像是反映社会状况的镜子。在 21 世纪的前十年里,当美国的社会流动性相对于加拿大和许多西欧社会的垂直变化而言较低时,美国的大学可以提供入学机会,抑制富人更富的趋势。从理论上讲,大学有潜力为大量弱势群体提供重新定位自己的知识。

在 20 世纪后半叶,密歇根州立大学等一些美国公立高等院校将资助标准从按需资助改为择优资助;到 21 世纪,这种做法被其他机构纷纷效仿。这种转变是为了吸引分数更高的学生,从而提升大学的排名;同时也吸引了来自富裕家庭(潜在的大额资助者)以及支付更高学费的州外和海外申请人。根据畅销书《21 世纪资本论》的作者托马斯·皮凯蒂(Thomas Piketty)的说法,发达国家的资本回报率超过了经济增长速度,导致了贫富差距的扩大,哈佛大学学生家长的平均年收入约为 45 万美元,他们在美国的收入阶层中排在前 2%[1]。这种高收入反过来又为他们的子女带来直接和间接的教育福利,这是其他阶层难以获得的。当然,一些资金雄厚的精英大学会为来自中低收入家庭的学生提供奖学金,但其他阶层的学生人数依然是少数。关于这一点,威廉·朱利叶斯·威尔逊(William Julius Wilson)

---

① Thomas Piketty, *Capital in the Twenty-First Century*, trans. Arthur Goldhammer (Cambridge, MA: Harvard University Press, 2014),485.

指出，他所在的哈佛大学为贫困学生设立了免学费项目。他还引用统计数据表明，2010 年，在美国最顶尖的大学中，67％的一年级新生家庭收入进入了收入分配的前四分之一，而仅有 15％的学生来自收入分配位于后半段的家庭[①]。同样的情况也发生在那些就读于具有相对选择性的私立院校、享有慷慨财政政策的学生身上，这些私立院校希望跟上竞争对手的步伐并支持他们继续免税的理由[②]。

　　和哈佛大学一样，其他精英大学也在努力提高学生群体的经济多样性。例如，斯坦福大学为父母年收入和资产低于 12.5 万美元的学生减免学费，为低于 6.5 万美元的学生提供免费食宿。但其招生整体上依然明显向富裕家庭倾斜，这些家庭的孩子成长于拥有高学历人群和一流学校的社区。他们受益于家庭资源在学前教育、家庭教师、SAT 备考课程、课外活动、学术课程夏令营和全球旅行上的投资。这些活动整体上有利于家庭背景优越的申请人，并在提升申请人的高等教育资格方面发挥了重要作用。

　　多年来，俄亥俄州的欧柏林学院（Oberlin College）和马萨诸塞州的阿默斯特学院（Amherst College）等机构一直在经济鸿沟不断扩大的趋势中逆行。1837 年，欧柏林学院由长老会（Presbyterian）的牧师们创立，是美国第一所定期招收黑人学生和女性学生的高等教育机构，一直因在招生和实现多样性方面采取平权行动的政策而闻名。阿默斯特学院将更多资源用于助学金而不是贷款，为没有资格获得

---

① William Julius Wilson, "The Role of Elite Institutions," *Chronicle Review* 58, no. 40（July 6, 2012）：B9；Anthony P. Carnevale and Jeff Stroh, "Separate and Unequal: How Higher Education Reinforces the Intergenerational Reproduction of White Racial Privilege," Georgetown Public Policy Institute, Center on Education and the Workforce, July 2013, https://cew. georgetown. edu/wp-content/uploads/2014/11/SeparateUnequal. FR_. pdf（accessed June 15,2015）.

② William Deresiewicz, "How to Lower the Cost of Higher Ed," *The Nation* 300, no. 29（July 20/27,2015）：29.

佩尔助学金(Pell funding)的低收入国际学生提供奖助学金,接收大部分来自社区学院的转学生,优先考虑那些 SAT 分数较高的弱势学生。虽然这些措施可能起到催化的作用,小型学院已经将其采纳,但总的来说,这些措施在美国属于反常现象。就其本身而言,这些小规模院校案例对国家教育领域的影响甚微。

随着美国高等教育经费的减少,学费自 1986 年以来上涨了500%。平民百姓受到的影响最为明显。2013 年,借款人平均负债2.51 万美元。学生贷款总额飙升至 1.2 万亿美元,是 10 年前的两倍多。学生们支付更高学费的主要原因是政府支出不断缩减。对全美50 个州而言,从 2008 年金融危机爆发到 2015 年,生均拨款从大约9000美元下降至 7000 美元左右,这是 30 年来的最低水平[1]。在这种情况下,学生们正在逐渐远离人文学科,基于以下原因:大学扩招,更多弱势学生的入学,而他们中的许多人都进入了社区学院;加之实践领域的就业机会减少以及大学决定减少人文学科的招生人数。越来越多学生选择商业和经济学之类的学科,这些学科将为他们在利润相对丰厚的金融和咨询领域带来更好的职业前景。

虽然美国大学仍然实行分层机制,但学术界有望解决不平等的问题,包括学术队伍中的不平等。即便如此,大学内部的权力和薪酬等级仍然存在。以性别态势为例,现有数据表明,虽然在学生群体中女性的入学率超过男性,但女性在教师群体中的比例却很低,尤其是在高职级教师中的代表性不足。在 2013—2014 年间,在研究型大学的全体教授中,男女比例是 3∶1,女教师的平均工资是男教师的91%。相比之下,两年制学院一半以上的教师都是女性,但是男女教

---

[1] Rana Foroohar, "How the Financing of Colleges May Lead to Disaster!" *New York Review of Books* 53, no. 15 (October 13, 2016): 29; Beth Akers and Matthew M. Chingos, *Game of Loans: The Rhetoric and Reality of Student Debt* (Princeton: Princeton University Press, 2016).

师的薪酬差异同样很显著[1]。

　　大学的分层与捐赠基金的不均衡有关。在谈到哈佛大学巨额的捐赠基金时,柯尔列举了精英研究机构的巨大优势。他指出,这些大学的声誉与其捐赠基金规模的高度相关性,并强调了这种影响力："捐赠基金规模最大的六所美国私立大学都位列世界大学排名前十。"[2]此外,柯尔推测,哈佛捐赠基金的年增长率可能会超过其竞争对手的捐赠基金总额,除少数几家外,其他竞争对手学校正在沦为人才的"农场系统"[3](farm system)。这种不平等可以通过生均捐赠来衡量：2014 年,哈佛大学的生均捐赠为 170.9 万美元,普林斯顿为 262.1 万美元(普林斯顿的招生规模远低于哈佛)。相较之下,公立大学的生均捐赠水平与之相差甚远,即便是伯克利大学和密歇根大学一类的顶尖公立大学也分别仅有 4.1 万美元和 22.3 万美元[4]。

　　相应的,皮凯蒂也呼吁人们关注大学捐赠基金已经成为院校间不平等的引擎。他认为,最大规模的财富能创造出最高的资本回报率[5]。哈佛、普林斯顿、耶鲁、斯坦福等排名领先的大学,捐赠基金规模最大,增值也最高。皮凯蒂发现,1980—2010 年,哈佛、耶鲁和普林斯顿的总体收益率高达 10.2%,是小规模捐赠基金大学收益率的两倍。对于基金规模在 10 亿美元以上的大学来说,2015 年的 10 年平均回报率达 7.2%,而基金规模在 1 亿美元以下的大学平均回报率不

[1] "Women Face More Disparity in Pay and Representation at Academe's Top Levels," *Chronicle of Higher Education* 60, no. 30 (April 11,2014)：A26.

[2] Cole, *The Great American University*, 475.

[3] Cole, *The Great American University*, 475,477.

[4] National Association of College and University Business Officers and Commonfund Institute, "U. S. and Canadian Institutions Listed by Fiscal Year (FY) 2014 Endowment Market Value and Change in Endowment Market Value from FY2013 to FY2014" (revised 2015), http://www. nacubo. org/Documents/EndowmentFiles/2014_Endowment_Market_Values_Revised. pdf (accessed June 15,2015). Used as a basis of computing perstudent endowments.

[5] Piketty, *Capital in the Twenty-First Century*, 449.

超过 6%①。在美国,大学捐赠基金的中位数为 1.15 亿美元②。捐赠基金规模普通或较小的高等教育机构无法像哈佛及其他常青藤盟校那样,为其投资组合经理团队提供丰厚的薪酬,通常每年 2% 的年度管理费用和 20% 的投资利润用于策划战略和基金投资。最富有的大学能够支付竞争对手学校无法承担的费用。此外,费用高昂的会计师和律师事务所也会为他们的客户想尽办法减轻沉重的税负。各院校间的不平等在很大程度上可以归因于资本收益,因为资本收益进一步增加了名牌大学的财富③。

　　20 所拥有最大捐赠基金大学的最新数据(2014 年)证实了柯尔和皮凯蒂关于基金规模差距的观察结果,如表 4.1 所示。值得注意的是,在拥有最大规模捐赠基金的 20 所大学中,有 15 所大学的排名进入了全美前 20 名。哈佛大学的捐赠基金高居榜首,比排在第二的耶鲁大学高出 42%,比德克萨斯大学系统(the University of Texas system)高出 51%,然而德克萨斯大学系统拥有约 227 848 名学生,是哈佛大学 2016 年年中数据(29 652 名学生)的八倍左右④。请注意,在规模最大的 20 家捐赠基金中,有 15 家由私立大学持有。而在入围的 5 所公立大学中,3 所是州级大学系统,另 2 所是单一校区的密歇根大学—安娜堡分校(University of Michigan-Ann Arbor)和弗吉尼亚大学。私立大学和公立大学之间捐赠基金规模上的不均衡在生均捐赠基金方面也很明显。除了洛克菲勒大学(Rockefeller University,

---

① Stephen Foley, "Endowments Failed by Reality of Low Returns," Financial Times, February 1, 2016.

② Stephen Foley, "Endowments Failed by Reality of Low Returns," Financial Times, February 1, 2016,以全美学院和大学商务官协会(National Association of College and University Business Officers)关于投资回报的年度研究为依据。

③ Piketty, *Capital in the Twenty-First Century*, 449 - 54; Victor Fleischer, "Stop Colleges from Hoarding Cash," *New York Times*, August 15, 2015.

④ "College Navigator," National Center for Educational Statistics of U.S. Department of Education, http://nces. ed. gov/collegenavigator/(accessed September 9, 2016).

表 4.1　美国捐赠基金排名前 20 的大学与其大学整体排名表现

捐赠基金排名	大学	捐赠基金规模/亿美元	2015 全美大学排名
1	哈佛大学	364.5	2
2	耶鲁大学	255.7	3
3	德克萨斯大学系统	240.8	奥斯汀分校，53
4	普林斯顿大学	227.2	1
5	斯坦福大学	222.2	4（并列）
6	麻省理工学院	134.7	7
7	德州农工大学系统	104.8	卡城分校，68
8	西北大学	101.9	13
9	宾夕法尼亚大学	101.3	8（并列）
10	密西根大学安娜堡分校	99.5	29
11	哥伦比亚大学	96.4	4（并列）
12	美国圣母大学	85.7	16
13	加州大学系统	80.0	伯克利分校，20；洛杉矶分校，23；圣地亚哥分校，37；戴维斯分校，38；圣芭芭拉分校，40；欧文分校，42；圣克鲁兹分校，85
14	芝加哥大学	75.5	4（并列）
15	杜克大学	73.0	8（并列）
16	华盛顿大学圣路易斯分校	68.2	14
17	埃默里大学	66.8	21
18	弗吉尼亚大学	61.8	23
19	康奈尔大学	60.4	15
20	莱斯大学	55.6	19

来源：整理自"Almanac 2016 - 17，" Chronicle of Higher Education 62，no. 43（August 19，2016）：54；"National University Rankings，" U. S. News & World Report，September 9，2014，http://colleges. usnews. rankingsandreviews. com/best-colleges/rankings/national-universities（accessed April 13，2015）.

注：2015 年的大学排名基于 2014 年秋季数据。捐赠基金规模的单位为亿美元。

该校拥有约 200 名医学博士生,致力于生物医学研究),普林斯顿大学的生均捐赠排名第一,比任何一所公立大学都高出十倍有余①。

尽管最受追捧的大学(包括上述大学)与其他高等教育机构之间在资源上存在巨大鸿沟,但了解他们背后的故事非常重要。其他机构(一些捐赠基金规模很小的院校)面向普通民众的需求,80%的普通民众在公立大学接受高等教育。在社会经济阶层中,社区学院录取了大约 45%追求更高学位的学生。公立社区学院的招生量是私立研究型大学的六倍。但前者的生均教育支出略高于 1 万美元,后者则接近3.6 万美元②。也就是说,社区学院可以成为接受四年制课程的中转站,其本身也被划分为小型私立学院、中型州立机构和营利性机构。

总的来说,大学贫富不一让学生之间的差距越来越大。鉴于高昂的学费、学生债务以及父母的收入分配,尽管美国大学系统承诺了平等的入学机会,但并没有朝着平等方向发展。历史数据显示,美国大学的分层已经越来越严重③。机会均等仍是一种愿望,这是一个崇高的理想,一个梦想,而不是一种现实。政治领袖和管理层的领导者们正在为实现这一目标而努力。

行政权力

在学术生活的决策中,行政权力相对于教师权力正在上升。行政人员以公共资金的减少为契机,着手开展大学治理改革。他们的理由是需要更大的自主权,以改善人事管理和获得灵活性。在威斯

---

① 根据现有最新数据(2016)进行的计算,参见"Almanac 2016 - 17," *Chronicle of Higher Education* 62, no. 43 (August 19, 2016): 54 - 55; "College Opportunities Online Locator," National Center for Educational Statistics of U. S. Department of Education, September 9, 2016, http://nces. ed. gov/collegenavigator/(accessed September 9, 2016).

② Delta Cost Project (American Institutes for Research, Washington, DC, 2015), http:// www. deltacostproject. org/(accessed June 18, 2015).

③ Delta Cost Project (American Institutes for Research, Washington, DC, 2015), http:// www. deltacostproject. org/(accessed June 18, 2015).

康星(Wisconsin)等州，州长还主张限制公立大学教师工会，削弱终身教职制度。甚至，还有一些州的立法委员支持零资助。

总的来说，行使监管本身就是不透明的。政界、理事会和大学校长的权力受到质疑，弗吉尼亚大学校长特瑞萨·苏利文(Teresa Sullivan)的罢黜事件就证明了这一点。这也暴露出了外部和内部管理者(大学外部和大学内部)之间的争夺，尽管勾结共谋也时有发生。管理者们的规范价值观和在哲学上的坚持变成了教育政策的差异，正如围绕苏利文事件的争议所证明的那样。

2012年，理事会要求苏利文校长制定一个战略规划，"审视我们存在的目的和理由"并提供"我们未来的路线图"。校长特别委员会、指导委员会和七个工作组，以及包括学生、教职员工、校友和其他人士在内的一万多人参与了这次活动，目的是争取获得理事会的通过①。弗吉尼亚大学面临的挑战是如何把握大学的多重使命并使其切实可行。从根本上讲，这是关于计划由谁制定，内容是什么以及如何运作的问题。

由于不满苏利文校长的表现，由弗吉利亚州州长任命并经州议会批准的校董会成员们迫使她辞职，但在遭到教职员工抗议和校友、学生及捐赠人反对之后，校董会恢复了她的职务。人们普遍担忧，校董会在向校长制定具体目标时已经逾越了法定界线，而且未能遵循其治理要求。认证机构美国南部院校协会委员会(Southern Association

①　Teresa A. Sullivan, letter to members of the University of Virginia Board of Visitors, July 29, 2013,　http://www. virginia. edu/bov/meetings/13aug％ 20Retreat/Letter％ 20from％ 20President％ 20Sullivan％ 20to％ 20the％ 20Board％ 20of％ 20Visitors％ 20-％ 20Strategic％ 20Plan％20Update. pdf (accessed December 13, 2013), and "Update Regarding the Strategic Direction of the University," December 2, 2013, http://www. virginia. edu/president/speeches/13/message131202. html (accessed December 13, 2013); "U-Va. Board Approves Basic Framework of Strategic Plan," *Washington Post*, November 17, 2013, 根据《美国新闻与世界报道》的排名，弗吉尼亚大学在公立大学中的排名与加州大学洛杉矶分校并列排在第2名，在全美所有大学中排在第23位。

of Colleges and Schools Commission)指责校董会损害了大学的诚信，并对这所著名大学发出了为期一年的警告。从本质上讲，这些事件表明，行政权力正被社会影响更广泛的深层矛盾撕裂，其崛起并非不受限制。这些矛盾集中体现了嫁接商业模式所造成的破坏，这种商业模式强调在大学的长期目标上取得短期的功利主义成果。虽然苏利文和批评她的校董会成员都支持市场文化，但他们主张对此采用不同的战略，争论也围绕着采用哪种商业模式和谁的主张而展开。

在另一个案例中，在德克萨斯大学系统校长弗朗西斯科·G·西加罗亚(Francisco G. Cigarroa)的支持下，德克萨斯州长里克·佩里(Rick Perry)试图罢免德克萨斯大学奥斯汀分校(University of Texas at Austin)校长威廉·C·鲍尔斯(William C. Powers)一事在 2014 年发展到了紧要关头。这场"战争"的起因是他们对大学宗旨的不同看法。州长佩里认为大学应该做到：公开资产负债表，显示每位教师筹集的资金和支出的数额；完全基于学生评价发放教师奖金；提供一种 1 万美元的学位，对学位授予标准不做具体规定。对于州长、校长和直言不讳的理事会成员小华莱士·L·霍尔(Wallace L. Hall Jr)而言，大学办学的重点应该是效率和顾客满意度，而不是鲍尔斯校长所倡导的教师自主、研究卓越和本科教学的学术价值观。面对公众对罢免校长的强烈抗议，双方达成一致，同意鲍尔斯在一年后退休[①]。和弗吉尼亚大学的境况一样，德克萨斯大学系统的冲突吞噬了价值观、治理和预算。

许多大学校园正在利用一种分权预算的形式，提供奖励、培养创

---

① Jack Stripling, "Rogue Trustee in Texas Stirs Debate on His Role," *Chronicle of Higher Education* 60, no. 2（April 25, 2014）：A3‐4; Hunter R. Rawlings III, "Texas Makes an Appalling Mess of Education 'Reform,'" *Chronicle of Higher Education* 60, no. 41（June 18, 2014）, http://chronicle. com/article/Texas-Makes-an-Appalling-Mess/147561/（accessed March 6,2015）.

业精神、刺激资金短缺的学术单位之间的竞争。大学将更多的注意力集中到收入和成本上，批评家们称，这将大学推向以赚钱为底线的使命。

在这种形势下，大学的支出模式正在迅速改变。专业及行政人员的招聘速度超过了全职教师的增长速度，也超过了学生人数的增长。大学设立了副校长（vice president）、助理副校长（assistant vice president）、副教务长（deputy provost）及其助理等新职位。教辅职位包括财务运营主管（director of financial operations）、风险管理人员（risk manager）、人力资源协调员（human resources coordinator）、招生干事（admissions officer）、计算机分析师（computer analyst）、顾问（counselor）、体育教练（athletics coaches）和保健员（health worker）。非营利社会科学组织美国研究学会（American Institutes for Research）的"三角洲成本项目"（Delta Cost Project）报告指出，1990～2012年，公立高等教育机构中全职教师和学术人员的数量占专业和管理人员的比例下降了40％，私立大学教师与管理人员的比例甚至更小一些[1]。在这期间，全职教师的薪水多年来一直保持平稳，但从2013～2014学年开始出现了上涨趋势[2]。

对于非教学类工作岗位的激增，大学给出的理由通常是国家拨款的紧缩和大学期望值的提高。高等教育机构越来越多地被要求为学生提供心理和职业辅导等服务；提供广泛的课外活动，以弥补大学前教育的不足；应对来自家长和决策者的压力；遵守联邦和州内的复

---

[1] Delta Cost Project, "Labor Intensive or Labor Expensive?" (Washington, DC: American Institutes for Research, 2014), 14, http://www. deltacostproject. org/sites/default/files/products/DeltaCostAIR_Staffing_Brief_2_3_14. pdf (accessed June 25,2015).

[2] Delta Cost Project, "Labor Intensive or Labor Expensive?" (Washington, DC: American Institutes for Research, 2014), 15; "Professors Pay Has Rebounded Strongly since the Recession, Faculty Association's Annual Survey Shows," *Chronicle of Higher Education* 62, no. 32 (April 22,2016): A14.

杂法规,涉及学生隐私、不当性行为以及残障学生住宿等;搭建新的技术平台;筹集更多的资金来补偿公共补贴的减少;应对越来越激烈的海外竞争。大学需要更多的管理人员来应对这些任务数据的爆炸性增长。值得关注的是,这就像美国国球"棒球"运动中"统计数据"的泛滥一样,容易出现一种由自利的技术专家维护的非官方监管形式。但大学不应该类似于大型体育竞赛,后者是追求丰厚利润的行业。在学术界,专业和行政职位数量的扩张究竟是过度还是处于合理范围,这个问题一直存在争议。当然,这种争议可以转移人们对大学办学宗旨的关注。

一个大学校长的主要职责不仅仅是确保学校的正常运转;校长必须让学校走在正轨上,去实现教育的宏伟目标。校长应该促使学生和公众思考学习的意义。作为教育领袖,校长可以启发民众深入思考超脱性的问题和点燃深切的情怀。校长讲坛是一个激发想象力的舞台,是一个用崇高话语设置议程的场所。当世界挣扎在技术、环境和社会经济转型的阵痛中时,校长呼吁学生注重遵守原则和社会公正,这并不是过度说教。然而,更多时候,大学校长的当务之急是流于世俗的;经济事务使他们忙得不可开交,并支配着他们的行程表。

大学的首席执行官们因他们的工作获得了丰厚的报酬。大学的高层管理人员的薪水接近七位数,董事们根据他们所分析的市场需求制定薪资架构,但批评人士谴责这些薪水过高,因为大学正值预算紧缩、学费上涨、学生债务不断增加的时期。理事会表示,如果一所大学要在与同行机构和其他行业比较中获得竞争力,就必须提供高额的高管薪酬,因为在同行机构和其他行业中,首席执行官与员工的薪酬比率远超过高等教育行业①。2014 年,私立大学年薪百万美元

---

① Executive pay at companies listed in the S&P 500 for 2014 averaged 204 times median worker pay, https://www. glassdoor. com/research/ceo-pay-ratio/ (accessed November 10,2015).

的校长人数达 39 人①。算上签约费、离职金以及遣散费，2015 年有五位公立大学校长的工资数超过了百万美元②。2013 年，当 E·戈登·吉(E. Gordon Gee)从俄亥俄州一所公立大学(俄亥俄州立大学)卸任校长一职时，有报道称他从这家免税机构获得了一笔 600 多万美元的酬劳③。

许多校长的名义底薪除了遣散费外，还包括递延薪酬和他们在理事会的额外收入。此外，当高等教育机构在为履行其财政义务而苦苦挣扎时，高体能运动教练们却拿走了高达数百万美元的薪酬：2014 年，阿拉巴马大学(University of Alabama)橄榄球教练尼克·塞班(Nick Saban)的工作合同显示，他在接下来八个赛季里的年薪高达690 万美元。密歇根大学的橄榄球教练吉姆·哈勃(Jim Harbaugh)的薪水更高，据报道，其 2016 年的薪水为 900 万美元，他是 72 名年薪超过百万美元的教练之一。他们所在的大学解释称，这是对学校收益、市场竞争和将品牌转化为国家实力的合理工资补偿水平④。

2010 年，营利性大学首席执行官们的平均年收入为 730 万美元。2011 年，斯特雷耶教育公司(Strayer Education)的首席执行官罗伯特·S·西尔伯曼(Robert S. Silberman)将 4100 万美元收入囊中，其中包括股票期权⑤。营利性大学属上市公司和私营股份公司所有，为美国 12％的大学生提供了教育机会。其中最著名的凤凰城大学，在美国和海外多地开设教育项目。美国思而文学习系统有限公司

---

① Dan Bauman, "Executive Compensation at Private Colleges," *Chronicle of Higher Education* 63, no. 16 (December 9, 2016): A16 - 18.

② Dan Bauman, "Bonuses Push More Public-College Leaders Past $1 Million," *Chronicle of Higher Education* 62, no. 41 (July 22, 2016): A17 - 22.

③ Frank Bruni, "Platinum Pay in Ivory Towers," *New York Times*, May 20, 2015.

④ Lawrence Biemiller, "Million-Dollar Salaries," *Chronicle of Higher Education* 63, no. 10 (November 4, 2016): A4.

⑤ Tamar Lewin, "Senate Committee Report on For-Profit Colleges Condemns Costs and Practices," *New York Times*, July 30, 2012.

(Sylvan Learning Systems，Inc.）在拉丁美洲和中国拥有自己的校园网络。这些大学为军事基地的现役军人和退伍军人等非传统学生提供教育服务，但因他们从佩尔助学金中中饱私囊，侵吞纳税人的钱款，加上违规招生和谎报数据而受到公众的严密监督。2016 年，拥有7.2 万名学生和 1.2 万名员工的科林斯学院（Corinthian Colleges）因被指控欺诈行为而破产。现在，皮尔森教育（Pearson）和希维斯塔学习（Civitas Learning）等外部公司正在销售"课程礼包"（course-in-a-box kits）和"控制面板"（dashboards）等新型营利性产品，皆由薪水低廉的临时或业余教师提供[①]。与此同时，传统大学也在发展自己营利性的、基于网络的附属公司。这些在线课程与从企业界引进的营利性工具保持一致。

但是营利性和非营利性大学真的需要向校长支付高于教学和研究人员五倍、十倍甚至更高的薪水吗？2012—2013 学年，全职男教授的平均收入是 9.199 4 万美元，女教授收入为 7.398 2 万美元[②]。而且，校长真的需要接受大幅加薪吗？德克萨斯大学奥斯汀分校的格雷戈里·范韦斯（Gregory Fenves）从教务长晋升为校长时，他拒绝了将年薪从 42.5 万美元增加到 100 万美元的提议，最终接受了 75 万美元的年薪，这是主动降低管理人员薪水的罕见案例。

高管与教职员工之间明显的薪酬差距带来的问题是，薪酬差距可能会削弱共同体意识。高层管理人员与其他员工的薪酬比率会影响士气。过高的薪酬比率象征着偏离高等教育宗旨的市场价值，与大学使命背道而驰，危及大学核心原则；影响了高等教育的精神，滋长了优胜劣汰的风气；也关系到学术劳动力的其他变化。

① Goldie Blumenstyk，"How For-Profit Education Is Now Embedded in Traditional Colleges，" *Chronicle of Higher Education* 62，no. 18（January 15,2016）：A13.
② "Average Salaries of Full-Time Faculty Members，by Rank and Type of Institution，2012 - 13，" *Chronicle of Higher Education* Almanac 2013 - 14 60，no. 46（August 23,2013）：6.

　　在理事会和校领导的授意下，管理高层收回了对终身教职的授权并减少了预算。越来越多教师职位空缺面向临时工作人员：短期合同的全职讲师、兼职教师和研究生助教。图4.1介绍了学术劳动力的雇佣制。终身制教师（含终身教授和预备终身教授）的比例从1975年的56.8%下降到了2011年的29.8%，合同制教师的比例从13%上升到19.1%。与此同时，兼职教师的比例从30.2%人跃升至51.1%。其余的教学工作由研究生助教完成。在此期间，非终身制的临时教师比例从43.2%激增至70.2%。后者的比例远远高于当前临时工在美国整体劳动力的比例（40%）。1975—2011年期间，临时教师职位的总增长率达到91.5%。

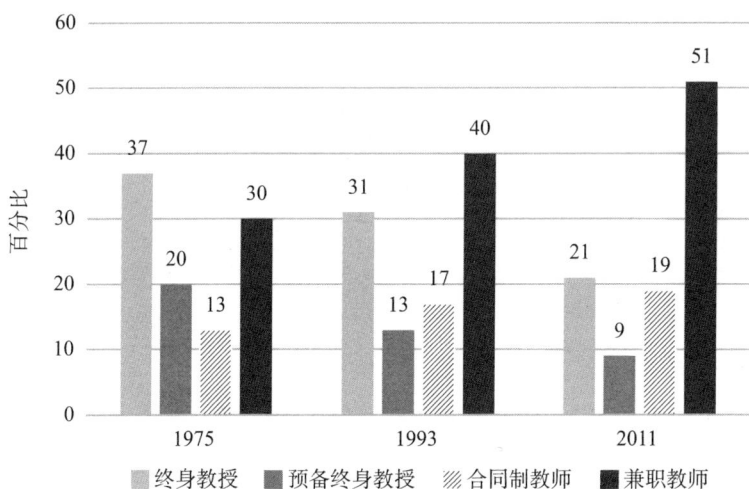

图4.1　1975—2011年教师聘任状况

来源：图4.1数据整理自U. S. Department of Education, National Center for Education Statistics, "IPEDS Fall Staff Survey"; published tabulations only. Compiled by the AAUP Research Office, John W. Curtis, Director of Research and Public Policy, Washington, DC, March 20, 2013, http://www. aaup. org/sites/default/files/Faculty_Trends_0. pdf (accessed April 1, 2015).

注：2011年的数据是全美所有学位授予机构的统计数据。四舍五入后，百分比之和可能不到100%。

　　虽然有关这些趋势的数据因来源和类别的定义而有所不同,但学术劳动力市场的总体格局却引人瞩目。报告称,1969—2009 年,终身制教师在全体教师中的比例从 78.3% 下跌至 33.5%(比例逆转),鲍恩(Bowen)和托宾(Tobin)指出,"教师队伍结构的这种转变确实是革命性的,而且丝毫没有减弱的迹象。"[1]此外,可以支持他们观点的是,从 20 世纪 70 年代中期到现在,终身制教师队伍与临时教师的比例已经发生了逆转。终身制教师的比例已经从 70% 缩减到 30%,而现在 70% 是临时教师。

　　美国高等教育的教学人员已经成为一个更加分化的贫富体系。2011 年,终身教授占教学骨干的 20.7%,他们享有工作保障、稳定收入及福利;其余 79.3% 的教师则一无所获。由于没有合同保障,大学的临时教师受到越来越多的审查。2014 年,美国国会众议院教育与劳动力委员会(U. S. House Committee on Education and the Workforce)发表了一份题为"在任教授"(The Just-in-Time Professor)的研究报告,详细介绍了一百多万名兼职教师和其他非终身制教师的状况[2]。一门三学分课程的平均报酬约为 2700 美元,为了谋生,兼职教师通常要教好几门课,频繁地往返于不同的大学。他们的年薪在 5000 美元到 5.5 万美元之间,其中许多人的家庭年收入低于联邦贫困线(三口之家 1.953 万美元,或四口之家 2.355 万美元),不得不依赖配偶的收入,在某些情况下甚至需要申领食品救济券[3]。许多兼职教师享受学

---

[1] Bowen and Tobin, *Locus of Authority*, 153, emphasis in original.

[2] U. S. House of Representatives, Committee on Education and the Workforce Democratic Staff, "The Just-in-Time Professor"(Washington, DC, 2014), http://democrats. edworkforce. house. gov/ sites/democrats. edworkforce. house. gov/files/documents/1. 24. 14-AdjunctEforumReport. pdf (accessed June 29,2015).

[3] U. S. House of Representatives, Committee on Education and the Workforce Democratic Staff, "The Just-in-Time Professor"(Washington, DC, 2014), 6, 9, http://democrats. edworkforce. house. gov/sites/democrats. edworkforce. house. gov/files/documents/1. 24. 14-AdjunctEforumReport. pdf (accessed June 29,2015).

术生活,他们每学期要教五门课,自己承担往返学校的交通费用,把汽车当成办公室。他们挤不出时间开展研究和发表论文(这对于获得全职教师职位至关重要),也得不到去参加会议的资助①。他们很难享有办公时间,与学生进行课外讨论,或者腾出时间写推荐信。

在内务委员会(the House Committee)组织的在线论坛上,一个兼职讲师的辛酸经历是这类故事的缩影:

> 在这(大学从教)期间,我们失去了家。以我的微薄工资和妻子的收入,我们再也付不起房贷了。我们搬去和一个朋友同住,现在上下班要耗费两个小时,还要加上一小时的校际通勤。我每天开车三个小时,一周五天辗转在各大学教课。我没有办公室,所以我经常随身携带所有工作。成堆的牛皮纸夹放在我那辆破旧的汽车后座上。由于没钱保养,车基本上快报废了。这是一辆破旧的尼桑车,一箱油需要 60 美元,我每周得加 2~3 次油。我要为儿子支付保育费,让他健健康康地出院,还要负担两个儿子的抚养费。我一门课挣 3 000 美元,一学期能挣 1.5 万美元②。

这段剖白不只是对个人困境的描述,它还表明,大学不仅仅是热爱教学和致力于教师与同事和学生知识交流的家园,而且也可能是疏远那些不受保护的知识工作者的场所。兼职教师朝不保夕的生存状态欺骗了背负沉重学费和债务的学生们,因为许多学生都在寻求细致且有爱心的导师。

---

① U. S. House of Representatives, Committee on Education and the Workforce Democratic Staff, "The Just-in-Time Professor" (Washington, DC, 2014), 23, http://democrats. edworkforce. house. gov/sites/democrats. edworkforce. house. gov/files/documents/1. 24. 14-AdjunctEforumReport. pdf (accessed June 29,2015).

② U. S. House of Representatives, Committee on Education and the Workforce Democratic Staff, "The Just-in-Time Professor" (Washington, DC, 2014), 8, http://democrats. edworkforce. house. gov/sites/democrats. edworkforce. house. gov/files/documents/1. 24. 14-AdjunctEforumReport. pdf (accessed June 29,2015).

为了支持临时学术工作者，2009 年，新教员多数基金会（New Faculty Majority）成立了。这个维权组织致力于制定标准并向大学施压。组织的领导者与大学的管理者们召开会议，提出低成本的具体方法来更好地支持兼职员工，并介绍同行机构采取的补救措施。此外，兼职教师工会的举措与美国大学教授协会（AAUP）、美国教师联合会（American Federation of Teachers）和美国服务业雇员国际工会（Service Employees International Union）的一些既定战略相吻合，以获得健康保险、退休福利、合理的工资、基本的机构支持和全职合同。总体目标是改变这种使部分教师在大学中沦为二等公民的制度①。2016 年美国国家劳工关系委员会（National Labor Relations Board）做出裁定，要求私立大学与代表研究生助教的工会进行谈判后，政府和管理人员现在必须筹集新的资金或重新分配现有收入，以改善临时员工的工作条件。

剥夺教师任期保护和共同治理可能影响判断，限制政治声音。这在一个麦卡锡主义（McCarthyism）已经威胁到学术自由的国家尤其令人担忧，学术自由可以保障教师和学生追求知识的权利与责任，不惧迫害，不考虑背景或取向。直到今天，麦卡锡式事件仍在重演，我的亲身经历足以证明。

在我获得终身教职以及后来成为正教授和大学管理者之前，我曾感受过临时工作制度对知识自主的限制。我早年在一所精英大学担任助理教授，合同为期一年。当我按要求在核心课程中教授"当代文明"（Contemporary Civilization）课程时，问题出现了②。当注意到

---

① David Dobbie and Ian Robinson, "Erosion of Tenure and the Unionization of Contingent Faculty," *Labor Studies Journal* 33, no. 2 (January 2008)：117 - 40；Peter Schmidt, "Adjunct Advocacy：Contingent Faculty Are Demanding—and Getting—Better Working Conditions," *Chronicle of Higher Education* 61, no. 26, Trends Report (March 11,2015)：B27 - 30.

② 本章关于学术自由的段落呼应了米特尔曼的"谁在国际研究中管理学术自由？"一文的观点，参见 Mittelman, "Who Governs Academic Freedom in International Studies?"

这门课程指定的阅读书单没有包括任何一位非西方作家的著作时，我决定保留规定的文献，同时另外补充了发展中国家作家的著作。学期快结束时，负责"当代文明"课程的一位资深教授告知我不要再指定额外的书目。为了避免冲突和达成共识，我指出，我的教学大纲已经包含了各教学板块的老师们都希望纳入的文献。我捍卫的观点是，学生应该学习"当代文明"，而不仅仅是"西方文明"，并建议扩大阅读范围，关注世界的多样性。

在我被另一所私立大学任命为教授兼国际关系学院院长后不久，我又遭遇了一次学术自由上的打压。这次攻击是由一名政府官员发起的，他用纳税人的钱聘请了一位顾问，针对我负责的一个课程单元(a unit)撰写了一份报告。报告声称我们的课程存在缺陷，反映了自由主义的偏见，并在冷战后期助长了"投降主义"①。这份声明谴责和平主义解决冲突的战略决策，其中包括非暴力、谈判和让步。报告认为，关于外国文化的教学有违美国的价值观并鼓励了"道德相对主义"(moral relativism)。另一项指控是我们的课程忽略了圣经的创世观念、产前公正和胎儿的权利。

面对最重要的捐赠者"不解决问题就撤资"的威胁，校长和理事会没有试图捍卫我们的课程、出版物和教师。相反，校长发布了一项禁言令，禁止教职员工公开评论这一争议，并要求成立监督委员会，检查教学计划，推迟教师任命，校长没有回应立法委员对这一问题的质询。

校长声称，他正在学校的财政健康和学术自由的原则之间"走钢丝"。分管学术事务的副校长要求我以书面形式回答校长提出的一系列问题：为什么学院优先考虑全球冲突分析和国际发展这些有问

---

① Gregg L. Cunningham, "Blowing the Whistle on Global Education," report prepared for Thomas G. Tancredo, Secretary's Regional Representative, Region VIII (Washington, DC: U. S. Department of Education, 1986).

题的主题？为什么国际关系学院会聘用非美国公民？为什么国际关系学院总是关注第三世界国家？

最后，学校对其首席执行官（也是一位政治官员和学校的私人捐助者）肆意侵犯学术自由进行了无力的辩护，甚至向这些势力低头并与之合作。在试图确立中立立场并与学校核心管理部门谈判后，我递交了辞呈，表达了我对削弱大学自由不当行为的痛心疾首：

> 学术自由的核心是对思想自由和多样化思想的追求。……我完全不同意您公开宣称的在保守派的捐赠和学术自由原则之间"走钢丝"的立场。大学校长的首要职责是捍卫追求思想的权利不受侵犯[①]。

我援引这些事件并不是因为我的经历有趣，而是为了说明学术自由可能受到不同方面的威胁：国家、捐赠者、大学管理者以及学者自己。尽管我没有提到最近引发争议的一系列学术侵权事件，但我的观点是，学术自由依然"脆弱"。学者们有责任维护不同意见、批判性思维，以及他们工作和学习所在机构的自主权。虽然欢迎来自外部团体的意见，但大学首先应对自己负责。保障这种问责的方法（尽管有瑕疵）是通过多层系统相互制衡：对委员会涉嫌不当行为的调查、自主学习、学术手稿的同行评议、招聘和晋升的多级评估、学生评课、机构审查委员会的研究监督、财务审计、申诉程序、向监察员提出申诉和通过监管机构进行认证。问责和认证相辅相成，两者是监管的两个重要方面。

监管调整

我们可以对两种类型的监管进行区分。一种是显性监管（explicit regulation），被记录在法律、规则和行为准则中。显性监管是政府、认证机构和大学自身职权范围内的一种正式程序。另一种

---

① James H. Mittelman, personal letter, June 4,1987.

是隐性监管（tacit regulation），其中大多是自我监管，不仅仅是学术委员会等官方组织对高等教育机构制定的认可准则。隐性监管是非正式的，由市场、政治和意识形态驱动。自我监管是福柯意义上的政府行为，将某些价值观转化为政策并作为构建行为的激励因素①。和福柯的"八角塔"一样（八角塔是监狱等类似机构的中心设施，在监狱里，八角塔的操作者是隐形的，但可以监视和惩戒囚犯），大学管理者监视着教职员工。今天，计算机监控和在线报告系统等信息技术的使用，使大学员工对这类监管相对配合。与显性监管的一目了然相比，隐性监管则是更微妙、更隐蔽的行为。现在的问题是如何使两种监管形式在不同的环境中形成合力。

具体来说，竞争准则体现在排名系统和全球的顶级竞争中。排名取决于竞争，因为正如前文所述，并不是所有的参赛者都能高于平均水平，更不用说达到顶级水平。为了强化竞争，话语力量发出本书前面提到的规范和关键词（计数、测量、评级、品牌化、执行、基准以及遵循最佳实践），并将其灌输到认知主体的思维模式中。媒体把主流叙事渗透到大学文化中，形成共识。

随着年轻一代教师和学生进入学术界，他们基本上吸收了这些固化的叙述，将其视作正常的做法。研究生被教导遵循其所选学科的方法和惯例，因而他们要服从话语的力量。

由于国会掌握着财政大权，它的支持对学生至关重要，但情况也并非总是如此。1952 年，联邦政府通过了《朝鲜战争退伍军人权利法案》（*Korean War GI Bill*），经杜鲁门（Harry Truman）总统正式签署成为法律，为联邦当局在认证方面的官方角色奠定了基础。通过规定退伍军人只能在联邦认可的机构中使用他们的教育福利，这项

---

① Michel Foucault, *Discipline and Punish*: *The Birth of the Prison*, trans. Alan Sheridan (New York: Vintage Books, 1995).

立法启动了政府的认可程序。根据 1965 年的《高等教育法》，获得助学金和贷款等联邦学生资助项目的机构由美国教育部长认可的认证机构审核资格。1992 年，国会将高等教育机构的质量评估标准定为法律。此后，美国教育部对联邦学生资助基金的管理行使监督权。

从本质上讲，政府保留了授予或拒绝认可认证机构的权利。政府的任务就是实施标准，这些标准可能因地区、州和学习计划而有所不同。为此，认证机构充当了联邦第四基金（Title IV funds）的守门员。

当国会重新授权《高等教育法》时，社会上出现了针对认证机构表现的争论。现在，对传统认证机构进行改革的尝试源于这样一种担忧：认证机构阻碍了新的参与者，比如非院校类的教育提供者，他们提供了能力本位教育的替代性选择，取代了一些规定学分的必修课程。批评者们指责认证机构在制定建议时通过控制学校使命，从而篡夺了机构的自主权。同样，反对者们认为，认证机构需要让监管与资金脱钩①。

与此同时，在这场风暴中，认证机构因其方法僵化而受到企业部门的批评。雇主们和安永（Ernst & Young）等会计事务所常提及的一项提议是，引入另一种结构以达到行业标准和改进监管。该提议建议采用一种审计模式来监控质量和获得联邦学生援助，取代或补充现行的认证体系②。2013 年，奥巴马总统提议建立大学政府评级体系，采用量化指标，这意味着认证要求的改变，于是引发了这场关

---

① 我正在将美国校董与校友委员会（American Trustees and Alumni）主席安妮·尼尔（Anne Neal）和其他与会者在高等教育认证委员会名为"创新、颠覆和现状：我们想要认证什么？"的会议上提出的批评拼凑到一起。"Innovation, Disruption and the Status Quo: What Do We Want for Accreditation?" Washington, DC, January 27 - 29, 2014.

② Goldie Blumenstyk, "Forget Accreditation: Bring on the College Audit," *Chronicle of Higher Education* (October 28, 2016): B6 - 8.

于监管和认证的争论。根据奥巴马的想法，建立政府评级体系的目标是向消费者提供信息，保护纳税人，使他们能够更好地评估机构。然而，他的提议在国会或基层高等教育改革派中没有得到多少支持。正如前面（第3章）提到的，美国教育部随后构建了一套新的、可定制的量化指标，这是一个用来比较大学的消费者工具，可在叫做"大学记分卡"（College Scorecard）的政府网站上获取①。

　　这项举措使非政府认证机构的作用受到质疑。高等教育认证委员会（Council for Higher Education Accreditation，CHEA）是反对缩小认证范围的主要团体组织，因为它把自己看作是国家质量保证的代言人，代表着大约3000所学位授予院校和60家认证机构。作为对联邦政府干预的回应，高等教育认证委员会反对政府的越权行为，反对政府的监管干预和监管扩张；同意认证机构必须采取更多的行动来履行职责，并寻求在学术界的领导下保留非政府组织在高等教育质量控制和机构自治方面的监管领域②。

　　为了解决这个问题，必须强调的是，原则上认证是自愿的。但在实践中，大学遵守认证的严格规定，因为不遵守认证规定将会被剥夺学生和研究人员获得联邦资金的权利。如果高等教育机构没有获得认证，那么申请入学的学生就会少得多，入学人数将减少。

　　为了获得认证，大学要不断升级学术课程并增加收入。这些迫切的需求可能导致大学不得不在神圣的学术目的和商业价值之间进行复杂的权衡。而且，为发掘新的收入来源，校园里的技术管理者们正在与如高智公司（Intellectual Ventures，一家专利收购商）等校外企业进行谈判交易。这些企业从事技术转让，为合作大学带来收益，

---

① https://collegescorecard.ed.gov/.

② 有关对认证怀疑论者的答复，参见 Judith S. Eaton, president, Council for Higher Education Accreditation, "It's Time to Speak Out: Accreditation, Its Critics and Its Future," *Inside Accreditation* 9, no. 4 (June 25, 2013).

但一些学者和支持团体对企业业务的不透明性持谨慎态度。大学为私营企业提供的合同和咨询使企业获得了增强技术能力的机会符合大学服务大众的承诺。大学所提供的技能培训用于具体任务的工作准备，主要是技术方面的知识。

然而，正如爱因斯坦所言，大学扩大专业化范围的缺点是过度专业化削弱了共同的教育宗旨，包括对美学和伦理的重视①。近年来，专业化浪潮（也被批评家们称为职业主义 vocationalism）席卷校园，引发了关于高度专业化应用领域的争论。康奈尔大学的名誉校长罗兹（Rhodes）也加入了这场争论，他称赞医学和基础科学等学科专业研究之间的思想交流，但也强调大学日益高涨的专业化削弱了高等教育的道德假设和伦理语境。尽管很难从他的话中捕捉到新的现象，但今天仍然适用：

> 专业化已经改变了教师对大学的忠诚。咨询合同、公司董事、版权和专利权、有钱有势的客户、捐赠人的资助、一批的助手、专业实践的丰厚报酬、令人羡慕的研究支持、不菲的薪水、热门书籍、国际巡回演讲、优越的工作设施，这些都是专业教师中最成功的教师们参与其中和乐在其中的代表性理由。……他们要效忠的不是他们的机构、不是他们的学院也不是他们的学生，而是他们的职业、他们的行业协会、他们的同事（大多都在校园外）以及他们的客户②。

尽管长期以来，教师们一直通过大学以外的组织寻求职业发展，但罗兹的担忧表明，专业化在大学文化中扩散开来，并在课程中被物化。

例如，国际发展领域的课程从根本上讲是关于伦理的。正如经济学家、哲学家、诺贝尔奖获得者阿马蒂亚·森（Amartya Sen）在其

---

① 如第二章开篇和结尾所述。

② Rhodes, *The Creation of the Future*, 36, emphasis in original.

著作中所指出的那样，世界的不断发展提出了关于如何实现美好生活和什么是世界范围的公平分配问题①。细想一下，他希望读者去思考发展的目的是什么。但在今天的大学里，这门课程经常转变为发展管理的专业课程，强调的是即时有用的知识和技术技能。

　　数字技术在同源领域也促进了类似的转变。传统上，人文学科主张精读文献，这是一种对意义深刻而独立的思考。相比之下，数字人文的特点是远程阅读。这种方法远程浏览图书，由数据驱动并借助了计算方法②。数字化作为一种工具性手段被用来支撑文学研究的地位。

　　学术界对更多应用培训和技术技能的接纳是基于大学对如何满足就业市场的认识。然而，学术界对需求的解读与雇主对自身需求评估的实证研究仍相矛盾。以其中一项实证研究为例，美国大学协会(Association of American Colleges and Universities)委托进行了一项研究，对302名私营和非营利性组织的管理人员进行了调查，询问他们希望新员工具备哪些特质，以及大学如何才能最好地为毕业生的职业成功做好准备③。认为大学应该更注重"书面和口头交流"的雇主比例为89％；认为大学应该更注重"批判性思维和分析推理"的雇主占81％；除了这两大需求之外，强调"通过实习或其他实际经验来应用知识和技能"，"复杂问题解决与分析"以及"道德决策"的雇主分别占79％、75％和75％。

　　认为技术专业研究比其他学习类型更重要的错误观念又回到了

---

① Amartya Sen, *Development as Freedom* (New York: Oxford University Press, 1999), and The Idea of Justice (Cambridge, MA: Harvard University Press, 2009).

② Franco Moretti, *Distant Reading* (London: Verso, 2013).

③ Hart Research Associates, "Raising the Bar: Employers' Views on College Learning in the Wake of the Economic Downturn," a survey among employers conducted on behalf of the Association of American Colleges and Universities (Washington, DC, 2009), https://www. aacu. org/sites/default/files/files/LEAP/2009_EmployerSurvey. pdf (accessed July 8, 2015). This survey corroborates findings in the 2013 report cited in chapter 1 of this volume (35n62).

认证这个问题上。在给予创新更多权重的压力下，特别是那些有利于技术发展和专业培训的项目，非政府认证机构和政府官员都做了许多妥协，在被我称为显性监管的权力和范围上仍然存在分歧。这种不和谐的因素很大程度上都取决于政治控制：无论是非政府还是政府监管机构，其影响都过于深远，偏离了他们的监管使命。两类机构几乎没有遇到来自大学的异议，毕竟，大学都是自私的参与者，都想要获得资助。考虑到以认证形式保持门户的影响力，大学不会自找麻烦。在这个过程中，他们不敢挑战新自由主义倾向（pro-neoliberal）的改革。新自由主义观点的主要内容是，如果大学将基于市场的、私有化的、与标准化测量指标相适应的措施发展成主流措施，并接受政府认可的认证机构的监管，那么大学就能阻止财政削减并获得更多的公众支持。虽然大学通常受到这种制度的制约，但人们可能会认为大学的定位与政府特许的认证机构有所不同。

然而，在衡量质量的机制上出现的分化，在很大程度上是对高等教育重新定位看法的趋同。非政府认证机构和政府当局与大学联手，朝技术专业化的方向迈进。在没有预谋的情况下，三方正在进行一场心照不宣的自我监管改革，并就认证的目标达成共识：在一项未获承认的交易中，政府将特定任务委托给与政府有着相同规范世界观的准监管机构、非政府认证机构，并征求大学的同意。这些伙伴关系的特点是相互尊重的对话，民主制度允许存在不同意见。内部辩论在认知精英中形成良性张力，他们的工作是质疑和发现细微的差别，并赋予这些差别合法性。同样值得注意的是，由此产生的主体间框架正向全球发展。

全球影响力

与源于美国的大学排名系统一样，认证制度也跨越了国界，并与美国经验联系在一起。当代全球化正在改变认证的运作方式。

不同的国家和地区的认证机构正在推动当地知识机构的质量保

证机制的发展。他们正在采用遵循法规的准则和对等标准。联合国教科文组织和世界银行等全球治理组织以各种形式分发质量保证工具包,这包括通过联合审查学习目标和结果来制定报告模板。认证机构要求大学项目负责对质量保证协议的实施。虽然认证机构宣称要对一系列文化遗产和历史遗产保持敏感,但他们对认证和重新认证的建议通常都以美国制定的标准为基础,这些标准包括:详细的使命宣言、战略计划、资金管理的有效方法、评估程序等等。

在国际高等教育质量保障组织和跨国网络下,质量保证工具正在促进大学之间的融合。事实上,认证遵循的标准大致相同。不过,在涉及远程教育、大学海外分支机构,以及希望获得世界其他地区(通常是北美洲或欧洲)的认证机构授予品牌名称的项目时,国家和跨国管辖权的界限变得模糊。

推动学术项目国际化包括建立更多的分校、提高学生和学者的流动性。在激烈的竞争和扩张中,美国大学是最大的国际分校来源,2011 年拥有 78 所分校,排名第二的法国为 27 所,英国则以 25 所排在第三。同年,国际分校分布最多的东道国是阿拉伯联合酋长国、新加坡和中国,分别是 37 所、18 所和 10 所[①]。美国学生的主要留学地国是欧洲国家(英国,意大利,西班牙,法国),中国排在第五位[②]。但赴美留学生的来源国家则有所不同,主要以中国、印度、韩国、沙特阿拉伯和加拿大为主[③]。在 2013—2014 学年,美国的国际学生人数增

---

① "Top Source and Host Countries and Territories for International Branch Campuses,2011," *Chronicle of Higher Education Almanac 2013-14* 60, no. 46 (August 23,2013):72.

② "One-Year Change in Number of U. S. Students in Top 25 Destination Countries, 2009-10 to 2010-11," *Chronicle of Higher Education Almanac 2013-14* 60, no. 46 (August 23,2013):66.

③ "Change in Number of Students Sent to U. S. by Top 10 Sending Countries, 2007-8 to 2011-12," *Chronicle of Higher Education Almanac 2013-14* 60, no. 46 (August 23,2013):67; Institute of International Education, Open Doors Data, http://www.iie.org/Research-and-Publications/Open-Doors/Data (accessed July 10,2015).

加到创纪录的 88. 605 2 万人,占全球 450 万流动大学生的 20％左右,高于其他任何国家[1]。与此同时,有 28. 940 8 万名美国人出国留学,这一数字在过去二十年里增长了两倍多[2]。

这些流动不仅在学习和研究方面带来了知识上的收获,而且也带来了物质上的回报。2015 年,国际学生的学费、杂费和生活费为美国经济贡献了 358 亿美元。这些收益产生了乘数效应,提供了 34 万个住宿、餐饮、交通和零售行业的就业岗位[3]。另外,海外分校管理合同、技术转让和其他服务也给美国带来了收益。国际教育协会、国际研究与交流委员会(International Researches and Exchanges Board)等非政府组织向海外的大学管理人员提供资助(就像美国高等教育机构所进行的那样),并记录他们的进步。对于政府来说,美国商务部(U. S. Department of Commerce)一直追踪高等教育的贸易顺差(如第 3 章所示),报告称高等教育成为美国十大服务出口之一[4]。为了促进这一贸易,商务部向国外推销美国高等教育,使其成为国内办事处和美国大使馆办公室的贸易组合的一部分。作为活跃的贸易商,美国的高等教育机构正在尝试新的全球参与形式。例如,纽约大学将自己定义为"全球网络大学"(Global Network University),通过在国外创建所谓全方位服务校园来创收,允许世界各地的学生在这

---

[1] Institute of International Education, Open Doors Data, http://www. iie. org/Research-and-Publications/Open-Doors/Data (accessed July 10, 2015).

[2] Institute of International Education, Open Doors Data, http://www. iie. org/Research-and-Publications/Open-Doors/Data (accessed July 10, 2015).

[3] U. S. Bureau of Economic Analysis, "Table 2. 1. U. S. Trade in Services, by Type of Service," http://www. bea. gov/iTable/iTable. cfm? ReqID = 62&step = 1 # reqid = 62&step = 9&isuri = 1&6210 = 4 (accessed October 26, 2016); Association of International Educators, "The Economic Benefit of International Students," http://www. nafsa. org/_/File/_/eis2014/USA. pdf (accessed July 10, 2015).

[4] Francisco Sanchez, "No Better Export: Higher Education," *Chronicle of Higher Education* 57, no. 31 (April 8, 2011): A43.

个综合系统的各个站点间流动。

尽管加强跨文化的理解可以增强国家安全，但大学全球影响力的日益扩大也引发了国土安全卫士们的恐慌。他们警惕国际学生和教师流动带来的相关风险。因此，政策制定者收紧了向国际学生和教师发放移民和非移民类签证的政策。当教授和管理者们受邀到国外就中东冲突等有争议的话题发表不受欢迎的观点继而被拒签时，学生和学者们对流动性和学术自由的限制感到愤慨。在诸多臭名昭著的案例中，牛津大学教授、瑞士哲学家塔里克·拉马丹（Tariq Ramadan）和南非威特沃特斯兰德大学（South Africa's University of the Witwatersrand）的现任副校长阿达姆·哈比卜（Adam Habib）就因被指控涉嫌恐怖主义而被禁止入境美国，而前者曾获得美国圣母大学（University of Notre Dame）的终身教职，后者也曾在美国纽约市立大学研究生院获得博士学位。

此外，公开调查的紧张局势不断升级，包括美国大学对非自由社会的参与、关于外国资助者（尤其是中东国家的政府）对学术项目和紧密合作的智库项目的影响。据称，资助方对研究主题的限制削弱了工作人员对研究质量的信心，并损害了学术独立性。一些教师担心，他们的母校在筹集资金的迫切需求下，为了与中国和新加坡等地维持合作关系，放宽了自由探索的标准。尽管如此，许多大学仍渴望获得这样的机会，但似乎没有一个总体规划。

寻找目标

加州大学伯克利分校（University of California at Berkeley）的首任校长、后来担任加州大学校长的克拉克·科尔（Clark Kerr）在2003年去世之前一直在思考高等教育应如何应对全球化和技术发展的压力。早年间，科尔是《加利福尼亚州高等教育总体规划》（*California*

Master Plan for Higher Education)的设计师。在 20 世纪 50 年代到动荡的 60 年代的过渡时期,其时代标志是言论自由运动、民权斗争和反对越南战争,这份规划文件回应和预见了时代的挑战。科尔不仅提出了旗舰校园的概念,还富有想象力地反思了整个教育系统,为 1960 年的总体规划提供了依据。这份大胆新颖的文件提议进行高等教育结构改革,影响了美国和海外其他地方高等教育的进程。

《加利福尼亚州高等教育总体规划》以民主理想为基础,体现了对先进研究和机会均等的承诺。规划将三个层次的教育置于一个独立的结构之中:加州大学,提供博士和专业学习及前沿研究;州立学院,招收前三分之一的高中毕业生,提供硕士学位;社区学院,招收任何十八岁以上、希望接受两年制高等教育的学生,使他们成为更具专业技能的劳动力。这三个层次间建立了流动性,允许学生从社区学院转到四年制大学。而且,为了增加入学机会,加州公立大学的地域分布极为广泛①。

与科尔的创新和整合模式相比,今天被称为战略规划的必要工作通常代表着"拼装"。这些战略规划常常包括低相关、无关或表述模糊的目标清单以及实现这些目标的方法清单。总而言之,对长远目标和实现这些目标的战略规划一直存在问题,加州的状况就是如此。1967 年,时任州长罗纳德·里根和里根政府的保守派领导人不顾校长和全体教师的反对解雇了科尔,学校转而用"拼装"者取代了他。州政府削减了高等教育系统的预算,学校不得不制定短期的临时措施来应对严重的短缺。尽管 2008 年经济衰退后,州政府对公立大学的拨款略有回升,但并没有恢复到 25 年前的水平。

自从科尔开始了高等教育结构改革后,其他大学的领导们也开始尝试成为总规划师。亚利桑那州立大学(Arizona State University)的

---

① Clark Kerr, *The Gold and the Blue: A Personal Memoir of the University of California*, 1949 - 1967, vol. 1 (Berkeley: University of California Press, 2001).

校长迈克尔·克罗（Michael Crow）雄心勃勃地提出了一种新的模式，旨在提供广泛的高等教育机会，使学生群体能够代表一个多元化的国家。该模式的其他目标是把教学与研究的前沿联系起来，强调新知识的产生[1]。克罗希望大学能够做到"在学术质量和影响力上能够达到国家地位"，并建立一个开展应用型研究的"全球中心"[2]。此外，亚利桑那州立大学正在重新设计传统学科，并将其纳入技术驱动的学术单元。

为了支持亚利桑那州立大学的新模式，克罗四处筹集资金，包括星巴克等企业都向员工提供了进入大学的奖励。克罗的论点很有说服力，他认为一所大学的成功并不在于其有多大程度的排他性（以申请者的低录取率来判断），而在于其包容性。他正在大胆地思考大学未来的道路以及如何应对系统性的挑战。但是他在多大程度上超越了对系统进行拼装和重塑的范围，目前尚无定论。克罗和他的同事们所面临的挑战是，要做的不仅仅是精明地推销临时改革，而要依靠标准的新自由主义模式和"效率"（如临时教师）来开展大规模教育。

在大学自身改革的同时，大学协会、国家委员会以及像国家科学研究委员会（National Research Council）这样的国家科研机构也提出了许多政策建议[3]。为消除公众对问责、负担能力、机会、绩效和质量

---

[1] Crow and Dabars, *Designing the New American University*, 61.

[2] Crow and Dabars, *Designing the New American University*, 61–62.

[3] 这些报告包括：U. S. Department of Education, Commission on the Future of Higher Education, "A Test of Leadership: Charting the Future of U. S. Higher Education," 2006, http://www2. ed. gov/about/bdscomm/list/hiedfuture/reports/final-report. pdf (accessed July 17, 2015); American Association of Universities, Task Force on American Innovation, 2008, *Policy Recommendations for President-Elect Obama*, http://www. aau. edu/policy/task_force. aspx? id = 7286 (accessed September 17, 2012); U. S. National Research Council, *Research Universities and the Future of America: Ten Breakthrough Actions Vital to Our Nation's Prosperity and Security* (Washington, DC: National Academies Press, 2012), http://www. federalrelations. wisc. edu/docs/FutureofAmericaU. pdf (accessed July 17, 2015).

的担忧,这些组织已经提出了具体的建议。当被问及如何将愿景转化为行动时,这些组织的负责人表示,计划仍在进行中,大学的一些建议已经被采纳,例如关于财政援助方面的建议等①。然而困难在于,许多建议与华盛顿政府的政治主张格格不入,许多政府官员认为高等教育应该是由学生及其家庭负担的私人成本,也与 2008 年经济崩溃后持续的资源限制不符。如果偏离了国家的政治意愿,这些组织的大部分想法仍然只是一厢情愿。

与此同时,某些州正在努力解决高等教育的问题。例如,俄勒冈州正在开发一种"先付后还"(Pay It Forward, Pay It Back)的资助计划。在该计划下,学生可以不交学费,他们将在毕业后的大约二十年左右的时间里固定支出年收入的 3%用来支付未来学生的教育费用。因此,第三方贷款机构,包括持有学生债务的大银行,都将退出市场。在当地,锡拉库扎和布法罗的社区已经超出了延迟支付学费的范围,他们计划筹集资金帮助社区公立学校系统的毕业生支付州内公立大学的学费和住宿费。一些非营利组织已经畴划出组织管理这些自力更生计划的方法②。

但是大学认证的是怎样的学生呢? 耶鲁大学前教授兼文学评论家威廉·德雷谢维奇(William Deresiewicz)表示,第一和第二梯队的精英大学培养出的学生"缺乏目标感",他们被驱使着去表现和追求成为高成就人士,但他们缺乏求知欲,也不知道自己为什么走上了这条道路③。德雷谢维奇承认这种描述会有例外,但并不影响他把今天的学生描绘成不快乐的、愤世嫉俗的、对未来充满恐惧的人。他们中

---

① 作者与杜德施塔特的电话讨论内容;作者与维斯特的讨论内容。

② Say Yes to Education, a national group with chapters in different cities in the Northeast, http://www.sayyestoeducation.org/(accessed July 16,2015).

③ William Deresiewicz, *Excellent Sheep*: *The Miseducation of the American Elite and the Way to a Meaningful Life* (New York: Free Press, 2014),3.

的许多人罹患抑郁症和高度焦虑，这反映在高得惊人的自杀率上。他们把上大学视为一项需要完成的清单内容。大学被看作是一个颁发学位证书的组织，提供了从事一项职业所需的资格证书，而不是被视为一个潜心探索和发现内在自我的港湾。此外，德雷谢维奇还认为，大学与其他社会机构串通一气，形成了一台大量炮制清一色毕业生的"机器"①。他指出，这一过程并非从高等教育开始，而是始于教导基础准则的育儿过程，学生们也在为自己在社会中发挥更大作用做准备，尽管还没有认清自己的目标。不仅是大学培养了毕业生，社会也承担了培养青年人的责任，德雷谢维奇认为，学生要摆脱缺乏目标的困境，就必须在教育和培育心灵的生活中掌控自己的目标，让个人获得神圣的独处时刻。他非常相信个人能动性，认为每个人都有自主决策的能力。

在反复思考这个观点时，我询问了一位即将毕业的优秀博士生，德雷谢维奇的观点是否中肯，还是有失偏颇。他毫不含糊地回答道，学生们确实把大学教育视为一项清单内容。他告诉我，学生们对周围压抑环境做出的反应是理性的。尽管他在本科、硕士和博士学习期间获得了奖学金，也拥有无薪实习和海外志愿者的工作经历，但他在就业市场上的遭遇令人沮丧。他在申请了60个职位后，只获得了1次面试机会，他预计会经历一系列的短期合同、临时职位，以及在各地辗转。这段故事充满了痛苦、不安全感和深深的不确定性。

德雷谢维奇的讲述是一种深入探讨的素材，而不是衡量学习目标和成果标准的测量指标，目的是了解大学旨在培养什么样的品质，以及大学如何帮助学生感受自己内心的喜悦。他仔细审视了大学重新定位的一个主要利益相关者，清晰地描述了部分学生（但不是所有

---

① William Deresiewicz, *Excellent Sheep*: *The Miseducation of the American Elite and the Way to a Meaningful Life* (New York: Free Press, 2014), 3.

学生)的特点。德雷谢维奇用大量的文字描绘了这群利益相关者,但他承认,他们的分类(包括他所关注的精英机构)更加多样化;他们与大学的关系比他想象中的更微妙。的确,学生们必须掌控他们自己的教育,就像我最优秀的学生们在组织研讨会时所做的那样,也是我非常高兴的一点,他们补充了十四周的课程作业。然而,我担心整个社会的忙碌气氛正在取代这种集体的自主性。

知识结构的基本环境正在发生变化,尤其是公众对政治制度的不信任日益加深。经验证据表明,自 20 世纪 70 年代以来,政府和大学之间的信任受到侵蚀,这一趋势反映在公众对高等教育机构的态度上[1]。华盛顿政府的两极分化、尖锐的党派分歧和粗糙的政治话语,导致了人们对主流组织的信心彻底丧失。全美不文明行为的增加标志着大学必须在恶劣的环境中运营。

美国国家公共政策和高等教育中心进行的一系列全国性调查显示,60％的美国人认为高等教育机构更关注资产负债表上的底线而不是学生的教育体验[2]。这些民意调查还显示,持这种观点的人数正在上升,三年内上升了 8％。此外,卢米纳基金会关于美国公众舆论的一项研究报告称,认为美国高等教育的质量优于其他国家的受访者与持相反观点的受访者比例相同,每个类别各占 46％[3]。卢米纳基金会的

---

[1] "Troubled Waters: Higher Education, Public Opinion and Public Trust," Higher Education Strategic Information & Governance Working Paper #2 (HESIG, William J. Hughes Center for Public Policy, Richard Stockton College of New Jersey, 2013).

[2] John Immerwahr and Jean Johnson, with Amber Ott and Jonathan Rothkind, "Squeeze Play 2010: Continued Public Anxiety on Cost, Harsher Judgments on How Colleges Are Run," National Center for Public Policy and Higher Education and Public Agenda, 2010, http://www. highereducation. org/reports/squeeze_play_10/squeeze_ play_10. pdf (accessed July 18, 2015).

[3] Lumina Foundation, "America's Call for Higher Education Redesign," 6, http://www. luminafoundation. org/files/resources/americas-call-for-higher-education-redesign. pdf (accessed February 2013).

结论是，大多数美国人会接受高等教育学位的重新设计①。

支撑这一发现的基础是本章的一些主要观点：在一个以其大学卓越为荣的国度，市场的魔力以奇怪的方式发挥着作用。政府正在打击高等教育，削减了生均资助、用不稳定的知识工人取代了作为大学基石的终身教授。此外，行政权力的上升、高管薪资的提高、管理人员的接连招聘，伴随着学费上涨及学生债务激增。这些趋势的影响正在蔓延，加深了公众对高等教育机构的不满。

受当前环境的影响，大学正在迷失方向，因为大学忽视了自身有时令人不安却很重要的历史，使基于市场的叙事主导了大学使命的讨论，并且未能说服公众有必要实现其核心使命。新自由主义范式无疑是让大学在不同使命之间拉锯。随着长期以来确立的核心原则日渐式微，新的核心原则正在诞生。

接下来的两章将探讨这些模式在世界其他区域的发展情况，以及对这些地区环境和方言的适应程度。为了预示结论，本书的第三部分将对大学新的核心原则进行界定，并分析新原则是如何在旧原则的基础上发展演变的。

---

① Lumina Foundation, "America's Call for Higher Education Redesign," 6, http://www.luminafoundation. org/files/resources/americas-call-for-higher-education-redesign. pdf（accessed February 2013）,9.

第五章

社会民主道路： 芬兰

    与美国一样，芬兰是一个参与式民主国家，其大学承受着多重压力。只有 540 万人口的芬兰正试图在传统的社会民主价值观和重新定位大学的需求之间找到平衡。芬兰宪法规定基础教育是一项权利，但相对私人利益，福利国家的这部分公共利益正在收缩。高等教育机构面临的一个难题是，如何保障芬兰本土的民主教育、批判性探索和学术自由的实践，并应对外界定义的世界一流和质量保证协议等全球化趋势。

    在走向高度新自由主义的欧盟政策框架中，芬兰的大学是免学费的。但从 2017 年开始，非欧盟或非欧洲经济区（European Economic Area）国家的学生若攻读非芬兰语或非瑞典语授课的硕士课程，则需支付学费；这部分学生可以申请奖学金。芬兰学生可以获得助学金、住宿补贴、政府担保的优惠贷款以及现在有所减少的伙食补贴和国外留学项目等不同形式的财政补助。大约三分之一的芬兰学生需要贷款，不过他们所承担的累计债务相对较低，2012 年为人均 5 010 欧元（按目前的汇率为 6 937 美元）[①]。尽管芬兰自 20 世纪 70 年代起就没有私立大学，但 2009 年的深远改革推进了高等教育机构的私有

[①] *Tilastokeskus*: *Velkaantumistilasto 2012*（Helsinki: Statistics Finland 2012，updated January 23，2014），7，http://www.stat.fi/til/velk/2012/velk _ 2012 _ 2014-01-23 _ tie _ 002 _ fi.html（accessed April 29，2014）.

化。即便大学的大部分资金仍然来自芬兰政府，但监管政策已经改变了大学的治理和法律地位。

本章考察了芬兰高等教育改革的动态、所产生的影响以及大学重新定位的机制。首先要从芬兰长期的历史趋势说起。下文所述的这段历史从悠久的民族传统，思想的力量和不同的利益等方面展示了对高等教育机构发展产生的多重影响。这些元素不仅是当下不可或缺的组成部分，而且可以塑造未来。

芬兰的大学改革可以分为四个阶段：俄罗斯统治时期（1809—1917 年）、政治独立和大学重组时期（1917—20 世纪 60 年代）、国家高等教育扩张时期（20 世纪 60 年代和 70 年代），以及全球化进程调整时期（20 世纪 80 年代到 21 世纪）。后一阶段的改革以五个紧密相关的主题为标志：管理主义、竞争力、自主性、公平性和出口服务全球化（芬兰大学通常称之为国际化）。我们现在将深入研究芬兰大学重新定位的复杂之处，并把重点放在国家—市场—大学的三角关系上。芬兰高等教育的文化特性是解释其历史变迁的关键。

历史轨迹

俄罗斯统治时期

芬兰的大学改革可以追溯至 1640 年，当时的瑞典王国统治着芬兰，奥博皇家学院（Royal Academy of Åbo），即图尔库大学（University of Turku）成立[1]。皇家学院的使命是为路德教派（Lutheran Church）

---

[1] 本节借鉴了赫尔辛基大学扬·维斯特的杰出研究。非常感谢我们之间的多次对话，他对政治历史了解深刻，并分享了对芬兰语作品的翻译和未发表的背景文件（2014 年 2 月 20 日）。芬兰大学历史的重要来源主要参考了下述文献：Matti Klinge, *Helsingin yliopisto 1640 - 1990* (University of Helsinki 1640 - 1990) (Helsinki: Otava, 1989); Jussi Välimaa, "Nationalisation, Localisation and Globalisation in Finnish Higher Education," *Higher Education* 48, （转下页）

培训公务员、医师、军官和神职人员。学院概念的早期转变源于
1809—1812 年的拿破仑战争（Napoleonic wars）；瑞典将芬兰移交给
了俄罗斯，芬兰成为俄罗斯帝国的一个大公国（Grand Duchy），拥有
了大学等内部事务的自主权[①]。在俄国沙皇亚历山大一世统治期间，
高等教育的早期改革扩大了当时的帝国大学（Imperial University），
并将其改造成为一所更有芬兰特色的大学，而不是瑞典式的高等教
育机构。帝国大学的使命是指导学生的道德标准，将他们培养成为
大公国的政府官员。和欧洲其他一些地方一样，洪堡关于道德成长
和学术自由思想（也被称为德国人文主义）对芬兰大学宗旨的演变做
出了贡献[②]。

在 1827 年图尔库大火之后，沙皇将图尔库大学迁至赫尔辛基
（1819 年起赫尔辛基被法定为芬兰首都），并将其更名为亚历山大帝
国大学（Imperial Alexander University）。尽管 1848—1849 年的欧洲
革命并没有真正在芬兰本土爆发，但人们对学生们引发动乱的潜在
可能表示担忧。为了避免这些情况，1852 年的大学改革扩大了教授
对潜在激进学生社团的控制。此外，芬兰建立国家认同的范围也有
所扩大，比如大学决定不再把俄语作为教学语言。哲学政治家约
翰·威廉·斯内尔曼（Johan Vilhelm Snellman）和他的同胞组织了芬
兰文化运动，创作民间传说和诗歌，体现了黑格尔在国家精神中思想
实现的传统。芬兰文化运动得到了政治民族主义者的拥护，他们提倡
发扬芬兰的语言和文学（芬兰的上层社会主要以瑞典语为母语）。在
大学里，文化和政治民族主义的日益结合引导着精英们为承担政府职

（接上页）no. 1（July 2004）：27 - 54. 此外，也要感谢尼古拉斯·史密斯，特别是在生成数据和
图 5.1 和图 5.2 方面（未发表的背景文件，2013 年 10 月 14 日）。

① 关于芬兰的政治斗争和战争的概况，参见 Fred Singleton, *A Short History of Finland*
（Cambridge：Cambridge University Press，1998）.

② Klinge, *Helsingin yliopisto 1640 - 1990*，46；Välimaa，"Nationalisation, Localisation and
Globalisation，" 33.

责和领导责任做准备。20世纪初,芬兰决定将芬兰语作为大学管理工作第二官方语言,提高芬兰语学生的录取人数,并增加教授职位。

政治独立与大学重组时期

继布尔什维克革命(Bolshevik revolution)之后,芬兰于1917年获得政治独立。这个时期芬兰的商业活动不断增长,也伴随着对差异化劳动力需求的增长以及阶层分化的加剧。在1918年芬兰内战期间,洪堡模式的沃土、受德国高等教育使命启发的亚历山大帝国大学关闭。当时,芬兰红军和白军之间爆发了战争,白军得到德国军队的支持。

在芬兰随后的国家建设中,一部新的大学法律被包括其中,这部法律解决了芬兰的语言问题,并暗含了芬兰民族主义的内容。芬兰的国立大学保留了双语文化。1923年,芬兰的立法对不同语种的教授职位数量进行了划分(芬兰语教授72位,瑞典语教授29位,双语教授3位)[1]。大学也继续保有实质性的自治,教授是决策的主导力量,并由一位顾问在国家层面出任学校代表。大学内部结构制定了开展业务的目标和方式,而教育部则执行政策。当时,教育部作为一个次要的治理机构,几乎不提供独立的措施[2]。

到20世纪50年代,芬兰的国家高等教育系统尚未形成。第二次世界大战后,芬兰从一个农业国家向工业化社会过渡。瑞典语的奥博学院(建于大约1918年)和芬兰语的图尔库大学(建于1920年)、奥卢新成立的省立大学、于韦斯屈莱师范学学院(Jyväskylä Pedagogy College,后来升格为大学)、社会科学学院(College of Social Sciences,即后来的坦佩雷大学 University of Tampere),以及之后发

---

① Westö, unpublished background paper, 15.

② Osmo Lampinen, *Suomalaisen korkeakoulutuksen uudistaminen—reformeja ja innovaatioita* (The Development of the Finnish Higher Education System—Reforms and Innovation) (Helsinki: Finland Ministry of Education, 2003), 25.

展起来的、以培养一批熟练劳动力为目标的应用技术学院,这些高等教育机构纷纷建立了自己的章程①。接下来芬兰面临的挑战是如何配置大众化高等教育。

国家高等教育扩张时期

20世纪60、70年代,芬兰大学向国家高等教育系统的转变经历了多个发展阶段。在芬兰不同的大学,学生录取名额的增加带来了学术课程的进一步标准化。一些工商业蓬勃发展的省市寻求创建本地区的高等教育机构,将其作为发展的标志并促进地区经济增长。区域化随之就意味着各省可以建立和建设自己的大学。

在高等教育的政治学中,赫尔辛基大学(其前身为亚历山大帝国大学)一家独大的地位成为一种不安的根源。于是,这家旗舰机构的学术精英和政府部门之间的权力平衡同样引起了人们的担忧。一位观察人士将这种情形描述为"没有中央政府的自由落体……这所大学的发展即将失控,监管过于松散,前景难以预测。"②鉴于这种趋势,人们认为有必要协调教育使命和政策。

另外,1968年,包括赫尔辛基在内的欧洲各地和欧洲以外地区的许多大学都爆发了占领旧学生大楼的运动,引发了大学改革。当时,芬兰大学的行政改革还没有在全国范围内立法。赫尔辛基大学在高等教育决策方面的权力也在很大程度上被政府和其他学术机构瓜分。

一部分私立大学因财政困难被国有化,其资产和债务包括其中③。国有化举措与如何充分利用国家资源的讨论不谋而合。于是

---

① 芬兰保留了大学和应用技术学院的双重体系。本章将重点讨论大学,仅简单提及应用技术学院。

② Jaakko Numminen, *Yliopistokysymys* (The University Question) (Helsinki: Otava, 1987),40.

③ Jaakko Numminen, *Yliopistokysymys* (The University Question) (Helsinki: Otava, 1987), 37-38;作者与赫尔辛基大学社会科学学院政治和经济研究系副教授图罗·维尔塔宁的讨论内容,赫尔辛基,2014年4月22日。

在 1967 年，芬兰实施了一系列高等教育发展法案（*Higher Education Development acts*），扩大了政府进入大学的机会，并为政府指导教育改革开辟了空间[①]。

在这种背景下，芬兰在各个领域的政策制定上留下了北欧社会民主福利模式的印记，包括学术界。虽然北欧各个福利国家之间存在差异，但有一个共同的因素是福利国家对社会凝聚力的强调。这个市场资本主义的管理框架是建立在阶层调和的基础上，强调国家经济参与和平等规范[②]。但在芬兰，"社会民主模式"（social democratic model）一词仍应慎用，尤其是在保守派或中右翼阵营掌权期间。

以芬兰为例，整个北欧地区的学术价值各不相同。正如许多分析人士肯定的那样，芬兰学校的标志性特征是合作与公平[③]。这并不是要忽视正在进行的辩论和反思。事实上，正是民主公民教育、鼓励批判性思维和保护学术自由的大学核心使命促进了观点的多元化。

复杂的是，瑞典语和芬兰语高等教育机构共存所体现的自治和多元主义的传统表明了分歧，但国家规划体系则要求标准化，即教育机构的趋同。对于政治参与者来说，平衡趋同和分化的任务变得复杂起来。当他们试图建立平衡时，在世界范围内不断变化的环境会改变这种平衡。对于芬兰的高等教育机构来说，地方和全球的教育融合成为一个棘手的问题。

全球化进程调整时期

20 世纪 80 年代，随着世界新自由主义思想和政策的发展，为了

[①] Jussi Välimaa, "Social Dynamics of Higher Education Reform: The Case of Finland," in *Reform and Change in Higher Education: Analysing Policy Implementation*, ed. Åse Gornitzka, Maurice Kogan, and Alberto Amaral (New York: Springer, 2005),248.

[②] 关于这种模式的学术文献很多。有关其特性的详细说明，可参见 Gøsta Esping-Andersen, ed., *Welfare States in Transition: National Adaptations in Global Economies* (Thousand Oaks, CA: Sage, 2004).

[③] Sahlberg, *Finnish Lessons*, 9.

完成经济合作与发展组织(Economic Co-operation and Development)确立的目标,芬兰放宽了对大学的中央集权,这样大学就有了更多空间来设定自己的发展道路。这种自我导向旨在提高生产力、效率和可证明的成果。报告和评估是检查目标实现的手段。政府提供资源,甚至每年增加拨款来换取大学的支持,尽管也会出现一些不一致的观点。

1986 年颁布的《高等教育发展法案》(*Higher Education Development Act*)采纳了盈利性原则。该原则不仅仅指成本效益的计算,也被描述为一种理念:"这种理念强调大学作为服务机构的作用,大学必须对社会需求作出反应和反馈,并提供所需的服务。"[①]盈利性原则预示着对芬兰大学宗旨的重新界定,即大学被定义为服务提供者。这一理念的实施恰逢 1993 年芬兰银行业危机引发严重的经济衰退,各大学预算出现紧缩。随着福利国家政策的调整,高等教育公共资金的削减鼓励了私人向大学提供资助。私营和公共部门都呼吁实施更严格的评估程序,在高等教育机构之间及其内部加强竞争。与这些期望相对应的是,1991 年成立的新兴技术学院(也被称为应用科学大学)为高等教育提供了额外的教学资源并进一步推动了高等教育的专业化,也加剧了学术提供者之间的分层,尽管这种分层是非正式的。因此,对高等教育机构表现的评估也变得更加系统化,特别是在 1996 年芬兰高等教育评估委员会(Finnish Higher Education Evaluation Council)成立之后[②]。作为教育文化部(Ministry of Education and Culture)下辖的公共机构,高等教育评估

---

① Osmo Kivinen, Risto Rinne, and Kimmo Ketonen, *Yliopiston huomen: Korkeakoulupolitiikan historiallinen suunta Suomessa* (The Future of the University: The Historical Direction of Higher Education Policymaking in Finland) (Helsinki: Hanki ja Jää, 1993), 221 – 27; Lampinen, *Suomalaisen korkeakoulutuksen uudistaminen*, 29.

② 由于 2014 年与芬兰教育委员会和国家评估委员会的合并,芬兰高等教育评估委员会成为芬兰教育评估中心。

委员会负责协助审查大学，帮助制定教育问题框架，并将芬兰大学与欧洲其他国家的改革联系起来。

　　与此同时，芬兰 1995 年成为欧盟正式成员国也带来了新的全球挑战。结合欧洲 2000 年颁布的《里斯本战略》(*Lisbon Strategy*)，即一项旨在推动全球信息社会经济增长的十年计划（尽管没有明确的高等教育计划），赫尔辛基政府鼓励利益相关者投资高附加值和知识密集型经济。自 20 世纪末 21 世纪初以来，芬兰在诺基亚公司(Nokia Corporation)的帮助下，一直寻求升级电信产业，并强调知识发展是实现经济繁荣的途径。大学被视为这一战略的关键部分。

　　与其他欧洲高等教育机构一样，芬兰的大学也因此进入了最佳实践、结果导向的资助和分权决策时代。芬兰教育部已经建立了一个数据库科塔(KOTA，后来被另一个数据库维布宁 Vipunen 部分取代)用来收集教育成本和结果的有关信息。数据库促进了盈亏分析和大学间的比较。一项新的《高等教育发展法案(1998~2004 年)》批准了芬兰大学与其他高等教育机构开展更广泛的国际合作，使芬兰大学的行政自治得到加强。新法案扩大了校长和院长的甄选范围，并允许非学术界人士成为理事会成员。因此，高等教育的指导机制将被重新设置。

　　在上述历史基础上，让我们从连续性和不连续性两个角度来看待大学的重新定位。接下来的讨论将展示芬兰高等教育机构如何在积极参与全球化力量的同时继续沿着国家历史道路前进。当然，大学改革的驱动力主要不是芬兰的内部或外部因素，而是内外部因素的独特组合。但这种组合是不固定的，也是不平衡的。排名系统等全球知识治理工具日益影响地方动态并跟踪跨国趋势。为了分析这些相互作用，我将逐一讨论重新定位芬兰大学的五个相关主题。

主　题

管理主义

在高等教育中,管理改革可以理解为适应日益上升的市场压力的一种努力,并与新公共管理(new public management)框架相联系。新公共管理框架寻求商业管理技术应用于公共服务,源于 20 世纪 80 年代英美国家的经验,当时由英国首相撒切尔和美国总统里根执掌权力①。新公共管理框架旨在精简大型政府机构,提高政府机构效率,促进政府机构与政府机构之间、政府机构与私营企业之间的竞争,形成消费者导向的管理模式。新公共管理框架还要求政府与私营部门企业签订合同,并在公共部门采用市场机制:竞争性招标和基于绩效的标准,包括排名、绩效薪酬和激励制度。虽然全球不同地区和国家已经以不同的方式采用了新公共管理框架,但是一个共同点是用企业技术运营包括大学在内的组织机构,尽管这些组织的任务、历史和文化截然不同。

在英国的高等教育机构中,新公共管理框架的应用过程包括为判定卓越(imputed excellence)和资金分配打分。该过程被称为英国科研评估体系(Research Assessment Exercise)和研究评价框架(Research Evaluation Framework)。尽管有人对这一管理框架的影响提出了各式各样的批评,认为这种管理框架歪曲了对新知识的发现并让学者们追逐金钱,但该框架可以重组大学的业务②。怀疑论者声称,新公共管理框架推动了企业自上而下的治理,但没有认真思考

---

① 从 20 世纪 90 年代初开始,美国总统比尔·克林顿和副总统阿尔·戈尔就支持新管理主义框架,他们改革和精简美国联邦政府的倡议被称为"国家重塑政府伙伴关系"。
② 英国布拉德福德大学(University of Bradford)社会分析荣誉教授查尔斯·赫斯本德发给作者的电子邮件内容,2014 年 4 月 10 日。

高等教育一直以来的目标。

新管理主义框架的论述及其实践对许多国家的政策制定者和资助者具有极大的吸引力,在世界各国的教育部和大学中根深蒂固,尤其是当市场萎缩时,比如21世纪初的欧洲。

与邻国一样,芬兰也不得不应对2008年全球经济危机和欧元区混乱的影响。对于欧洲国家(包括那些金融机构运行良好的欧洲国家)来说,这些衰退意味着主权债务和私人债务的累积,失业率的上升以及为稳定希腊、爱尔兰、葡萄牙、西班牙和塞浦路斯等国摇摇欲坠的经济采取援助计划或其他紧急措施[1]。在欧盟和国际货币基金组织就这些国家的紧缩计划进行谈判和监督的同时,包括芬兰在内的一些欧洲政客以此为契机在国内提倡紧缩预算,目标是减少社会支出并有效地从公共部门撤回大部分资金。

此时,芬兰经济低迷,公共部门财政和国家福利机构承受着更大的压力。由于纸张(一种出口商品)的需求量下降,芬兰纸浆行业也不景气了。再加上油价下跌、莫斯科入侵克里米亚引发的西方制裁以及该地区的"冷战"紧张局势,芬兰与邻邦俄罗斯的贸易大幅下滑。

当芬兰的移动设备业务停滞不前时,诺基亚这颗芬兰知识密集型产业皇冠上的明珠已经遭受了重创。芬兰约60%的出口收入来自技术产业,75%的企业研发投资集中于此,这一领域对芬兰经济的命运至关重要[2]。

网络游戏和绿色技术领域的新贵们已经涌现出来,但这些产业

---

① 详细讨论这些危机对芬兰的影响将使我们偏离主题,若想更进一步了解相关内容,请参见 Heikki Patomäki, *The Great Eurozone Disaster: From Crisis to Global New Deal* (London: Zed Books, 2013).

② Turo Virtanen, "Merging and Privatising to Reach for the Top: A New Finnish University of Technology, Business, and Art and Design," in *University Reform in Finland and Japan*, ed. Timo Aarrevarra and Fumihiro Maruyama (Tokyo: Center for National University Management and Finance, 2008), 62, http://www.teknologiateollisuus.fi/english/index.php.

规模并不大。拥有《愤怒的小鸟》(*Angry Birds franchise*)系列的游戏公司罗维奥(Rovio)正深陷财务困境。另一家出品了《蛮荒日记》(*Clash of Clans*)(一款手机游戏)的芬兰公司超级细胞(Supercell)在瞬息万变的商业环境中也难以维持其发展势头。因此,传统的造纸、采矿和金属企业也试图向新经济转型,但收效甚微。同时,诺基亚和其他芬兰公司面临来自爱立信等欧洲竞争对手以及中国华为和中兴通讯的激烈竞争[①]。为了增强竞争力,诺基亚将其手机部门出售给微软(Microsoft),并与法国电信设备制造商阿尔卡特—朗讯(Alcatel-Lucent)进行了整合。微软终止诺基亚品牌的智能手机业务后,诺基亚将品牌授权给中国台湾地区的大型科技公司富士康(Foxconn)和芬兰公司赫名迪科技公司(HMD Global)制造新的智能手机和平板电脑。在这个拥挤的市场上,全球参与者们采取了创造性破坏和整合战略。在全球范围内,并购往往成为管理者的首选,教育管理者对这类经验高度关注。

对于高等教育机构来说,政治压力加上国家资助的减少推动了私有化的扩大。在芬兰的案例中,高兹(Gorz)所谓的改良派改革(第二章)最初是渐进和自上而下的。这些措施在 21 世纪初得到了推动。教育文化部和财政部一直努力将芬兰的教育政策对标欧洲 2020战略,该战略描绘了欧盟协调经济发展和就业的努力[②]。根据欧洲2020 战略的指导方针,奥地利等欧洲一些历史悠久的高等教育机构与时俱进地进行了大学改革,芬兰政府也及时关注到了这些行动。

即便如此,教育文化部的一个主要担忧是,合格工人的短缺将破

---

① David J. Cord, *The Decline and Fall of Nokia* (Helsinki: Schildts & Söderströms, 2014); Daniel Thomas and Richard Milne, "Nokia Goes in Search of New Cash Machine," Financial Times, April 30,2014.

② Ministry of Finance, Republic of Finland, *Europe 2020—Strategy: Finland's National Programme* (Helsinki: Ministry of Finance, 2012), http://ec. europa. eu/europe2020/pdf/nd/nrp2012_finland_en. pdf (accessed April 8,2014).

坏经济增长的复苏①。因此，不同于其他经合组织国家，芬兰政府继续提供大部分的大学经费（见图 5.1），目前政府的直接资助占比 64%。不过，这一比例在 1990 年为 84%②。

根据芬兰目前的部署，国家拨款每四年一轮，而且是一次性拨款，没有用于特定的教育或研究活动，但面向研究项目的额外资助则是竞争性的。此外，政府还提供增量资金作为开发补充性资源的激励措施。芬兰科学院、芬兰国家技术创新局（Finnish Funding Agency for Technology and Innovation）、芬兰创新基金会（Finnish Innovation Fund）和芬兰国家技术研究中心（Technical Research Centre of Finland）等研究项目的支持机构也由政府提供资助。

图 5.1 世界银行的数据显示，与欧元区其他国家、美国及世界其他地方相比，芬兰在教育方面的公共支出占国民生产总值的比例明显高于平均水平③。自 1985 年以来，芬兰的这一比例一直领先美国、欧元区、经济合作与发展组织以及世界平均水平④。1981—2010 年，芬兰高等教育的公共支出占国民生产总值的比例约为 6.85%（见图 5.1）。U21 大学联盟（Universitas 21）对 48 个国家高等教育系统的

---

① Ministry of Education and Culture, Republic of Finland, *Education and Research 2011－2016*: A Development Plan (Helsinki: MEC, 2012), 12, http://www. minedu. fi/export/sites/default/OPM/Julkaisut/2012/liitteet/okm03. pdf (accessed April 8,2014).

② Jussi Välimaa et al., "Discussion: Finnish Higher Education Faces Massification and Globalisation," in *Finnish Higher Education in Transition: Perspectives on Massification and Globalisation*, ed. Jussi Välimaa (Jyväskylä, Finland: Institute for Educational Research, University of Jyväskylä, 2001),214.

③ World Bank, *World Development Indicators*, last modified April 19, 2014, http://databank. worldbank. org/data/views/variableSelection/selectvariables. aspx? source = world-development-indicators (accessed April 10,2014).

④ 但如果将私人支出考虑在内，那么，美国、韩国、加拿大和智利的资金水平最高。Universitas 21 and the Melbourne Institute of Applied Economics and Social research, *U21 Ranking of National Higher Education Systems 2012*, University of Melbourne, http://www. universitas21. com/article/projects/details/152/u21-ranking-of-national-higher-education-systems (accessed April 21,2014).

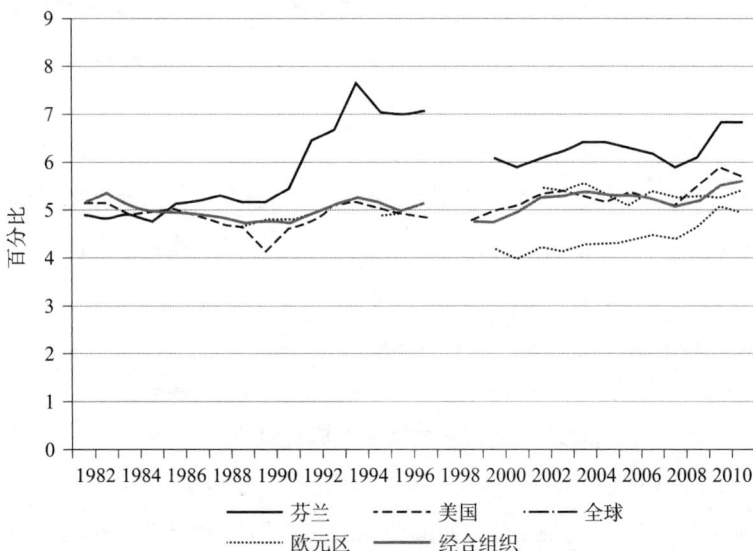

图 5.1　1981—2010 年教育支出占 GDP 的比例

来源：World Bank, World Development Indicators, last modified April 9, 2014, http://
databank. worldbank. org/data/views/variableSelection/selectvariables. aspx? source = world-
development-indicators. (accessed April 10,2014).
注：未获取 1997 年和 1998 年的数据。此外，高等教育支出涵盖在中小学教育的支出内。

排名证实了世界银行的这一结论[1]。

　　然而，到 2012 年，芬兰财政部决定分阶段实施"调整措施"和"旨
在缩小总体可持续性差距的结构改革方案"[2]。其资金缺口与人口老
龄化速度有关。人口老年化的显著变化削减了公共财政，因为与老
龄化有关的支出增加，而劳动年龄人口减少[3]。退休人员比例的上升

[1] Universitas 21 and the Melbourne Institute of Applied Economics and Social research, *U21 Ranking of National Higher Education Systems 2012*, University of Melbourne, http://www. universitas21. com/article/projects/details/152/u21-ranking-of-national-higher-education-systems (accessed April 21,2014).

[2] Ministry of Finance, Republic of Finland, *Europe 2020—Strategy*, 23.

[3] Ministry of Finance, Republic of Finland, *Europe 2020—Strategy*, 23.

意味着，相对于那些正在为福利制度奉献的劳动年龄人口，越来越多的老龄人口需要政府的支出。

图 5.2 显示了人口压力对公共财政的影响程度。1981—2012 年期间，65 岁及以上人口的比例从 12％上升至 18％。在同一时期，芬兰 15—64 岁的人口比例从 68％降至 65％。

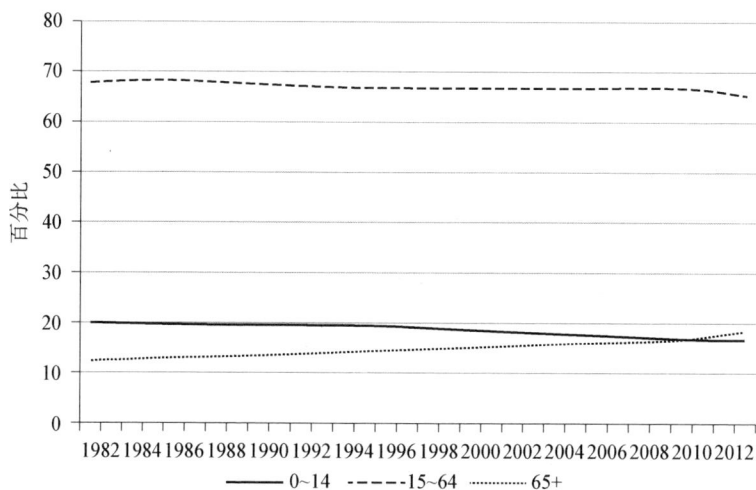

图 5.2　1981—2012 年芬兰人口年龄分段

来源：World Bank, World Development Indicators, last modified April 9, 2014, http://databank. worldbank. org/data/views/variableSelection/selectvariables. aspx? source = world-development-indicators. (accessed April 10,2014).

同时，芬兰公立大学系统也面临着将新技术纳入其学术项目的挑战。由于芬兰拥有自己的信息和通信技术部门，技术创新在芬兰高等教育中并不罕见。即便如此，公私合作、科学园区的知识节点、研发企业、企业孵化器的兴起，以及由此带来的对资助项目的竞争要求，这一切都加速了大学的重新配置。除了教育文化部和高等院校本身，知识结构的要素还包括无数的参与者，其中包括芬兰财政部（Ministry of Finance）、就业与经济部（Ministry of Employment and the Economy)、科技政策委员会(Science and Technology Policy Council)(后更名为研究与创新委员会 Research and Innovation Council)和芬兰国家技术研究中心。现在的任务是如何防止这些参与者之间的相互联系失去控制。

不仅仅是协调问题,更大的问题是如何应对市场、政治、人口和技术力量的混乱状态对芬兰大学的影响。大学必须应对快速变化的全球环境带来的破坏。其应对举措体现在 2009 年颁发的新的《大学法案》(Universities Act)中,该法案与欧盟委员会的"里斯本战略"、经合组织的举措以及博洛尼亚进程的改革措施一脉相承,被视为芬兰在全球市场获得竞争优势的一种方式。这项立法的出发点是使高等教育机构在研究和教学方法上更有效率,意在合并大学,理顺行政结构。这项改革的前提是相信大型机构比分散的小型机构拥有更多的资源。附加值将是增加与企业的联系,加强与全球知识经济的联系。

竞争力

2009 年颁布的《大学法案》经历了多年的酝酿。这项法案的准备工作包括在教育部的讨论、小型专家组、背景备忘录、芬兰历史上大学改革的评估、高等教育政治中的指导机制分析以及论坛讨论[①]。

到 2007 年,教育部开始为新的改革立法。2009 年,《大学法案》经签署生效后,于 2010 年正式实施。议会、部委、工会和学术界的利益相关者本身尚有许多实际问题未解决。在这些领域里,大学的目标和业务有待协商[②]。

---

① Osmo Lampinen, *Suomalaisen korkeakoulutuksen uudistaminen—reformeja ja innovaatioita* (Reform of Finnish Higher Education), No. 25 (Helsinki: Ministry of Education, 2003),4; Erkkilä and Piironen, "Reforming Higher Education in Finland," 133; author discussion with Virtanen.

② Council of State, Republic of Finland, "University Law Reform Is under Preparation," press release, June 7, 2007, http://www.minedu.fi/OPM/Tiedotteet/2007/06/Yliopistolain _ uudistusta_valmistellaan. html (accessed March 2,2014).

考虑到对高等教育机构间竞争的公共监管，机构设计者把目光投向了监管改革的目标。这些监管旨在提高标准，并保证大学之间的差异不等同于质量上的差异。在这方面，竞争是受到限制的[1]。尽管如此，提高全球竞争力依然是大学使命宣言的中心主题。在向学校的传统和价值观致敬的同时，赫尔辛基大学的校长也表示："我们的战略目标是通过将资源投入到世界一流的研究和教学设施建设，跻身世界前 50 的顶尖大学之列。"[2]赫尔辛基大学已经位列世界前 100 名，正在向更高的梯队迈进。在努力跻身顶尖精英大学的同时，赫尔辛基大学 2013—2016 年的战略规划与 2009 年《大学法案》确立的三项主要监管改革保持一致。

首先，大学不再是国家机构，而是"独立的法人实体"。作为公共企业，大学可以拥有和管理自己的建筑，进行投资以及利用利润来支持学术活动。芬兰的 14 所大学（之前是 20 所）中有 2 所以基金会为依托。在芬兰，基金会是国家注册实体，负责资金管理并有权将资金用于科学研究或博物馆活动等特定目的。阿尔托大学（Aalto University）和坦佩雷理工大学（Tampere University of Technology）都符合私法[3]的规定。其中，阿尔托大学经历了一系列合并，由 3 所大学合并而成。根据法规，芬兰 14 所大学的全体教师和管理人员都不再是公务员身份，他们与雇主签订合同。实际上，大学管理层在雇佣和解雇员工方面更加灵活，但具体的管理部署并未统一，因机构

---

① Turo Virtanen, "The Finnish Model of Higher Education Quality Assurance in International Perspective," in *Higher Education Reforms in Finland and China : Experiences and Challenges in Post-Massification Era*, ed. Yuzhuo Cai and Jussi Kivistö (Tampere, Finland: Tampere University Press, 2011),179.

② University of Helsinki, *Strategic Plan for the University of Helsinki 2013 - 2016*, 7, http://www. helsinki. fi/strategia/pdf/strategia_2013-2016_eng. pdf (accessed April 29,2014), emphasis added.

③ 私法，相对于公法，一般而言指的是规范私权关系的法律。

各异。

其次,大学理事会现在是大学的主要决策机构[1],负责大学业务和战略。根据规定,这些理事会的规模小于从前。至少有 40% 的理事会成员是外部代表,也就是说,他们来自校外。这一比例低于立法草案中的 50%,他们至少构成少数投票席位,而多数代表来自学术界。此外,校长由理事会提名,而此前则由大学教职员工和学生选举产生。2009 年的改革扩大了校长的权力,校长实际上成为了大学法人的执行者,有义务执行理事会的决定。无论出于何种意图和目的,这种治理上的转变减少了内部民主决策。传统上,由教授、其他教研人员和学生三方构成的大学学院发挥了积极的作用,但新的法案对其进行了限制[2]。

第三,按照新管理主义框架的方法,更多的重点将放在绩效考核和基于绩效的资助上。各种各样的汇报开始纷至沓来。大学的管理是以结果为导向的,因为大学必须与政府谈判以获得新的资助,面临日益加剧的外部收入竞争压力,并且已经接受了高度强调透明度的审计文化。

这一系列改革的结果包括更多大学内部和大学之间的学术单位进行了合并,将现存的机构合并成一个单一结构或成为联盟的成员。大学愈发依赖短期合同而不是长期合同。芬兰学者表示,各个层面没完没了的报告压缩了用于研究和教学的时间。普遍的观点认为,

---

[1] Jarkko Tirronen and Terhi Nokkala, "Structural Development of Finnish Universities: Achieving Competitiveness and Academic Excellence," *Higher Education Quarterly* 63, no. 3 (July 2009): 219 - 36; Jussi Välimaa, "The Corporatization of National Universities in Finland," in *Universities and the Public Sphere: Knowledge Generation and State Building in the Era of Globalization*, ed. Brian Pusser et al. (New York: Routledge, 2012), 101 - 19.

[2] Timo Aarrevarra, "Oh Happy Days! —University Reforms in Finland," in *Cycles of University Reform Japan*, ed. Richard Dobson and Fumihiro Maruyama (Tokyo: Center for National University Management and Finance, 2012), 81 - 84.

不断申请稳定职位和资金的需要势必会影响到学术。

　　总之，这些过程奖励胜利者的成就，而不是芬兰大学预科教育中所强调的集体表现。这种脱节还伴随着另一种转变：行政权力的上升，并将责任下放给各学术单位及其管理人员。分权与自治密切相关。

自治

　　名义上，芬兰的改革旨在加强大学的自治[1]。但是自治的概念是什么呢？如果自治的要素发生了变化，谁的自治会岌岌可危，或者可能会受到威胁？

　　自治作为一项原则，在西方哲学中具有悠久的历史，在不同的情境下具有不同的含义。自治的概念贯穿了古希腊传统，从德国理论家伊曼努尔·康德（Immanuel Kant）到洪堡等的人文关怀，以及美国约翰·罗尔斯（John Rawls）对正义和自决的自由主义思想。

　　在芬兰，宪法规定了"大学自治"的原则[2]。从这个意义上说，法律认定高等教育机构是一个特殊的存在。但是，自治的概念已经超出了这个术语的正式意义，而且有三种用法。

　　首先，学术自治意味着学术自由。本质上，这意味着学者们可以自由界定和追求自己的研究兴趣，但必须以道德的方式行事。换言之，学术自由不是绝对的。随之而来的责任包括尊重学生的权利，限制某些形式的言论，通常是限制特定类型的仇恨言论和具有破坏性的煽动言论。此外，学术自治不仅仅是个人探索和表达的问题，而是通向集体权力的桥梁。这种自治意味着横向治理，而不是自上而下

---

[1] 关于芬兰高等教育的自主性，我非常感谢与赫尔塞克大学政治和经济研究系副教授泰罗·埃尔基莱，以及当时赫尔辛基大学芬兰研究生院的博士生奥西·皮隆内，与他们的交流令我受益匪浅；Piironen, "The Transnational Idea of University Autonomy and the Reform of the Finnish Universities Act," *Higher Education Policy* 26, no. 1 (March 2013): 127 – 46.

[2] Ministry of Justice, Republic of Finland, *The Constitution of Finland* (Helsinki: Ministry of Justice, 2011), http://www. finlex. fi/fi/laki/kaannokset/1999/en19990731. pdf (accessed April 25,2014).

的规章制度。

　　第二,行政自治可以为大学高层管理者提供更多影响办学方向的空间,因此,机构自治影响了参与式治理和民主治理。

　　第三,对芬兰来说,机构自治在质量保证等领域是显而易见的。虽然政府根据教育领域来规定学位的数量和决定授予学位的大学,但正如我们所看到的,每所大学都应该定义质量并评估自己的教育活动。芬兰高等教育评估委员会已经对程序进行了审核,并且可以要求重新审核。经合组织等全球治理机构是这些程序在国家层面上的改革参照点,可以评估芬兰系统并提供外部评审。欧洲高等教育质量保证协会(European Association for Quality Assurance)推动了标准的统一[1]。

　　芬兰的机构自治意味着公众和政府相信高等教育机构对自己的程序和质量负责。调查研究揭示了这种模式。2012 年"欧洲生活质量调查"(European Quality of Life Survey)显示,芬兰人高度信任公共机构(但他们不信任政客和政党)[2]。同样,2013 年度的"科学晴雨表"(Science Barometer)显示,超过 70％的受访者都高度信任芬兰的警察、国防部队和高等院校[3]。

[1] European Association for Quality Assurance in Higher Education, *Standards and Guidelines for Quality Assurance in the European Higher Education Area* (Helsinki: ENQA, 2009), http://www. aqu. cat/doc/doc_19019963_1. pdf (accessed May 3,2014).

[2] Eurofound, *Third European Quality of Life Survey—Quality of Life in Europe: Trends 2003 - 2012* (Luxembourg: Publications Office of the European Union, 2013), http:// digitalcommons. ilr. cornell. edu/cgi/viewcontent. cgi? article = 1347&context = intl (accessed May 17,2014); author discussion with Timo Hämäläinen, Sitra Fellow, Finnish Innovation Fund, Helsinki, May 12,2014. 作者与芬兰创新基金会芬兰国家研发基金研究员蒂莫·海迈莱伊宁(Timo Hämäläinen)的讨论内容,赫尔辛基,2014 年 5 月 12 日。

[3] Finnish Society for Scientific Information, *Science Barometer 2013* (Helsinki: Ministry of Education and Culture, 2013), 12 - 24, http://www. minedu. fi/OPM/Verkkouutiset/2013/ 11/sciencebaro. html? lang＝en (accessed May 17,2014). 关于各国公众对大学的信任和怀疑的差异,参见本书第一章。

　　在这种高度信任的氛围下，大学不仅可以自行建立研究评估模式，而且还可以决定是否邀请外部评估人员。芬兰的公共拨款和贷款并没有像美国那样与评估结果密切相关。芬兰高等教育评估委员会的评估人员及其继任评估组织芬兰教育评估中心（Finnish Education Evaluation Centre）都把重点放在大学追求质量保证目标的过程上。

　　因此，芬兰的机构自治哲学和实践都是由文化传递的。芬兰高等教育系统的显著特征仍然是诚信、共同协商和广泛参与，包括学生加入自我评价和审计小组。在讨论这个问题时，赫尔辛基大学学生会（Student Union）的一位代表解释道，大学的文化是为了共同利益而奋斗，学生把自己当成顾客是不合理的。在她看来，平等精神体现在学生之间、学生与教授之间的社会关系上[①]。

　　与这些内部因素交织在一起的是，大学越来越明显地感受到与外部参与者协调的压力。特别是，争取外部资金的竞争需要有助于自治范围的调整，这一点在向欧盟框架计划和结构性基金的转变中表现得很明显。芬兰本身缺乏深厚的捐赠传统；对大学的慈善捐款没有惯例，也不享受免税政策。芬兰的私人基金会和捐赠基金支持一些学生、教授职位和文化活动（例如，那些与保持和发展瑞典语社区传统有关的活动）[②]。外部资金在大学总预算中所占份额虽小，但在不断增长。

　　在瞬息万变的环境中，大学—市场关系是财务自治的核心问题。

---

① 作者与赫尔辛基大学学生联合会专家（高等教育政策和教学发展）安尼·劳塔宁（Anne Rautanen）的讨论内容，赫尔辛基，2014 年 4 月 30 日。

② 芬兰的私人基金资助机构包括：Jane and Aatos Erkko 基金会、Svenska Kulturfonden 基金会、Suomen Kulttuurirahasto 基金会、Jenny ja Antti Wihurin Rahasto 基金会、Emil Aaltosen Säätiö 基金会、Koneen Säätiö 基金会和瑞典文化基金会（Swedish Cultural Foundation）。同时，芬兰议会向一个研究机构——芬兰国际事务研究所提供支持，一些智库与政党保持密切的联系，而像赫尔辛基德莫斯（Demos Helsinki）等智库则与资助者保持更远的距离。

值得注意的是，那些大学掌舵人在基金管理上享有特权，但在与商界打交道时，他们也可能会失去机构的自主权。政府放松了监管，帮助高等教育机构在市场上寻找机会。对于国家来说，此举的出发点在于控制成本和向世界一流的标准靠拢。要想脱颖而出，大学就需要吸引外部资金。这条发展道路与欧盟战略一致，即注入市场价值。而且，区域指南与全球叙事类似，但存在环境上的细微差别。

最终，这归结于谁在控制大学作为争论和反思的空间。随着政府直接监管的放松和市场关系的扩张，高等教育机构自身也在主动进行监管改革。例如，大学审计作为规范核算的一种形式，跟踪大学改革的实施情况，通过诸如计分方法等市场实践加以规范，并用所谓"基准指标"（benchmark indicators）的数字来衡量质量。然后，知识的有用性被认为意味着相关性、影响和可量化的结果，这些结果用A、B或C类出版物的引用频率等标准来加以评判。

这种系统从2015年开始在教育文化部的资助模式中使用，成为提高国际舞台知名度的一种激励措施和排名系统中的一项重要因素。但是，谁来决定哪些内容是相关的，哪些期刊更重要？这种认知验证是否会阻碍或排斥非传统思维及其挑战？而且面对教育全球化，当英语出版物而不是本地和区域刊物被赋予高评价时，如何重新界定国家语言？对芬兰这样的小语种国家及其知识结构的发展又有怎样的长期影响？

问题是，营利性活动的"孵化器"可能会偏离大学追求真理的宗旨。此外，大学"自治从何而来"（autonomy-from-what）的表述需要修改，因为在大学里更重要的问题是，自治是为了什么目的以及为了谁的目的。为了在芬兰语境下找到答案，我们将再次寻找历史的动力。

公平

上文所描绘的趋势是形成芬兰学术价值观的核心，特别是大众化作为福利国家议程的一部分增加了国内学生接受高等教育的机会。随着高等教育区域化政策的推行，大学教育的机会遍及芬兰东南部、东北部、东部、拉普兰区（Lapland）等传统地区的分界线。虽然大学主要分布在赫尔辛基、图尔库、坦佩雷和约恩苏（Joensuu）等大城市，但芬兰较偏远的地区开设了一些与其特殊环境相关的课程，如拉普兰大学（University of Lapland）的"北极研究"。分校区、大学中心和没有固定地点的研究和教学单位也在没有成熟高等教育机构的城市中陆续出现，例如波里（Pori）、卡亚尼（Kajaani）、科科拉（Kokkola）、拉赫蒂（Lahti）、米凯利（Mikkeli）和塞伊奈约基（Mikkeli）。当然，机构治理的方案和形式各不相同，但它们共同的任务是将民主公民教育的原则付诸于大学实践中。芬兰大学一直在努力解决如何重新平衡公平的指导思想和社会分层的动态。

在推进芬兰大学的办学宗旨现代化的进程中，语言和民族、性别以及高等教育机构之间的差异引发的公平问题仍然特别具有挑战性。芬兰宪法奠定了基石，它不仅认可了芬兰语和瑞典语及文化的权利，而且还承认了原住民发展他们自己语言和文化的权利[1]。

在我们这个时代，以芬兰语为第一语言的居民人数占绝大多数：2014 年为 487 万，占总人口的 89%。同年，讲瑞典语的人数只占芬兰总人口的 5.3%，低于 1920 年的 11%[2]。在这种形势下，赫尔辛基大学最近的改革规定了用瑞典语教学的教授职位的最低数量，设立了瑞典语教学协调委员会，并配备了一位讲瑞典语的副校长。此外，学校还规定了区域学生组织的作用，其中为讲瑞典语的学生设立了四个席位，为支持他们的知识活动提供良好的环境，请注意，学生组

---

[1] Ministry of Justice, Republic of Finland, *The Constitution of Finland*, 4.

[2] Anni Lassila and Aleksi Teivainen, "Swedish Speakers Outnumbered by Foreign Language Speakers," *Helsinki Times*, May 1 - 7, 2014; Jan Westö, unpublished background paper, April 4, 2014.

织是自治的^①。

到目前为止,历史的力量和法律的规定已经解决了语言问题,民族问题也不是一个新问题。虽然芬兰是一个相当均质的国家,但拥有不同的少数民族。据《芬兰统计》(*Statistics Finland*)的数据,讲萨米语的芬兰人有1 903人^②,其他萨米人更精通芬兰语,也精通萨米语。在芬兰,另一个讲芬兰语的民族是罗姆族,他们在芬兰居住了五百多年,长期以来遭受偏见和歧视。这10 000名既是罗姆人,也是芬兰人的罗姆人,他们享有芬兰宪法赋予的发展本民族语言和文化的权利。但萨米人和罗姆人不仅遭受了不公平待遇,而且在芬兰议会(Finnish Parliament)中也几乎没有代表。为了揭示这一历史遗留问题,北极大学(University of the Arctic)和奥卢大学(Oulu University)开设了萨米研究课程。该课程关注少数民族的语言、文化和历史问题,以及与其他原住民和自然环境的联系。

在芬兰日益多元化的社会中,外来移民不断涌入,以讲俄罗斯和爱沙尼亚语的新移民人数居多。此外,有超过1万人的母语是索马里语、英语、阿拉伯语或库尔德语。高等教育机构面临的一个关键因素是精通芬兰语和跨文化交流。语言教学需要成本,但可以带来社会和经济利益,尤其是考虑到芬兰人口老龄化和劳动力市场的明显需求^③。

与语言和民族问题一样,性别平等也是一个持续进步与挑战并

---

① Universities Act 558/2009 (as amended up to 315/2011), 26 and 34, http://www. finlex. fi/en/laki/kaannokset/2009/en20090558. pdf (accessed May 20, 2014).
② 数据来自拉西拉(Lassila)和泰瓦宁(Teivainen)的报告《讲瑞典语的人口超过了讲外语的人口》(*Swedish Speakers Outnumbered by Foreign Language Speakers*)。据推测,这一数字指的是母语为萨米语的人。
③ 数据来自拉西拉(Lassila)和泰瓦宁(Teivainen)的报告《讲瑞典语的人口超过了讲外语的人口》(*Swedish Speakers Outnumbered by Foreign Language Speakers*)。据推测,这一数字指的是母语为萨米语的人。

存的问题。女性在高等教育学位课程中占主导地位是经合组织的总体趋势，特别是北欧国家已经成为教育和政治上促进性别平等的标杆。事实上，世界银行的数据显示，芬兰在欧盟和全世界都是女性高等教育入学率最高的国家之一[①]。芬兰48％的女性和31％的男性拥有高等教育学位[②]。而且，47％的政府部长和43％的议会成员由女性出任（相比之下，这一比例在美国和英国分别为17％和22％）[③]。

　　然而，有研究报告称，芬兰大学的女性学者存在一道"玻璃天花板"（glass ceiling）并记录了这些阻碍。以女性主义学者的研究成果为背景，约翰娜·坎托拉（Johanna Kantola）提出了这样一个问题：为什么女性从芬兰的高等学府中消失了？[④] 基于赫尔辛基大学某个院系的案例研究、统计调查结果以及关于性别分工和性别化运作的大量访谈数据，坎托拉强调在就业竞争、教学任务、支持程度、博士生指导实践方面存在微妙的歧视：偏袒男性内部人士，压制女性的声音以及其他带有性别歧视的行为[⑤]。当然很难以她在一个院系的深入

① World Bank, *World Development Indicators*, http://databank. worldbank. org/data/views/variableSelection/selectvariables. aspx? source = world-development-indicators (accessed April 10, 2014).

② World Bank, *World Development Indicators*, http://databank. worldbank. org/data/views/variableSelection/selectvariables. aspx? source = world-development-indicators (accessed April 10, 2014).

③ 女性占据了60％的政府职位，参见 Pasi Sahlberg, "Why Gender Equality Matters in School Reform," *Washington Post*, September 6, 2012; Johanna Kantola, 'Why Do All the Women Disappear?' Gendering Processes in a Political Science Department," *Gender*, *Work and Organization* 15, no. 2 (March 2008): 203.

④ Kantola, 'Why Do All the Women Disappear?' citing Liisa Husu, *Sexism*, *Support and Survival*: *Academic Women and Hidden Discrimination in Finland* (Helsinki: Social Psychological Studies 6, University of Helsinki, 2001), and Husu, "Women's Work-Related and Family-Related Discrimination and Support in Academia," in *Gender Realities*: *Local and Global*, *Advances in Gender Research*, vol. 9, ed. Marcia Texler Segal and Vasilikie Demos (Bingley, UK: Emerald Group Publishing, 2005), 61 - 99.

⑤ Kantola, "'Why Do All the Women Disappear?'"

研究来一概而论,也很难对其人种学证据进行更新。况且,人们也不会指望大学公布的官方数据会考虑到她的那些细微发现。尽管如此,赫尔辛基大学的记录显示,近几年来,女性在教学和科研人员总数中所占比例约为一半,但在高级职位中比例偏低。2013 年,在最高职级(4 级)中,女性比例为 28%,而在次高职级(第 3 级和第 2 级)的职位中,女性比例为 52%[①]。

分层的另一个标志是大学之间的差异化。虽然教育文化部承诺为所有大学提供公平的资金,但大学是分层的,其使命也不完全相同,而且设有各种各样的专业。赫尔辛基大学仍处于主导地位,获得了芬兰所有大学约 1/4 的公共资金[②]。作为一所研究型的综合大学,赫尔辛基大学在吸引额外收入方面比那些规模较小、专业性更强的大学更具优势。考虑到芬兰的高等教育规模,人们甚至可能会认为芬兰整个高等教育系统就是一所多校区大学,拥有不同的分支机构和教师队伍[③]。但请记住,芬兰 14 所大学总共招收了 16.8 万名学生(11.4 万名全日制同等学历学生)[④]。

在这种情况下,结构性问题促使每所大学都从事利基营销,在芬兰被称为"研究优势分析"(profiling)。2009 年的改革放大了大学之间的差异。依托私法由基金会运营的 2 所大学(阿尔托和坦佩雷理工大学)都在不断增强竞争力,以获取公共部门拨款以外的资源。而

---

① *University of Helsinki Annual Report 2013*, http://www.helsinki.fi/annualreport2013/figures.html (accessed May 20, 2014).

② Aarrevaara, "Oh Happy Days!—University Reforms in Finland," 86-90.

③ Seppo Hölttä, "The Finnish Higher Education System—Governance and Funding," *University Reform in Finland and Japan*, ed. Aarrevarra and Maruyama, 108. 赫尔特认为经合组织评估小组将芬兰系统比作一个多校区的大学。

④ Ministry of Education and Culture, Republic of Finland (Tomi Halonen, Department for Higher Education and Science Strategy and Steering Group), "HE and HE Funding Models in Finland" (Helsinki: MEC, April 30, 2014), unpublished. 根据同一信息源,应用技术学院还有 14.8 万名学生(11.4 万名同等学历学生),由国家和市政府共同资助。

且，阿尔托大学在募集私人资金方面已经取得了初步成功。

在教育文化部的拨款中，以成果导向和绩效为基础的拨款引发了各大学之间更激烈的竞争。例如，我们可以看到教育文化部以下这份声明的精神："国家拨款通过计算分配，质量、影响与盈利能力高于平均水平的大学将会获得最高的收益"。随着出版物质量成为政府资助机制的评估指标之一，人们预计大学之间的差异将继续扩大①。

关于研究成果的判断是如何做出的？尽管大量的出版物没有计算在内，但现在大学的知识生产序号计划已经付诸实施。参考挪威、丹麦和澳大利亚在大学分类方面的经验，芬兰的大学已经自行设计了评估学科研究质量的工具。在芬兰一次校长会议的推动以及芬兰学术团体联合会（Federation of Finnish Learned Societies）的监督下，来自 23 个专家小组的 200 多名专家对国内和国际出版物渠道进行了评级：即期刊、系列论文、会议和图书出版商。他们考量了大约 2 万份期刊和系列丛书以及 2 000 家出版商。评级分为三个等级：①基础级②领先级③顶级。这个引文分析系统的目的是基于芬兰独特的文化、历史和社会特征，从芬兰自己的角度，给予两种官方语言的出版物应有的支持。

这些评级应该用于大学整体水平的评估，而不是用来评估研究人员个体，确定具体某所大学的拨款，或做出招聘决策②。不过，对文献计量学的担忧依然存在。这些评级工作的长期影响是否会危害出版物的创造力、跨学科及对重大问题研究的思考，还有待

---

① Ministry of Education and Culture, Republic of Finland, "Vahvemmat kannusteet koulutuksen ja tutkimuksen laadun vahvistamiselle" (Stronger Incentives to Strengthen the Quality of Education and Research) (Helsinki: MEC, 2014), 16.

② Otto Auranen and Janne Pölönen, "Classification of Scientific Publication Channels: Final Report of the Publication Forum Project (2010 - 2012)," https://www.tsv.fi/julkaisufoorumi/english.html? lanf = en (accessed May 9, 2014).

考察①。

芬兰举办的"出版论坛"(*Publication Forum*)活动表明,在关于质量保证的全球辩论中,芬兰努力去发出一个小国的声音并减缓国际力量的冲击;对于芬兰国内而言,该活动则是学术界对政府要求制定评估机构绩效工具的回应。这混合了国际国内两种趋势。不过,有争议的部分是,学术研究质量是不可数的,而且受到管理问责的数字化指标约束。这些监管改革是否会阻止制定研究议程的冒险行为并进一步重新定位大学,仍是一个悬而未决的问题。

此外,2009 年大学改革的这种分类机制基于一个明确的前提,即大学可以自主采用不同的机制来开展自己的活动。因此,这种知识生产的指导方式似乎符合芬兰的治理方式。教育文化部规定了目标、制定了流程并寻求大学同行之间的合作与共识,学者们也参与到了研究质量的决策中来。同时,这种方法也与欧盟标准整体趋同,但没有完全照搬。事实上,没有人认为欧盟的测量指标能为芬兰的独特国情提供自由空间。

上述趋同与分化之间的相互作用与全球化战略相关联,通常芬兰大学称之为国际化。国家和区域各级政府将全球化战略纳入了大学的资助公式。

全球化出口服务

在芬兰和其他地方,大学全球化被视为改善高等教育系统和建立更强经济竞争力的途径。芬兰的专业教育被视作一种重要的出口产品②。对于一个大学毕业生供过于求的国家来说,知识贸易是一桩潜在的大生意。市场开发、跨境技能课程、学院设计、教师教育以及

---

① Sami Pihlström, "Academic Publishing and Interdisciplinarity? Finnish Experiences," *Human Affairs* 24, no. 1 (January 2014): 40-47.

② 芬兰政府没有编制关于知识出口的经济价值的数据。在教育文化部和其他正式文件中,教育出口服务不作为单独的项目处理,而是归入其他统计类别。

管理人员的能力建设受到越来越多的重视。芬兰大学是提供这些服务投标竞价的重要参与者，他们重点关注选定的国家，其中包括沙特阿拉伯、中国和撒哈拉以南的一些非洲国家[①]。

在跨国知识业务中，芬兰涉足全球治理网络的历程非常丰富，在这里不一一展开。多年来，芬兰向发展中国家的贫困地区提供了发展援助，并为联合国专门机构和世界银行等机构提供了专业知识。对于捐赠者来说，芬兰闻名遐迩的学校教育是教育知识的象征。同样，芬兰在国内大举投资知识创新和发展技术密集型经济的经验也被誉为典范。

一些全球治理机构已经聘请了芬兰的顾问来指导其海外项目和培训业务。反过来，芬兰也已准备好参与到知识主体的集群中：不仅是国际合作和发展的双边和多边机构，更是欧盟整体改革议程的提供者，以协调质量保证标准和规范。

政府部门不断推动芬兰在全球教育和研究市场上提升竞争力。大学拨款的资助公式记录了进出芬兰的师生流动，授予外国学生的硕士和博士学位，以及国际上的竞争性研究经费。芬兰政府已经建立了如 FinNode 这类意在激发创新并鼓励与市场企业建立伙伴关系的半官方机构和促进学生跨境流动的国际流动中心。政府还鼓励大学在新兴技术方面更积极地开展商业活动，增加知识出口。

在芬兰政府的激励下，每所大学都制定了自己的国际化战略和目标。不过，国际化在芬兰大学还是一个相对较新的事物，发展水平较低。根据《芬兰统计》，芬兰学生流出数超过流入数：2010 年芬兰出国留学人数为 10 123 人，而进入芬兰的国际学生数为 8 990 人；2011年两者分别为 9 913 名和 9 172 名；2012 年则分别为 10 014 名和

---

① 作者与坦佩雷大学管理学院教授塞波·赫尔特(Seppo Hölttä)的讨论内容，赫尔辛基，2014 年
5 月 8 日。

9655 名[1]。在 2012 年授予的学位中,国际学生占 5.1%:其中学士学位 0.8%;硕士学位 7.8%;博士学位 16.3%[2]。

直到近年,芬兰才开始收取学费,但资助学生交换项目和在欧洲高等教育区域之外运营海外学习项目的成本相当高。即使可以向非欧盟及非欧洲经济区的学生(约占芬兰国际学生的 77%)收取学费,但收费只适用于一些硕士课程。教育文化部估计,芬兰大学国际学生每年的教育成本达 1200 万欧元(约合 1648.24 万美元)。[3] 尽管有奖学金计划(某些情况下由政府资助),芬兰大学也鼓励出国留学,但芬兰学生对这些机会的兴趣有所下降。[4]

芬兰的人口流动也存在问题。芬兰正经历着人才流失,离开芬兰的高学历人才多于迁入芬兰的人[5]。许多潜在的游客和移民都认为芬兰的恶劣气候、人民所享有的社会储备以及独特的语言都是融入芬兰学术文化、社会和工作环境的障碍。

这些组织结构和文化问题固然重要,但关于知识经济的区域和全球讨论同样突出。支持新自由主义的欧盟政策已经影响了芬兰的

---

[1] Irma Garam, *Facts and Figures—Summary 3C/2013*: *International Mobility in Finnish Higher Education in 2012* (Helsinki: Centre for International Mobility, 2013), 3, chart 1, http://www.cimo.fi/services/publications/facts_and_figures_summary_2_2013 (accessed May 20, 2014).

[2] Statistics Finland, "University Education—University Students in 2012," appendix, table 5, Saantitapa: http://tilastokeskus.fi/til/yop/2012/02/yop_2012_02_2013-06-19_tau_005_fi.html (accessed May 20, 2014).

[3] Katja Boxberg and Aleksi Teivainen, "Tuition Fee Trial Flops," *Helsinki Times*, April 10–16, 2014.

[4] Ministry of Education, "Strategy for the Internationalisation of Higher Education Institutions in Finland 2009–2010" (Ministry of Education, 2009), 14, http://www.okm.fi/export/sites/default/OPM/Julkaisut/2009/liitteet/opm23.pdf?lang=fi (accessed May 18, 2014)

[5] Ministry of Education, "Strategy for the Internationalisation of Higher Education Institutions in Finland 2009–2010" (Ministry of Education, 2009), 14, http://www.okm.fi/export/sites/default/OPM/Julkaisut/2009/liitteet/opm23.pdf?lang=fi (accessed May 18, 2014)

监管改革,大学资助公式等政策工具使其适应本土环境①。即使经过了多重筛选,但结果也改变了在全球市场中重新定位的大学所使用的教学语言。的确,全球、区域和国家惯用语的混合并不是以一种单一的方式表达,这些差异表现在很多方面。

不同理念

2009 年的《大学法案》在赫尔辛基和其他城市引发了人们的街头抗议,这在芬兰并不常见,因为芬兰人民很少公然抵制由政党联盟领导的政府。示威者(主要是学生)占据了赫尔辛基大学的主楼。但抗议活动的规模很小,持续时间也不长。他们以游说、学者檄文和慷慨陈词等方式反对大学改革,一些还以经验证据加以论证。一种经常听到的立场是,改革的支持者和反对者都赞同民主原则和资源公平分配原则,但他们对政策调整持不同意见②。

在芬兰,学术活动人士在工会运动中找到了代表。其中,芬兰研究人员和教师联合会(Finnish Union of Finnish Researchers and Teachers)有时与芬兰大学教授联合会(Finnish Union of University Professors)合作,但是大学社区的成员们一般都是在临时聚在一起的。在 2009 年改革的喧嚣中,大部分声音来自社会科学、人文和法学院,很少有自然科学领域的声音③。反对收取学杂费得到了绿党(Greens)、左翼联盟(Left Alliance)和瑞典人民党(Swedish People's Party)三个党派的支持。

---

① 戈里齐亚试图理顺影响政策制定的各种因素,参见 Åse Gornitzka, "Channel, Filter or Buffer? National Policy Responses to Global Rankings," *Global University Rankings*, ed. Erkkilä, 75 - 91。

② 作者与劳塔宁的讨论内容。

③ 现任芬兰外交部(Ministry for Foreign Affairs of Finland)高级研究员,赫尔辛基大学的奥西·皮隆内给作者发送的邮件内容,2013 年 7 月 9 日。

　　关于大学改革的争论愈演愈烈。改革的实施既引发了人们的深入思考，也引起了恐慌。人们提出了一些需要探究的问题：与自治相对的是什么？大学合并要达到的目的是什么？学费向谁收取？

　　高等教育机构的领导者们欢迎大学在行动自由的基础上实行自治，即大学可以管理自己的内政。在这个由 14 所大学和 24 所应用技术学院组成的分立型高等教育系统中，大学可以自己理顺结构。合并校园、学院、系所、研究所和图书馆是为了引领创新，激发创造力和减少重复。其出发点是大学与监管部门关系越松散，大学就越能获得更有效筹资渠道。可以肯定的是，芬兰目前的发展形势是，大学必须找到新的方法来收回办学成本并提供优质教育①。

　　然而，批评人士对来自商业世界的自治，自治对学术项目的影响以及大学教职人员的工作条件等提出了质疑。一些教授拒绝改革，他们不愿意提交时间管理报告，而仅获较低奖学金的博士生们也拒绝支付他们大学办公室的租金②。这些抗议行为大多是象征性的；异议持续到了 2015 年，芬兰 3 所大学的数千名示威者同时抗议政府的紧缩计划以及教育开支的大幅削减计划。同样，芬兰国家图书馆（赫尔辛基大学的一个独立研究所）的馆长拒绝了裁员 25％ 的指令，给出的理由是文化遗产受芬兰宪法保护，而教育文化部的命令违反了这一授权。面对民众的抵制，政府认为图书馆作为大学的一部分不能回避裁员的问题，不过可以减少裁员人数。

　　关于收取学杂费的分歧出现在了公开辩论中，同时出现在媒体上。许多大学改革的支持者赞成收费，他们认为芬兰已经对其他社会服务收费，例如医疗保健和日托等③。丹麦等欧洲国家的大学也已

---

① 作者与赫尔辛基大学前校长卡里·赖维奥（Kari Raivio）的讨论内容，芬兰赫尔辛基，2014 年 5 月 12 日。
② 皮隆内向作者发送的邮件内容。
③ 作者与赖维奥的讨论内容。

经开始收取学费，而前文中提到的澳大利亚和其他国家的毕业生在达到一定的收入门槛后则会补交学费。

一项提案建议芬兰政府只发放一张学位教育券，更高的学位则由学生自己付费。然后，大学将会争夺这些学位教育券。按照设想，这场竞争可以提高教学质量[1]。但这项提案遭到普遍的反对，几乎没人赞同芬兰公民支付学费，一定程度上是由于这种做法背离了人们的普遍观点，即免费大学教育是一项权利，不应受经济因素的影响。与我探讨过的许多人都来自芬兰不同地区的社会经济背景，并证明了免学费的福利政策使他们得以获得大学学位，如若没有这项政策，他们就不能享受到目前的社会福利。他们引用了芬兰从农业社会向工业化社会转型的故事，在这个过程中，信息技术、知识和教育是主要的推动力。由于对人力资源方面的公共投资，仅占世界人口 0.1% 的芬兰，若以科学论文的发表来衡量，现在已创造了全球 1% 的知识[2]。

争议围绕着非欧盟和非欧洲经济区学生的学费问题。这项倡议的支持者们表示，芬兰负担不起资助他们的费用，许多海外学生也没有留下来工作。但另一方面，也有人认为海外学生的来源国支付了他们的大学前教育，而芬兰只招收了顶尖的学生，芬兰其实已通过增加知识经济净值获益[3]。另一种担忧是，价格歧视阻碍了芬兰想要吸引的有前途的国际学生。此外，学费问题还激起了支持"门户理论"（gateway theory）的情绪：对一大批国际学生收取学费是迈出向国内学生强行收费的第一步[4]。反对向非欧盟学生收费的人则认为，这是

---

[1] 维尔塔宁在与作者讨论时表达了这一主张。

[2] 作者在赫尔辛基市与芬兰芬兰科学院前院长、芬兰国际事务研究所前所长拉伊莫·韦于吕宁（Raimo Väyrynen）的讨论内容，2014 年 5 月 14 日。

[3] 作者与赫尔辛基大学世界政治学教授泰沃·泰瓦伊宁的讨论内容，芬兰赫尔辛基，2015 年 12 月 9 日。

[4] Boxberg and Teivainen, "Tuition Fee Trial Flops."

大学私有化的突破口,而且这不符合芬兰人的情感信念。

另一个问题是,福利政策以社会团结和平等的根本价值为基础。在这场辩论中,大学改革引发了关于身份政治和伦理道德的深层次问题,围绕着谁是局内人和局外人,是否应该划出这种明显的界线,以及如何确保机会平等等问题展开。

初心已逝?

芬兰试图应对全球和区域经济危机的严重影响,但在可持续福利方面面临着经济和政治上的落差。芬兰在经济增长水平、公共债务、青年失业、收入不平等和人口老龄化等方面的现状都给高等教育支出带来了压力。如何解决负担能力的问题、维护国家教育成果、更新大学系统成为一个难题。总的来看,芬兰采用的应对之策是修改北欧的福利模式,包括调整政策工具、大学和规范价值观的链条。

在芬兰政府的高等教育指导机制中,关键的政策工具是大学资助公式。教育文化部定期调整高等教育机构"核心"资助和"战略"资助的比例:在最新的公式中(2013年),分别为90%和10%。核心资助方面,科学出版物占13%;竞争性研究经费占9%;国际化占6%。战略资助包括大学的战略计划、计划的实施、国家服务及科学政策目标[1]。在资助范围内,教育文化部与大学进行谈判,并要求大学在招生等问题上设定目标。在芬兰这样的小国家,根据其人口统计数据和不同职业即将退休的情况,绘制趋势和预测需求并据此进行规划并不困难。

芬兰精简了政府直属的部级机构,高等教育机构将自行负责执

---

[1] Ministry of Education and Culture, Republic of Finland, "HE and HE Funding Models in Finland."

行谈判达成的协议，因此，各大学将建立一个基础结构来评估自身绩效的基础设施，并为下一个战略资助周期设定具体的绩效目标。据了解，教育文化部相信各大学可以完成他们的协议目标。

与英美政府机构不同，芬兰教育文化部认同社会责任的概念。受惠于纳税人的高等教育机构被认为要对公众负责。在芬兰教育界，人们普遍认为大学对社会的贡献是长期的，而不是以短期措施为主。教育文化部则认为，由公众选举产生议会制定了该部门的运作框架。在选举后，新的执政联盟起草新计划，而教育文化部的任务是执行这些规定，并在预算政治中支持大学①。教育法案由议会起草，再经委员会审议，通常无需修改就获批准。

事实上，议员们通常会关注他们所在地区的利益（即"家门口"大学与当地选区的商业和劳动力市场的一种联系）和与高等教育排名相关的地位，而不是大学资助公式的具体应用。政治家们把这项任务委派给了教育文化部的部长和工作人员。尽管教育文化部偶尔会就法律问题与议会交涉，但它可在大学的议程设置上行使酌处权。当教育文化部拨款时，每所大学要决定资金的内部分配，整个过程按常规步骤进行②。

尽管如此，芬兰还是出现了一种新的矛盾。虽然芬兰的质量保证不应该纳入对个别高等教育机构的资金分配中，但教育文化部对绩效的强调终究是与公共财政的权力联系到一起的。考虑到质量保证和金钱之间的这种关系，怀疑论者认为教育部的拨款公式直接束缚了大学的手脚；除了遵守监管措施，大学几乎别无选择。人们担心这种结构会导致盲从。公立大学如何能拒绝遵守这个公式呢？这些

① 作者与芬兰教育文化部常务秘书长安尼塔·莱赫考宁的讨论内容，芬兰赫尔辛基市，2014 年 5 月 15 日。

② 图罗·维尔塔宁发给作者的电子邮件内容，2014 年 5 月 28 日、2014 年 6 月 2 日和 2015 年 12 月 8 日。

机构(包括两所私立大学,主要是在法律形式上的私立)如何能承受失去大部分的国家财政支持,同时还要面对人事、学术计划和维护方面的大幅削减? 目前的问题是,这一指导方针将把芬兰引向何方?

所有迹象表明,一个半规范的系统正在形成[①]。芬兰正在发展一种新的北欧福利私有化模式[②]。其特点是政府对经济的大量干预、慷慨的社会供给、社团主义、在多个利益相关者之间对话的共同信念、采用新的管理方法以及转向在公共部门中逐渐增加市场机制的使用。在这种组合中,软性政策工具被用来模拟公共机构内部的市场。徽标、商业语言和数值方法等若干符号都在发挥作用。越来越多的大学在市场实践中实行自我监管。虽然大学的风格各异,但其高层管理人员们都喜欢为学者们奉上亲市场的诱惑,常见的有战略规划的标准框架、可量化的结果、绩效测量指标和排名等。像科塔和维布宁这样的数据库都是监测合规性的信息系统。

为了配合大学改革,国家重新部署了可支配的财政资源。尽管有人认为大学教育和研究是一个有利于整个社会的特殊领域,但高等教育的公共支出与私人支出的比例正在下降。在这个被削减的北欧社会民主模式中,市场的等级制度逐渐削弱了平均主义。大学的营利性活动,如与制药公司合并,或由高等学校拥有或经营医院,都可能背离了大学追求真理的宗旨,导致利益冲突。

我很快注意到,这种模式与某些全球治理机构政策的分配结果是一致的,例如欧盟地区、世界银行、世界贸易组织和一些(但不是所有)旨在增进福祉的大型基金会项目的政策[③]。不过,去深入分析这

---

① 我在本段中的阐释在很大程度上要来自于 2014 年 4 月 9 日和 28 日与世界政治学教授海基·帕托迈基在赫尔辛基大学的讨论内容,但这里所表达的观点只由我一人负责。

② 作者与莱赫考宁的讨论内容;John Kvist and Bent Greve, "Has the Nordic Model Been Transformed?" *Social Policy & Administration* 45, no. 2 (April 2011): 146-60.

③ 关于资助者活动的经验证据,参见第三章和第六章。

些结果会使我们偏离主题,而其他研究业已得出了令人信服的数据①。可以说,联合国开发计划署和国际劳工组织等机构只保留其社会民主愿景的残余部分就足矣②。

　　芬兰人非常天真地信任全球治理组织和实践,这种天真并不幼稚。在芬兰加入欧盟并认可联合国机构的理念之后,全球治理组织经历了大规模的变革,其中欧盟将教育领域的变革称为"现代化议程",目的是获取竞争优势。出于所有实际目的,该计划正变成量化管理方案。标准和质量越来越多地与资助公式挂钩,并由一系列指标来衡量③。然而,对于像芬兰这样的小国家来说,标准取决于谁来定义标准和控制数据。

　　始终存在的问题是,芬兰互信、合作和平等主义的核心价值观能否在那些与全球话语越来越趋同的大学中得到保留,还是说这些价值观会在高等教育机构的重新定位中消失? 要解决这一困境,就需要根据不断变化的全球格局,回归最简单的方式来"打磨"大学的

---

① 例如,Murphy,The United Nations Development Programme；Jan Klabbers,"Marginalized International Organizations：Three Hypotheses Concerning the ILO," *China and ILO Fundamental Principles and Rights at Work*，*ed*. Roger Blanpain（AH Alphen aan den Rijn, Netherlands,and Frederick,MD：Aspen,2014),181 - 96.

② 参见第三章第二节。这里应该强调的是,那些更具批判性的机构或其内部声音已经被弱化。例如,依赖性分析人员的灵感来自劳尔・普雷维什(Raúl Prebisch)在联合国拉丁美洲和加勒比经济委员会(UN Economic Commission For Latin America and the Caribbean)聚集的一群天才经济学家,现在该委员会采取更传统的策略。联合国跨国公司中心（UN Centre on Transnational Corporation)从纽约联合国总部迁至日内瓦,并被改建为联合国贸易和发展会议(United Nations Conference on Trade and Development)的办事处,其影响力明显减弱。自20世纪70年代以来,联合国的一些专门机构同样也面临人们对于社会福利政策的反对,趋于压力减弱了他们对社会保护政策的提倡。尽管国际机构具有批判性的思想家都寻求重组,但总的来说,他们并没有在新自由主义的范围内重新崛起。在学术文献中,这一整体模式尚未被整合在一起,需要进一步的研究。

③ 参见 Erkkilä,Global University Rankings；Kevin Davis et al. ,eds. ,Governance by Indicators：Global Power through Classification and Rankings（New York：Oxford University Press, 2012)；Ossi Piironen,"Transnational Governance by Numbers：Rankings as Mechanisms of Governing"（PhD diss. ,University of Helsinki,2016).

宗旨。

在这个以创意设计著称的工业国家，人们把大部分的社会福利托付给了大学，希望依托重新设计的策略，保护文化遗产的珍贵价值和向后代传递这些价值的机构。

第六章
后殖民经验: 乌干达

　　与美国和芬兰的案例研究一样,乌干达对大学的重新定位揭示了历史、文化价值观和权力的微妙关系①。尽管本章对乌干达给予了特别关注,但也指出了许多后殖民国家高等教育机构面临的共同挑战。本章揭示了内部和外部要素相结合的方式,这种方式改变了机构的规范和实践。本章的任务是探索知识的跨境结构如何运作。这场讨论将考察的是,在一个正在努力攀登世界政治经济阶梯的国家中,庞大的全球网络和大学改革之间的相互作用。

　　乌干达的高等教育发展将被分为三个时期:

　　(1) 从 19 世纪开始,乌干达人民就被灌输了殖民主义叙事,接受了殖民教育。这种制度削弱了乌干达的社会机构,并试图抹杀乌干达人民的智慧。殖民主义淡化了体现文化传承的地方故事;带来了一种不同形式的等级教育,植入了不同于本土知识的思维方式;改变了当地的道德文化。

　　(2) 随着反殖民主义民族主义的兴起,大学成为政治独立(1962年乌干达独立)的象征。民族主义者(即乌干达人民自己)担任了决策和管理的职位。他们保持着一种西方导向的精英大学文化,这种

---

① 关于本章内容,我很感谢尼古拉斯·T·史密斯提供的宝贵帮助和建议,感谢他多次与我展开有益的讨论。

文化是他们在学生时代所接触的。但这种国家主导的教育很快就遇到了问题,如与当地知识分子之间的矛盾、资源短缺以及来自全球治理机构的压力。雪上加霜的是,经济动荡和独裁政治削弱了高等教育的核心使命。

(3)从20世纪80年代至今,乌干达的高等教育培育了强调效率、生产力和竞争的市场价值,而不是学术价值。乌干达的大学一直支持大众化,在资金不足的情况下,大学把大部分经济责任转移给了学生个人及其家庭。20世纪80年代以来,乌干达的改革举措因机构不同而大相径庭。虽然改革以立法的形式开始,但并不够正式,没有像第四章和第五章中所列举的法案那样成文和详尽。然而,批判性地审视关于人们如何谈论和思考大学重新定位的叙述对分析非常重要。而且,乌干达重新定位大学的做法具有普适性。

下文将详细介绍乌干达改革框架的四大支柱:治理转移、行政分权、私有化和全球参与。这些重叠的因素构成了改革的核心要素。虽然乌干达的大学体系仍然是国家财力的象征,但许多观察人士仍在思考如何彻底改革旧的结构,因为旧结构被视为历史时代的残骸,不适应当前的需求(这一主题将在本章结尾处讨论)。

需要注意的是,本章讨论的重点是乌干达历史最悠久和最著名的大学麦克雷雷大学,并尽可能多地关注乌干达的其他大学。但凡有时间和研究支持,我会更广泛地铺开研究网络,访问更多的大学校园,然而,受到现实条件的制约,我的实地调查工作很有限。尽管如此,这所顶尖大学在重新定位方面的经验已经在乌干达整个教育系统中激起了涟漪。

历史试金石

在考察乌干达的历史背景之前,我想先说说我在乌干达的个人经历。当时的乌干达正处在后殖民主义初期，我可以将这段经历与殖民主义后期的情况进行比较。这样做的目的是可以创造一个评估的"试金石"。

在 1967—1968 年间，我在坎帕拉东非大学（University of East Africa）攻读非洲研究的硕士课程。两年后，我回到乌干达，成为麦克雷雷社会研究所的研究助理和麦克雷雷大学政治学和公共管理系的新晋教师，那时学校已经不再是一所区域性大学的分校。在那段快速发展的时期，麦克雷雷大学因其高水平的教育质量赢得了赞誉。

我记得当时和肯尼亚著名小说家、戏剧家恩古齐·瓦·提安哥（Ngũgĩ wa Thiong'o），在特里尼达斯出生的诺贝尔奖获奖作家 V·S·奈保尔（V. S. Naipaul），挪威和平研究先驱约翰·加尔通（Johan Galtung）等一些伟大作家和社会科学家交流观点。这些想去麦克雷雷大学访问或立足且充满创新思想的思想家们的称赞足以反映这所大学的卓越地位。总而言之，这些思想家们遍布全球，从发达国家到发展中国家、从西欧到东欧。冷战时期，来自世界各地的学者们一起工作，共同关注后殖民时期的境况。同时，学生们也同样来自非洲和世界其他地区的各个国家，其中一些学生是为了逃离冲突地区。

在那个时候，要了解卓越，我们并不认为一定采用"客观"方法去培养思维习惯、求知欲和对学习的热爱。当时大学排名尚未问世。高等教育机构的高层次人才争夺还没有开始。乌干达的大学也没有加入全球竞争。我们成功的标准是知识带来的愉悦、对思想的着迷、新刊物的发行、学者间激烈的辩论、许多学术中心对麦克雷雷大学学术项目的关注，以及吸引各类学者和实践者来参加学校的国际会议。人人都醉心于发展高等教育，大家都有了默契。从这个角度来看，我开始相信知识只关乎质量，与数量无关，即使是在瞬息万变的时代。

我真的很享受麦克雷雷大学的辉煌岁月，至今还沉浸在我的好运中。我们忙于有关殖民主义的持久影响、国家议程和知识去殖民化的辩论。辩论的内容是推动历史的力量和如何实现美好生活。在这些道德推理问题上，我们与其他学者和政府官员们在重大政治问题上争执不休。课程包括指导课程，即指导个别或一小群学生，要求分析、阅读和定期提交论文。学术界和政策界的主要人物会聚集在学校主楼的大礼堂进行辩论。这些人物中也不乏公共智识人士，包括坦桑尼亚总统朱利叶斯·尼雷尔（Julius Nyerere）、圭亚那历史学家沃尔特·罗德尼（Walter Rodney）和麦克雷雷大学的政治学系主任（肯尼亚人）阿里·马兹瑞（Ali Mazrui），他们所有人都能鼓舞听众，激励年轻一代的学者和活动家。但另一种命运等待着这所大学。出于下文所示的原因，这所大学一落千丈，以至乌干达人民普遍对高等教育系统感到失望。

在我们这个时代，美化历史是不正确的。玫瑰色的记忆掩盖掉真实发生过的故事。我们回不到麦克雷雷大学传奇历史的黄金时代。当地环境和跨国挑战已经重构了大学的业务。然而，回顾乌干达高等教育的创新精神可以帮助重振知识结构。记忆研究表明，在乌干达和其他国家，拥有一个更好的知识社群是可能的。记忆不仅是历史，而且是识别消除行为和恢复模式的方法。从这个意义上说，为大学复兴找到合适的对策是一个棘手的问题。这种重新崛起的动力可能从高等教育机构所走的道路中产生。

历史背景

独立前夕

从长远来看，乌干达的教育改革源自前殖民时期和殖民时期，当时市场经济加速了阶级的形成。更多的分化意味着分工更加专业化。对训练有素、经验丰富的劳动力需求不断增加。早期的培训包括本土知识和生活技能①。传教士和商人、教会学校、神学院和宗教学校的到来提供了读写能力的培训，由此也带来了社会流动。1894年乌干达成为英国的受保护国后不久，传教士引入了实体教育机构，教会和殖民国家借此培养了一个受过教育的阶级，以维护办公室、铁路、公路等基础设施。到 20 世纪，高等教育的功能是培养公务员和培训当地人民，使其具有加速经济增长的能力。

在非洲大部分地区，大学教育是在政治独立之后出现的。然而，北非有着不一样的历史，南非则是另一种特殊的情况，宗主国在乌干达等少数殖民地建立了大学②。乌干达高等教育机构的发展可以直接追溯到 1922 年创办的麦克雷雷技术学院（Makerere Technical College）。4 年后，为了大力发展其高等教育，许多技术课程被转移到坎帕拉技术学院（Kampala Technical College）③。到 20 世纪 30 年代，殖民地政府设立了高等教育课程，目的是为劳动力市场输送以教师和官员为主的本土精英。

1949 年，麦克雷雷大学学院（Makerere University College）成立，其学生毕业后获得伦敦大学（University of London）学位。然而，坎帕拉和伦敦的这种联系于 1963 年终止，当时麦克雷雷大学与内罗毕大学、达累斯萨拉姆大学一起成为东非大学的成员学院。这所跨国

---

① J. C. Ssekamwa, *History and Development of Education in Uganda* (Kampala: Fountain Publishers, 1997).

② Akilagpa Sawyerr, "Challenges Facing African Universities: Selected Issues," *African Studies Review* 47, no. 1 (April 2004): 4,56n1. Michael J. Schultheis, "Globalization and Education in Africa," *Chiedza Journal* (forthcoming),舒尔特海斯在"非洲的全球化和教育"一文中指出，菲斯（摩洛哥）的卡拉维因大学（Qarawyin University）成立于 859 年，开罗的阿扎尔大学（Azhar University）于 975 年成立，廷巴克图大学（University of Timbuktu）（马里）创立于 12 世纪，而欧洲最古老的大学博洛尼亚大学建立于 1088 年。这些早期大学的创立日期很难确定，因为他们是不断发展的，而且君主或宗教当局没有颁布正式法令。

③ Kenneth Ingham, *The Making of Modern Uganda* (London: George Allen and Unwin, 1958), 163.

大学把周边国家联系在一起,体现了文化和政治上的泛非主义理想。但是强大的民族主义力量正在崛起①。这三所学院于 1970 年各自独立,麦克雷雷大学成为一所名义上的独立大学。

随着殖民地的独立,人们很快就清醒地意识到,一所悬挂着国旗的大学不等于是一个传达本土规范和信仰的系统。例如,晚餐时的高桌和礼服(长袍)象征着牛津剑桥的习俗,殖民地风格的等级制度依然存在。乌干达面临的挑战是改变近代殖民主义教育系统,并认识到发展的需要。

恩古齐(Ngũgĩ)在他的《思想的去殖民化》②(Decolonising the Mind)一书中,面对了这样的困境:非洲大学的课程应该以什么为核心?非洲作家应该用哪种语言表达自己?是具有国际吸引力和更高商业价值的宗主国语言,还是当地母语?如果是后者,那么在多语种社会中又该用哪种?恩古齐立场明确,拒绝了英语叙事的首选地位,高度重视在世界范围内的自我表达。考虑到他的读者群体,恩古齐决定用基库尤语(Gĩkũyũ)和斯瓦希里语(Kiswahili)创作,然后再译成英文。他试图将语言作为自强的手段。

恩古齐关于"寻求相关性"的论述明确地包含了由学习热情推动的基于本土的国际主义③。从他的角度来看,这是一个顺序问题,即欧洲和其他知识集合在他们自己的语境中呈现给读者的顺序。根据恩古齐的说法,重要的是要知道从何处着手:非洲,民主和国家的观点应该得到传播。但是,他也强调,一个知识集合不一定要掩盖另一

---

① 参见 James H. Mittelman, *Ideology and Politics in Uganda : From Obote to Amin* (Ithaca: Cornell University Press, 1975).

② Ngũgĩ wa Thiong'o, *Decolonising the Mind : The Politics of Language in African Literature* (London: James Currey, 1986; Nairobi: Heinemann Kenya, 1986). 这部论文集探讨了与物质剥夺有关的认识论排斥问题,掀起了一股后殖民主义著作的热潮。

③ Ngũgĩ wa Thiong'o, *Decolonising the Mind : The Politics of Language in African Literature* (London: James Currey, 1986; Nairobi: Heinemann Kenya, 1986),87 - 109.

个知识集合。

在这方面，恩古齐的推理与不同的西方哲学家相交叉，比如布鲁姆和娜斯鲍姆等认为，教育在一定程度上挑战了求同的压力，激发了想象力，教育与一个人的职业生活和个人生活"相关"。在谈到大学的宗旨时，恩古齐同样强调教育机构应该激发人们对知识的兴趣："目的是向学生灌输一种对文学的批判性热爱，这既能鼓励学生在以后岁月中继续求知，又能确保这种追求卓有成效。"[①]乌干达的大学在多大程度上满足了恩古齐提出的这一愿望，而他本人正是麦克雷雷大学的毕业生。

后殖民时代初期

乌干达的许多学者与恩古齐一样，都希望拥有本土化的学习。然而，随着殖民地独立的开始，当时乌干达唯一的大学麦克雷雷并没有详细的议程。这所大学被公认为乌干达国家建设的核心机构，但学校在知识生产和公民教育方面的具体作用还有待确定。在这个阶段，发展的迫切需要压倒了大学教育的崇高目标。

20世纪60年代以后，非洲"第一代"研究人员从海外学成归国（留学地主要是美国和欧洲）并试图领导麦克雷雷大学[②]。这些归国的乌干达人在学院和管理部门任职，这些职位以前由外籍人士担任。越来越多的乌干达人认识到，大学有助于培养民族认同感和归属感。乌干达艺术家和青年作家的作品是这场改革的重要组成部分。课程包括了发展研究的新课程。历史学的争论涉及了主体问题。如果殖民历史将殖民者描述为历史创造者，那么要如何改写这些剧本，让非洲人民走到台前，被世人看到？但究竟是政治领袖、士兵、阶级、种

---

① Ngũgĩ wa Thiong'o, *Decolonising the Mind: The Politics of Language in African Literature* (London: James Currey, 1986; Nairobi: Heinemann Kenya, 1986), 99.

② Thandika Mkandawire, "The Challenge of the Third Generation of African Academics," CODESRIA Bulletin, no. 3(1995): 9.

族、妇女、宗教团体或其他问题呢？此外，研究问题和公共政策可获取的数据是不完整的，缺乏官方数据。学者们必须引用可靠的信息进行分析。

"发展型大学"（developmental university）支持国家目标[1]。麦克雷雷大学最初的办学宗旨和实践都与政府项目捆绑在一起，是国家的附属机构。麦克雷雷大学的作用是为公共服务培养公职人员和各类专业人员，服务经济发展。就大学本身而言，国家为大学提供了几乎所有的资金。一开始，左派、中间派和右派的学者们都接受了这一默契的交易。这所大学是国家独立的果实，然而，其后续发展却不尽如人意。

学者们希望维护学术自治。知识分子寻求获得辩论、创造力和学术自由的空间。毕竟，大学一定是批判性反思的庇护所，即便并没有脱离社会环境。但是麦克雷雷大学相对于政治领域的回旋余地很小，衡量空间也变窄了。大学必须依靠国家获得收入，政府试图加强对学术的法律和管理控制。他们通过了 1970 年《麦克雷雷法案》（*Makerere Act*），随后又颁布了 1971 年的《大学和其他第三级教育机构法案》（*Universities and Other Tertiary Institutions Act*），确保了政府对大学的控制。这项法案在没有大学利益相关者参与的情况下获得通过[2]。为了适应政治和经济环境的不断变

---

[1] 关于"发展型大学"的思考，参见以下文献：Mahmood Mamdani, "University Crisis and Reform: A Reflection on the African Experience," *Review of African Political Economy* 20, no. 58 (November 1993): 7 - 20; Thandika Mkandawire, "Running While Others Walk: Knowledge and the Challenge of Africa's Development," London School of Economics and Political Science Inaugural Lecture, Chair of African Development, April 27, 2010, http://eprints. lse. ac. uk/55395/1/Mkandawire_Running_while_others_walk_LSE_African_Initiative_ 2010. pdf (accessed November 6, 2014); Nico Cloete, Peter Maassen, and Teboho Moja, "Higher Education and Different Notions of Development," *IIE Networker* (Spring 2013): 21 - 23.

[2] Nakanyike B. Musisi and Nansozi K. Muwanga, *Makerere University in Transition*, 1993 - 2000: *Opportunities & Challenges* (Oxford: James Currey, 2003), 13.

化，这些法案后来都进行了重新修订。本章接下来也会重新审视这部分法例。

从中央集权到混合模式的转换

尽管麦克雷雷大学曾是一个享有盛誉的"国家机构"，并努力复苏当地知识，但学校还是受到了财政支持下降的影响。民族主义精英们有他们自己的政治和经济利益；他们同时还面临其他地方利益相关者和全球潮流趋同的压力。

在这个节骨眼上，新自由主义思想在美国和英国兴起，迅速蔓延到包括东非在内的世界其他地区。全球治理机构宣传了这项新的改革议程。在第三章中，我们提到过世界银行正是制定新自由主义政策框架的全球性机构之一。世界银行的非洲问题专家就乌干达教育的最佳实践提出了建议，重点是放松监管、自由化和私有化。通过以协调作用、技术建议、标准改革方案为条件的贷款项目、已设定的分类措施以及对这些措施的解释，这家位于华盛顿的机构成为了乌干达高等教育政策的指南针[1]。乌干达的批评人士对世界银行的影响并不乐观，认为世行的程序不仅是全球金融体系中的一个关键因素，也是一项社会技术[2]。

鉴于乌干达统治精英的利益和世界银行的优先事项之间的联系，世界银行对高等教育的支持落后于对中小学的资助。在 20 世纪 80 年代，为提高效率和更好地满足劳动力市场需求，世界银行主张削减高等教育资助，重新分配资源用于培训。世界银行和洛克菲勒基金会的大卫·科特（David Court）表示，20 世纪 90 年代，麦克雷雷大学五年的财政改革改变了学生免学费的政策（此前学费由国家资

---

[1] Samoff and Carrol, *From Manpower Planning to the Knowledge Era*, 28 - 31.

[2] 例如亚什·坦登的著作《摆脱对援助的依赖》，参见 Yash Tandon, Ending Aid Dependence (Nairobi: Fahamu Books, 2008).

助），要求 70％的学生支付学费①。伴随着政府对学生人均资助的大幅下降，麦克雷雷大学的管理也转向了市场导向。科特指出："麦克雷雷大学正在实施的战略计划和一揽子改革方案与世界银行所传达的理念并无两样。……麦克雷雷大学把世界银行的理念内化成自己的想法，并以自己的方式加以应用。"②科特在赞扬麦克雷雷大学的成就时强调，麦克雷雷大学的"无声革命"（quiet revolution）"为非洲大陆其他地区树立了榜样"③。这种成功的原因之一是大学的领导力及其在"改革进程中明确的主人翁意识"④。但我们有什么理由认为，大学的本地利益相关者主导了改革进程并支持改革呢？

　　科特忽略了学者们对后殖民时代大学宗旨不断变化的不同看法。大学人员当然不是一成不变的群体。例如，麦克雷雷社会研究所主任马哈茂德·马姆达尼认为科特的分析存在缺陷和片面性。马姆达尼有力地指出："这是一种将外部约束转化为内部动力的巧妙方法。"⑤虽然他洞悉了外部和内部主动性之间的非对等关系，但最能说明问题的是全球和国家力量是如何相互融合并产生认同的。为了理解马姆达尼的观点，我们可以通过展示物质结构和思想在大多数情况下是如何相互作用的来阐释其重要性。从本质上讲，这是一个精英阶层之间及他们共同的主体间框架之间相互妥协的过程。

---

① David Court, "Financing Higher Education in Africa: Makerere, the Quiet Revolution" (Washington, DC: World Bank, 1999), i.

② David Court, "Financing Higher Education in Africa: Makerere, the Quiet Revolution" (Washington, DC: World Bank, 1999), 11.

③ David Court, "Financing Higher Education in Africa: Makerere, the Quiet Revolution" (Washington, DC: World Bank, 1999), 4.

④ David Court, "Financing Higher Education in Africa: Makerere, the Quiet Revolution" (Washington, DC: World Bank, 1999), i.

⑤ Mahmood Mamdani, *Scholars in the Marketplace: The Dilemmas of Liberal Reform at Makerere University, 1989 - 2005* (Dakar: Council for the Development of Social Science Research, 2007), 200.

正如我们将看到的，这也是改良派议程从各位参与者那里得到的回应。

在这些相互作用中，世界银行的作用并不是单一的。此处以乌干达教育改革的先驱之一世界贸易组织为例。与世界银行一样，世界贸易组织也认同这样一种观点，即将教育视为一种公益产品是一种过时的概念，如果不能带来具有成本效益和竞争力的回报，就必须废止这种概念。世界贸易组织将大学视为服务提供者，认为应该促进大学的跨境活动，并消除对流动的限制。作为世界贸易组织的成员国，乌干达有义务遵守其各项协定和议定书。换言之，乌干达应该保证其他国家的供应商获得市场准入。在一些乌干达人看来，困难在于"我们被要求接受这样一种观点，即教育是一种在公开市场上交易的商品。"[1]乌干达人民面临着不受监管的市场力量，给他们带来了教育商品[2]。那么，一个私营部门羸弱、中产阶级规模在不断壮大但依然相对较小的贫困国家要如何用自己的法规（比如说由国家认证机构发布的规章制度）来提升标准和提高质量？

麦克雷雷大学的学者们对学术自治受到侵蚀感到愤慨。暂且不谈现在公然漠视学术自由的事例（尤其是在 1971～1986 年那段政治经济动荡的苦痛岁月），学术自治已经转变为行政和财政自治的问题。在这一转变中，大学的高级管理人员应该在募集资金的过程中承担更多责任。政府逐渐把大部分财政责任移交给了他们。然而强

---

[1] National Council for Higher Education, Uganda, "Management and Leadership Training Project: Phase One, African Higher Education in a Globalizing World" (Kampala: NCHE, 2011), 28.

[2] A. B. K. Kasozi, "The Development of a Strategic Plan for Higher Education in Uganda 2001 - 5: The Interplay of Internal and External Forces in Higher Education Policy Formation in a Southern Country," 6, http://heglobal.international.gbtesting.net/media/4251/development%20of%20a%20strategic%20plan%20for%20higher%20education.pdf (accessed November 4, 2014).

大的全球化力量削弱了地方官员的自治权①。如果地方官员妨碍了竞争机构不受限制进入市场的权利,他们的行为将违反世界贸易组织的协定。这并不是要为地方当局以遵守国际协定为由侵犯学术自由开脱;但问题的症结在于统治者极端行为背后的原因,正是结构性力量塑造了他们的信念和政策。

在乌干达的这一历史阶段,市场化改革的预期和非预期结果反映了单位成本下降或停滞的循环(大学培养学生的实际成本)。为了弥补这种经费缺口并补偿高通货膨胀率和满足其他需求(例如技术进步),大学提高了付费学生的比例。这样一来,女性受教育的机会增加,更多代表性不足地区的学生被录取。尽管这方面的进展(尤其是乌干达北部地区)并不平衡,而且学费的收取更加不利于贫困家庭。政府奖学金仍然青睐那些上好中学的学生。

在大学里,计算机的使用得到普及,科学技术、贸易和商务专业的学生人数迅速增加。然而,只有11%的教师拥有博士学位。任职资质不一和人员短缺是大学长期存在的问题②。虽然教学负担越来越重,但微薄的工资却无法维持学者们及其家庭的生活,兼职成了家常便饭,学者们士气低落。大学雇用了更多的兼职教师上课;基础研究经费枯竭;书籍和学术期刊的预算少得可怜;教室、图书馆、实验室、娱乐设施和行政办公室都非常拥挤。学生们发起抗议,向大学管理层提出质疑。为了缓解压力和满足需求,麦克雷雷大学的一些学院每天二十四小时上课③。

---

① 参见 Mamadou Diouf and Mahmood Mamdani, eds. , *Academic Freedom and Democratic Struggle* (Dakar: Council for the Development of Economic and Social Research in Africa, 1994).

② National Council for Higher Education, Uganda, "Management and Leadership Training Project," 3.

③ 作者与麦克雷雷大学法学院教授兼院长达玛莉·纳吉塔·穆斯克(Damalie Naggita Musoke)的讨论内容,坎帕拉,2013年5月17日;作者与麦克雷雷大学法学院教授兼院长西尔维亚·塔马利(Sylvia Tamale)的讨论内容,2013年5月17日。

　　市场模式加剧了竞争，并引发了麦克雷雷大学的核心管理层与其学术单位之间、各单位之间的冲突。这些冲突主要是围绕金钱展开，麦克雷雷大学最初与其商学院之间的冲突就是关于谁来控制利润丰厚的 MBA 项目[1]。许多教师和学生都热切希望强制参与的公开讲座能够越来越少。学者们找不到时间出席这些活动。他们忙于赚钱，努力维持生计[2]。于是，麦克雷雷大学的辅导传统也成为了历史时代的遗物。随着新一轮大学改革，学术质量也受到了影响。

社会环境

　　接下来，我想将乌干达高等教育机构置于社会经济背景中，补充关于乌干达走向 20 世纪的概况。本节将为描绘 21 世纪乌干达的具体改革举措及其影响奠定基础，提供可比较的背景信息。

　　为了解改革带来的变化，让我们回到本章开头所建立的历史试金石。当我 1967 年到达乌干达时，那里的人口大约有 900 万人。位于坎帕拉的唯一一所大学东非大学大约拥有 3 000 名学生。到 2013 年初，乌干达人口激增至 3 757.887 6 万人；有 3.576 1 万人就读于麦克雷雷大学的坎帕拉校区[3]。在 21 世纪的第二个十年里，乌干达所有大学、其他高等学位授予机构以及麦克雷雷大学商学院（Makerere

① A. B. K. Kasozi, *Financing Uganda's Public Universities: An Obstacle to Serving the Public Good* (Kampala: Fountain Publishers, 2009), 38.

② 作者与麦克雷雷大学前校长、前教育部长和前总理阿波罗·R·恩西班比(Apolo R. Nsibambi) 的讨论内容，坎帕拉，2013 年 5 月 31 日。

③ National Council for Higher Education, Uganda, "The State of Higher Education and Training in Uganda 2010: A Report on Higher Education and Delivery" (Kampala: NCHE, 2011), 47, 89; Uganda Bureau of Statistics, *Statistics: Population*, last modified February 20, 2012, http://www. ubos. org/? st = pagerelations2&-id = 17&-p = related%20pages%202; Population (accessed March 20, 2013); Makerere University, "Annual Report 2013" (2014), 8, http://www. muwrp. org/wp-content/files/Makerere-University-Annual-Report-2014x. pdf (accessed October 8, 2014); World Bank, *World Development Indicators*, last modified September 24, 2014, http://databank. worldbank. org/data/views/variableSelection/selectvariables. aspx? source = world-development-indicators (accessed October 8,2014).

University Business School,后来与乌干达国立商学院 National College of Business Studies 合并)等附属学院的学生总数达到了 14. 009 6 万人[1]。已注册的大学数量从 20 世纪 60 年代的 1 所公立机构增至 2013 年的 29 所,还有若干非学位项目和证书项目。在 29 所大学中,5 所是公立机构,24 所是私立机构。越来越多大学正在形成。

  虽然国家对大学的支出相对于国内生产总值的比例有所波动,但总体上实际支出比例是下降的。世界银行的数据显示,1971 年,乌干达政府的教育支出占国内生产总值的 3. 16%;1985 年为 3. 43%;1988 年为 5. 1%;2012 年为 3. 28%[2]。从表面上看,这似乎表明自 1971 年以来,教育支出不仅出现了"振荡",而且也出现了小幅增长,特别是如果考虑到乌干达的经济增长情况。然而总体来看,百分比的微小变化几乎为零。小幅增长减缓的因素包括通货膨胀率的调整(2002—2013 年平均每年 8. 4%)和对大学教育需求的上升(这反映在入学率的大幅增长上)[3]。在后殖民时期的初期,政府是学生的主要资助者,而 20 世纪 80 年代末和 90 年代初成立的私立大学以及 1997—1998 学年公立大学开始实行学生付费制度则重新确立了大学的收入结构。表 6.1 和图 6.1 描绘了麦克雷雷大学的这些发展动态。

---

① Republic of Uganda, Ministry of Education and Sports, Statistics Section, Education Planning and Policy Analysis Department, "Uganda Education Statistical Abstract" (Kampala: MoES, 2011), 86, http://www. education. go. ug/files/downloads/Education% 20Abstract% 202011. pdf (accessed October 8,2014).

② World Bank, *World Development Indicators*, last modified August 1, 2013, http://databank. worldbank. org/data/views/variableselection/selectvariables. aspx? source = world-development-indicators (accessed August 16,2013). 这些是初等教育、中等教育和高等教育的整体数据。

③ 通货膨胀率由消费物价指数衡量,来自世界银行《世界发展指数》,具体参见 the World Bank, *World Development Indicators*, last modified November 6, 2014, http://databank. worldbank. org/data/views/reports/tableview. aspx? isshared = true (accessed November 24,2014).

表 6.1　麦克雷雷大学来自公共资助与私人资助（付费学生）情况（1993/1994～2005/2006 年）

年份	政府资助学生数量（人）	政府资助总额/亿乌干达先令	政府资助占学校总收入比例	付费学生数量（人）	付费学生收入总额/亿乌干达先令	付费学生收入占学校总收入的比例	两类收入合计/亿乌干达先令	学生总数（人）	年均增长率	麦克雷雷单位生均收入/亿乌干达先令
1993/1994	6643	10.71	100%	701		0%	10713005331	7344	5.0%	
1994/1995	6494	17.66	100%	1412		0%	17.66	7906	7.7%	
1995/1996	7089	20.32	83%	2280	4.08	17%	24.40	9369	18.5%	0.02
1996/1997	6710	19.25	72%	7902	7.56	28%	26.81	14612	56.0%	0.01
1997/1998	6890	19.50	69%	7477	8.79	31%	28.29	14367	-1.7%	0.01
1998/1999	6545	22.54	62%	9497	13.66	38%	36.20	16042	11.7%	0.02
1999/2000	6103	22.99	60%	14265	15.08	40%	38.07	20368	27.0%	0.01
2000/2001	6133	22.06	56%	19112	17.40	44%	39.46	25245	23.9%	0.01
2001/2002	7712	26.65	58%	22650	19.03	42%	45.68	30226	-19.7%	0.01
2002/2003	7932	26.26	47%	22276	29.43	53%	55.69	30208	-0.1%	0.01
2003/2004	7772	26.28	45%	19454	31.98	55%	58.27	27932	-7.5%	0.02
2004/2005	6799	28.87	43%	23906	38.57	57%	67.45	30705	9.9%	0.02
2005/2006	6948	38.47	41%	23789	56.18	59%	94.65	30827	0.4%	0.03

来源：National Council for Higher Education, Uganda, "The State of Higher Education and Training in Uganda 2010: A Report on Higher Education Delivery and Institutions" (Kampala: NCHE, 2010),32, http://unche.or.ug/ (accessed April 17,2014), citing A. B. K. Kasozi, *Financing Uganda's Public Universities: An Obstacle to Serving the Public Good* (Kampala: Fountain Publishers, 2009),164.

注：本表不包括来自外部机构的资助。

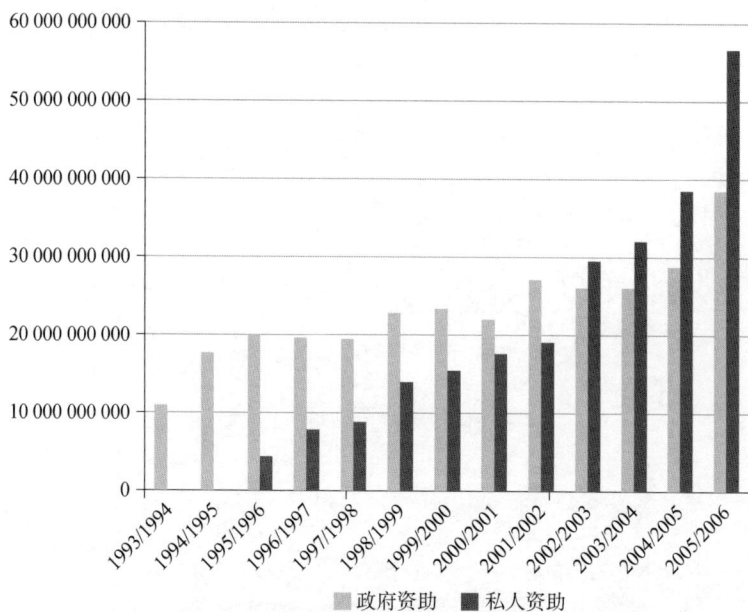

图 6.1 麦克雷雷大学政府和私人资助的比较

来源: National Council for Higher Education, Uganda, "The State of Higher Education and Training in Uganda 2010: A Report on Higher Education Delivery and Institutions" (Kampala: NCHE, 2010), 31, http://unche. or. ug/. (accessed April 17, 2014).

注: 左栏表示政府资助总额;右栏表示来自私人资助(付费学生)的收入。这两列数值单位均为乌干达先令。

这些图表显示,从 1993~2006 年,付费学生占麦克雷雷大学的收入比例从 0% 飙升到 59%。我的感觉是,如果有更新的数据,则将显示更大幅度的攀升。整体来看,这种模式反映了政府—大学—市场关系的重大变化。这种转变的原因之一是公共空间概念的改变。国家对社会公共利益的责任被越来越多地分配给了每一位乌干达人及其家庭。公民福祉的社会契约在态度和物质方式上都在发生变化。

乌干达教育和体育部(Ministry of Education and Sports)坦率地承认了将经济负担向私人支付者转移的后果:"随着时间的推移,高等教育的公共资助一直在下降，政府资助从 1970 年的生均 2 532 美元减少到 1985 年的 639 美元，拨款不到部内预算的 15％"[1]。从国家比较的角度来看更是如此：乌干达在高等教育资助方面落后于东非国家。在 1997—2010 年期间，乌干达公立大学的国家资助平均占国内生产总值的 0.35％。相比之下，肯尼亚和坦桑尼亚同期资助水平接近 1％[2]。教育和体育部认为对公立大学的这种压力导致了"服务质量的下降"[3]。从市场友好的角度来看，大学的核心宗旨是成为一个有效的教育服务提供者。

在乌干达的土地上，人们会强烈地感受到这种痛苦，尤其是当他们注意到在 1962 年国家独立之初，大学是不收学费的。目前，乌干达的学费成本超过了人均国内生产总值。2013 年，尼古拉斯·T·史密斯和我一起研究了乌干达的 14 所私立大学和公立大学[4]。他发现，在这些机构中，2013 年 3 月的本科文凭和学士学位课程的平均学费为每年 620 美元[5]。与一些富裕国家高昂的高等教育费用相比，这个数字似乎可以接受。不过，我们必须结合 2013 年乌干达 572 美元的人均国内生产总值来看这个问题[6]。从高等教育的价格相对于收

---

① Republic of Uganda, Ministry of Education and Sports, "Revised Education Sector Plan 2007 - 2015" (Kampala: MoES, 2008), 20.

② Kasozi, *Financing Uganda's Public Universities*, 33.

③ Kasozi, *Financing Uganda's Public Universities*, 33.

④ 本科生成本的样本来自以下机构：国际卫生科学大学 (International Health Sciences University)、乌干达基督教大学穆科诺分校 (Ugandan Christian University-Mukono)、姆巴拉拉理工大学 (Mbarara University of Science and Technology)、麦克雷雷大学、月亮山大学 (Mountains of the Moon University)、麦克雷雷大学商学院、京博大学 (Kyambogo University)、布吉马大学 (Bugema University)、坎帕拉国际大学、布索加大学 (Busoga University)、斯图尔特大学 (Bishop Stuart University)、布西特马大学 (Busitema University)、恩德杰大学 (Ndejje University) 和卡巴莱大学 (Kabale University)。收费结构的数据来自这些大学的官方网站。

⑤ 在此处的计算中，620 美元的学费不包括杂费。乌干达大学的收费数据往往是不一致且分散的。在乌干达发布的一些官方文件中，"学费"和"费用"这两个术语的使用可以互换。

⑥ World Bank, *World Development Indicators*, last modified November 6, 2104, http://data.worldbank.org/indicator/NY.GDP.PCAP.CD (accessed November 20, 2014).

入水平的比例来看,乌干达远高于大多数富裕国家[1]。

　　如果数据无法根据财政补助进行调整,从而有效地降低学费的"标签"(名义)价格,那么,国际或是国内出现问题的可能性较大。在美国,2009—2013 年期间人均国内生产总值为 5.3143 万美元;根据美国大学理事会(the College Board)的统计数据,在 2013 年,私立大学的平均净学费为 1.246 万美元,四年制公立大学为 3120 美元。而在同年人均国内生产总值为 4.7231 万美元的芬兰,大学并不收取学费[2]。再看乌干达的情况,在抽样调查的 14 所大学中,平均每年 620 美元的本科学费比乌干达的人均国内生产总值高出 8.4%,尽管除需要偿还的贷款外,很难获得财政资助的可靠数据。但是,据此可以推测,乌干达学生在高等教育的实际支出与其经济能力之间的差距是富裕国家学生的数倍,然而就像我所描述的,这些富裕国家也正在就大学成本和回报展开激烈的辩论。此外,社会福利维度必须被解释为包含不同程度的不平等和相对贫困。

　　因此,问题就变成了:在乌干达,哪些社会阶层的学生最难获得大学入学资格和承受大学学费?我们已经提到了地区不平等是影响高等教育入学机会的一个因素。虽然乌干达北部和农村地区普遍比其他地区更加贫困,但对于整个乌干达来说,贫困家庭在让孩子上大学和支持他们受教育方面存在明显的劣势,这并不奇怪[3]。

　　2013 年,乌干达 38.01% 的人口生活在每天 1.25 美元的贫困线

---

[1] 如第四章和第五章内容所示。

[2] World Bank, *World Development Indicators*, last modified November 6, 2104, http://data. worldbank. org/indicator/NY. GDP. PCAP. CD (accessed November 20, 2014); David Leonhardt, "How Government Exaggerates College's Cost," *New York Times*, July 29, 2014; 芬兰的情况参见第五章。

[3] Bidemi Carrol, *Private Monies, Public Universities: Implications for Access and University Behavior: A Study of Makerere University* (Stanford: Stanford University School of Education, 2005).

之下①。在联合国开发计划署编制的人类发展指数中，乌干达在 187 个国家中排在第 164 位，其国民总收入指标得分为 0.484，排在后 20%，甚至低于撒哈拉以南国家 0.502 的平均水平②。然而，当考虑到性别不平等指数时，这些人类发展指标就必须进行调整。在性别不平等指数上，联合国开发计划署给乌干达的评分为 0.529，在 2013 年的 149 个国家中排在第 115 位。与此同时，乌干达也取得了长足的进步。例如，乌干达女性拥有 35% 的议会席位③，但也应该指出，这项指标并不足以衡量女性在政府中的影响力。

当然，接受高等教育是赋予权力和经济活动的一个重要方面。从历史上看，乌干达女性缺乏大学前教育机会。从 20 世纪 40 年代开始，当时的麦克雷雷大学学院只招收了少量女学生④。1968 年，女学生人数增加到 73 人⑤。麦克雷雷大学主要为她们从事一些特定和

---

① Bidemi Carrol, *Private Monies, Public Universities: Implications for Access and University Behavior: A Study of Makerere University* (Stanford: Stanford University School of Education, 2005), http://hdr. undp. org/sites/all/themes/hdr_theme/country-notes/UGA. pdf (accessed July 31,2014).

② Bidemi Carrol, *Private Monies, Public Universities: Implications for Access and University Behavior: A Study of Makerere University* (Stanford: Stanford University School of Education, 2005), http://hdr. undp. org/sites/all/themes/hdr_theme/country-notes/UGA. pdf (accessed July 31,2014).

③ Bidemi Carrol, *Private Monies, Public Universities: Implications for Access and University Behavior: A Study of Makerere University* (Stanford: Stanford University School of Education, 2005), http://hdr. undp. org/sites/all/themes/hdr_theme/country-notes/UGA. pdf (accessed July 31,2014).

④ Joy C. Kwesiga, *Women's Access to Higher Education in Africa: Uganda's Experience* (Kampala: Fountain Publishers, 2002),207.

⑤ Nakanyike B. Musisi, "Colonial and Missionary Education: Women and Domesticity in Uganda, 1900 - 1945," in *African Encounters with Domesticity*, ed. Karen Tranberg Hansen (New Brunswick, NJ: Rutgers University Press, 1992),172 - 94. 相比之下，耶鲁和普林斯顿在 1969 年实现了男女同校；哈佛从 20 世纪 70 年代初开始分阶段发展，1999 年与拉德克利夫学院 (Radcliffe College)合并，不过哈佛商学院早在 1963 年就开始招收女生。

"传统"工作做准备,比如打字员、接待员、餐饮业者等等①。在过去的二十五年里,公立大学已经采取了诸如给女性申请者加分等措施来提高学生中女性的比例。大学还开设了性别研究项目。然而,正如参与这些项目的研究人员所强调的那样,大学的结构性障碍和代表性差异是根深蒂固的。2010 年,乌干达大学生中的女性比例达到44%,但她们仍然集中在某些学院,而在其他领域代表性不足,尤其是技术领域②。

归根结底,社会结构的这些维度与乌干达学者和学生被卷入一个不稳定的高等教育结构的严峻现实相联系。这种结构不稳定的部分原因是管理高层缺乏政治勇气。执政精英们至今不愿为大学提供必要的资金。同样,占主导地位的跨国高等教育改革模式也在推行这样的政策,即让更多的学生获得教育机会,但政府减少了国家对预算的人均贡献。优先事项已经确定。我将对在乌干达实施的全球治理规则和条例的制定方式加以说明。同时,长期收入不足是乌干达学术界面临的残酷现实。因此,教育部门的领导者们一直在努力改善这种状况。下文中提到的"拼装者"们(bricoleurs)已经采取了一系列补救措施,即试错策略。"拼装"包括一系列的监管改革。

改革架构

治理

我们首先回顾一下乌干达的历史旅程。从 20 世纪 60 年代到 80

① Nakanyike B. Musisi, "Colonial and Missionary Education: Women and Domesticity in Uganda, 1900-1945," in *African Encounters with Domesticity*, ed. *Karen Tranberg Hansen* (New Brunswick, NJ: Rutgers University Press, 1992),21.

② National Council for Higher Education, Uganda, "Management and Leadership Training Project," 15.

年代中期，米尔顿·奥博特（Milton Obote，出任过一届首相和两届总统）和将军伊迪·阿明（Idi Amin，因发动军事政变成为乌干达总统）肆意使用政治暴力，阻碍了乌干达高等教育的发展。这些国家元首独裁统治，以腐败和镇压著称。当达累斯萨拉姆大学前学生领袖韦里·穆塞韦尼（Yoweri Museveni）于1986年接任乌干达总统时，乌干达学者们开始寻求教育政策的根本性改变。他们希望对其机构有更大的控制权，政府为他们提供可持续发展的资金，并且真正地尊重学术自由。这些期望在多大程度上得到了满足？接下来进行了哪些改革呢？

穆塞韦尼政府在20世纪80年代末和90年代的举措进入了一个转折点，政府当局通过了2001年的《大学和其他高等教育机构法案》，批准了监管机构，并发出了即将出台政策的信号①。该法案尽管后来进行了修订，但仍然为乌干达的大学提供了基本的法律和制度框架。因此，该法案是规划国家发展的关键②。

2001年的《大学和其他高等教育机构法案》设立了乌干达国家高等教育委员会（National Council for Higher Education），该委员会向负责大学认证的部长提供建议，监督和评估大学，并确立国家标准。委员会主席由乌干达总统任命，其执行主任由部长任命。委员会主要由议会资助，同时接受拨款、捐赠并收取费用，其中部分费用向学生收取。开办新大学的程序是向国家高等教育委员会提出申请，再由委员会向部长提出许可方面的建议。如果申请通过，最后由总统授予宪章。值得注意的是，2001年的法案对教学语言或斯瓦希里语在一个多语种国家中的地位几乎只字未提（邻国坦桑尼亚将其视作一个重要问题）。法案只规定了乌干达的官方语言英语和"任何

---

① Republic of Uganda, Universities and Other Tertiary Institutions Act, 2001, Supplement No. 6 to *Uganda Gazette* 94, no. 19 (April 6,2001).

② 乌干达国家规划局是负责协调和管理这一过程的政府机构。

其他语言"都应是大学的教学语言①。

简言之,这项立法详细说明了行使职权的细节、如何建设能力以及执行政策,为21世纪初乌干达的大学改革奠定了基调。根据法案,权力将主要由中央控制,总统、部长及其任命的官员将指导乌干达的知识治理结构。

高等教育领导者面临的一个挑战是如何确定院长在治理中的作用。一般来说,学术院长们缺乏管理培训,但被鼓励采取企业实践及奉行企业管理模式。对有效的大学治理至关重要的是,院长的权力在过去和现在都面临着来自分配资源的官员、坚持维护学术价值的同事以及要求获得更好教育的学生的交叉压力。

由于公共财政管理方面的问题,包括现金流的流失、未能提供教学材料,以及在解决教师课堂缺勤和迟到等经济问题方面的不足,使大学长期资金不足的状况进一步恶化。面对入学人数激增和设施拥挤的局面,如何应对政府对高等教育机构拨款成为难题,因为2007年前后这一政府拨款平均只占乌干达教育预算的11%,并呈下降趋势。在许多学者看来,坚持大学理想的环境已经变得不稳定②。

知识自由是一个特别值得关注的问题。自奥博特和阿明独裁政权倒台以及整个非洲大陆的学者联合发表了1990年《坎帕拉知识自由与社会责任宣言》(*Kampala Declaration on Intellectual Freedom and Social Responsibility*)之后,对知识自由的限制是否有所放宽?③ 这份宣言强调了困扰非洲大学的政治和社会危机,以及知识分

---

① Republic of Uganda, Universities and Other Tertiary Institutions Act, 2001,81. 议会于2005年投票通过将斯瓦希里语作为第二官方国语,但在高等教育中推广斯瓦西里语的措施进展缓慢。

② Makerere University, "Strategic Plan: 2008/2009 - 2018/2019"(Kampala: Makerere University, 2008),9.

③ Reprinted in Diouf and Mamdani, *Academic Freedom and Democratic Struggle*, 349 - 53.

子倡导高标准道德行为的义务。宣言的 B 节和 C 节专门论述了学术团体在自治的高等教育机构开展知识活动的权利①。这些段落强调，如果非洲大学的独立研究和民主自治方式受到阻挠，学术自由就会受到威胁。该宣言常常被称为学术自由斗争的基石，在整个非洲引起了反响。

乌干达政府并没有受到这些对学术自由权利申诉的影响，通过了 2013 年的《公共秩序法案》(*Public Order Bill*)，限制政治辩论和集会自由。政府关闭了媒体机构，查禁了新闻机构，并镇压了公民社会集会和政治反对派。反对派领导人因为呼吁步行上班，抗议燃油价格、生活成本普遍上升以及公共腐败被捕。大学生们参加了这些抗议活动，就学费翻倍的问题发动了罢工②。公立大学经历了一连串的抗议活动：非教学人员要求加薪，教师要求涨工资，学生们对麦克雷雷大学的关闭表示质疑。在学校管理层和教师（学生也加入其中）被长期拖欠 1350 万美元的津贴后，穆塞韦尼在 2016 年关闭了麦克雷雷大学。

即使经历了这样的动荡，乌干达的高等教育机构也没有遭遇到 20 世纪 70 和 80 年代那种赤裸裸的镇压、拘捕和威胁。学术自由在那些时期受到了更直接和更强硬的侵犯。总的来说，乌干达的学者们现在参与了广泛的辩论，并试图突破不同意见的壁垒。虽然有时遮遮掩掩但绝非压制，批评和讨论的声音还是能被容忍的。大学继续为清晰的思考提供空间，尽管受到限制。然而，胁迫有多种多样的形式。

结构环境潜移默化地束缚着学术自由。大学的经济边缘化阻碍了开放性的探索。特别是基础研究经费的枯竭限制了开展知识活动

---

① Reprinted in Diouf and Mamdani, *Academic Freedom and Democratic Struggle*, 351.

② Adam Branch and Zachariah Mampilly, *Africa Uprising: Popular Protest and Political Change* (London: Zed Books, 2015), 130 - 32.

的范围。很难说有多少学者埋头苦干,保持沉默,因为他们认为,在自己赖以生存的低收入高负荷体系中,自我监督是一种谨慎的做法。另一些教师则勇敢坚持自己的信念,畅所欲言,并根据大学宣言和战略规划所确立的核心价值观,按原则行事。

麦克雷雷大学所宣称的价值观包括"学术独立"和"机构自治",以及"对机构的忠诚"和"顾客响应"[①]。这种追求使人们对知识和商业的交集进行了认真的思考。在实践中,哪个优先事项会胜出?这种强调暗示了一种转变的平衡(部分与态度有关),其中一些是国家冲突的遗留物。

在冲突爆发后的乌干达,重振大学系统所需的社会信任少之又少,包括对政府官员的信任也是如此。调查研究表明,公众普遍认为教育是增加政府开支的重中之重[②]。此外,因高等教育现状而屡屡发生的学生骚乱也是学生对当权者不信任的明显表现。政府对学生最近因健康问题而发生的骚乱采取了让步和镇压措施,包括使用催泪瓦斯、逮捕和监禁等手段。罢课学生的敏感情绪继续受到教职员工不满情绪的影响,他们的罢工罢课行动达到了高潮。教职员工罢工是为表达对降薪、养老金减少且发放延迟,以及对研究氛围和高等教育整体环境的不满。

很明显,权利和责任问题并没有消失。学术自由是脆弱的。思想独立意义上的自主受到资金不足以及控制政治和行政结构的约束。

---

① Makerere University, "Repositioning Makerere to Meet Emerging Development Challenges," Strategic Framework: 2007/08 - 2017/18 (2007), http://pdd. mak. ac. ug/sites/default/files/archive/Makerere% 20University% 20Strategic% 20Framework% 20Revised% 20after% 20FPDC. pdf (accessed September 11,2014).

② Afrobarometer, "Let the People Have Say," Afrobarometer Round 6, Survey in Uganda, 2015, 51, http://afrobarometer. org/sites/default/files/publications/Summary%20of% 20results/uga_r6_sor_en. pdf (accessed February 10,2016).

分权

矛盾的是，集中控制导致了行政分权。由中央政府推动的大学计划将行政权力的要素授权给各个学术单位的中层管理人员。这符合世界大学的最佳实践。从某种意义上说，分权是当权者为了实现成本效益而使用的一种手段[1]。中央政府在掌握财政大权的同时，将大部分创收工作转移到了大学、学院和系所身上。

乌干达大学的分权与全国治理任务的移交同步发生。虽然我们可以将这段历史追溯到更早的时期，但穆塞韦尼政权强调了这种模式，例如，在地方政府和公共预算编制方面就很明显[2]。分权符合新自由主义框架和世界银行鼓励公民通过私人途径和地方政府寻求服务并为其提供资源的政策。分权将发展经济的责任转移到企业和地方，这种做法符合国家政治精英的利益。在麦克雷雷大学，一个转折点是学院体系的转变。由爱德华·基鲁米拉（Edward Kirumira）领导的委员会在挪威发展合作署（Norwegian Agency for Development Cooperation）的支持下起草了一份报告，并于 2005 年通过了大学理事会（University Council）的批准。报告要求建立一个三级结构：中央行政、学院和系所，还包含了合并、资源再分配和实施的条款。在这个体系中，没有院长。但一些单位不愿意与其他单位合并迈入"包办婚姻"，麦克雷雷大学的一位教授打趣道。

在瑞典国际开发合作署（Swedish International Development Cooperation Agency）等多方的资助下，由前技术学院院长巴纳巴斯·纳万圭（Barnabas Nawangwe）领导的一个新的改革委员会计划

---

[1] Elizabeth Popp Berman, "Thinking Like an Economist: On Expertise and the U. S. Policy Process," Occasional Papers of the School of Social Sciences, Institute for Advanced Study, Princeton, No. 52, http://www. sss. ias. edu/files/papers/paper52. pdf (accessed September 12,2014).

[2] Gina M. S. Lambright, *Decentralization in Uganda: Explaining Successes and Failures in Local Governance* (Boulder, CO: First Forum Press, 2011).

到 2013 年全面实施大学重组改革,并允许进行修正。为了协调和管理各系所,并与系所负责人共同运营,院长职位将保留。然而,系所负责人们并不擅长处理财务问题,而财务问题应该交给学院及其负责人来处理。因而,学院反过来也支持改革,前提是改革能增加学院的财政权力并为此提供保障①。

然而,对这种分权后果的担忧却始终存在,尤其是非预期后果的出现。其中一个主要的担忧是分权过度且缺乏协调。具体来说,中央政府必须允许公立大学提高低于成本的学费。虽然学术单位从学生的学费中获得了收入,但每年进入麦克雷雷大学的 1.3 万名学生中只有 2000 名是由政府资助的②。因此,招生和学术单位之间的竞争日益激烈。每个单位都在努力调动资源。在一个私人市场小、大公司少的国家里,学院和系所竞相争夺学费收入,努力提高市场竞争力。具体来说,这意味着哲学系开设了一门旅游哲学的课程,开设了文秘学的学位课程,还开设了为学生从事咨询工作做准备的课程等等。

同时,学术单位对大学的中央拨款提出质疑。学术单位的代表们声称,资金并没有及时拨付,而且无法直接联系到大学的首席财务官。大学内外的单位都在抢夺人才,挖教授是一种常见的做法。公立和私立大学相互竞争,虽然财务动机各不相同,但他们都在争夺红利。

人才和薪水的竞争与智库的机遇交织在一起。乌干达的经济政策和研究中心(Economic Policy and Research Centre)就是其中一家智库,位于麦克雷雷大学校园内。该中心的工作以发展政策为导向,

---

① 作者与麦克雷雷大学社会学教授兼人文社会科学学院院长爱德华·基鲁米拉的讨论内容,坎帕拉,2013 年 5 月 21 日。

② 作者与麦克雷雷大学经济学教授兼副校长约翰·邓巴·桑塔姆(John Ddumba Ssentamu)的讨论内容,坎帕拉,2013 年 6 月 6 日。

由负责财政与规划的部长和麦克雷雷大学的副校长（副校长一职是英国和其他英联邦大学的主要学术和行政官员）领导。加拿大国际研究中心（International Research Centre）、盖茨夫妇基金会、威廉和弗洛拉休利特基金会（William and Flora Hewlett Foundation）以及荷兰国际开发署（Netherlands Directorate-General for International Development）等一大批资助者和乌干达政府为该中心提供了资金。经济政策和研究中心（the Economic Policy and Research Center）还与布鲁金斯学会（brookings Institution）的非洲增长计划（Africa Growth Initiative）合作。另一家名为发展和环境促进组织（Advocates for Development and Environment）的智库发布了政策简报、报告和论文，鼓励利益相关者之间增强对话。其资金来自若干资助者，其中包括福特基金会和麦克阿瑟基金会（MacArthur foundation）、国际环境与发展研究所（International Institute for Environment and Development）和荷兰驻坎帕拉大使馆（Netherlands embassy in Kampala）。乌干达发展政策管理论坛（Uganda Development Policy Management Forum）和其他智库同样参与制定和实施分析政策和影响政策。总的来说，乌干达的智库规模很小，而且部分智库由资助者赞助。

在大学的知识结构方面，高级管理人员越来越担心预算不足。麦克雷雷大学的领导者们坚持认为，学院的组建会增加额外的费用，包括学院负责人和工作人员的工资，办公室、设备和"补充津贴"[①]。在这种情况下，持续存在的问题是，大学和学院层面的管理人员都可能屈从于管理主义群体思维和技术官僚的思维定势。

---

① 作者与麦克雷雷大学经济学教授和副校长约翰·邓巴·桑塔姆（John Ddumba Ssentamu）的讨论内容，坎帕拉，2013年6月6日；麦克雷雷社会研究所、人权与和平中心（Human Rights and Peace Centre）举办了一场名为"大学及其他高等院校法案（UOTIA）实施十年后的麦克雷雷大学"的研讨会，参见"The State of Makerere University Ten Years after the Universities and Other Tertiary Institutions Act（UOTIA），" MISR Public Policy Report No. 2（August 23, 2011），9 - 11。

一些学者不愿放弃传统的方式,这并不奇怪。例如,林业经济学家不愿意教授其他学科学生第一年的经济学课程。对于各利益相关者而言,结构性问题在于学术自治承载了更多经济意义①。自治变成了关乎生存技能和自筹资金的问题,要求在财政层面负担大学大部分支出,包括基本工资和研究费用。在乌干达,国家对这项工作的支持很少。学者个人除了补贴他们自己的微薄收入外,还必须亲自寻找部分或全部资源,这可能导致了他们在竞标外部合同时做出让步,继而导致学术自由被转化为资本积累自由。

在这种情况下,大学出现了两种类型的人才流失:一种是整体流失,咨询业的发展导致一大批人离开大学;另一种是部分流失,研究人员的一部分时间被外包出去②。事实上,乌干达的咨询业正在蓬勃发展。咨询业并不完全属于正式监管机构的管辖范围,腐败另当别论。实际上,知识参与的实践已经发生了改变:当被委托进行研究时,双方会定下权责范围;要解决的研究问题也已预先确定;学术同行评审很少被采用,而研究者依附于资助者;研究结果被商品化;批判性研究减少;对知识生产和交换的规则进行了改革。

私有化

面对日益高涨的学生激进主义和教师对大学现状的不满,乌干达官员选择借助私有化来应对日益严峻的挑战。私有化主要集中在三个方面:开办更多私立大学,扩大公立大学招生规模;增加需求导向和职业导向的课程;外包教育服务。

1988 年乌干达成立了一所私立高等教育机构伊斯兰大学

---

① 作者与麦克雷雷大学农业昆虫学教授兼代理校长塞缪尔·基亚曼尼瓦(Samuel Kyamanywa)的讨论,坎帕拉,2013 年 6 月 5 日。

② 作者与内罗毕大学人文和社会科学学院(College of Humanities and Social Sciences)发展研究所(Institute for Development Studies)Njuguna Ng'ethe 副教授的讨论内容,内罗毕,2013 年 5 月 27 日。

（Islamic University），20世纪90年代初麦克雷雷大学开始招收付费学生，这些行动都是乌干达高等教育系统发展的转折点，而在此之前乌干达政府一直是这个系统中唯一的大学教育提供者。乌干达伊斯兰大学的创立可以追溯到1974年，当时阿明总统在拉合尔举行的伊斯兰合作组织首脑会议（Organization of Islamic Cooperation summit conference）上会见了沙特阿拉伯国王费萨尔（Faisal），两国元首同意在非洲的英语国家（Anglophone Africa）建立一所伊斯兰大学。乌干达时任总统穆塞韦尼接手了这个项目。在伊斯兰合作组织的资助下，伊斯兰大学在乌干达姆巴莱建立了校区，后来形成了一个多分校的大学体系。扩张的范围包括坎帕拉中心商业区附近的基布里（Kibuli）校区，专门招收女学生的卡博亚（Kabojja）校区和吸引了南苏丹和刚果东部学生的阿鲁阿（Arua）校区。伊斯兰大学试图解决殖民教育的特殊遗留问题：乌干达的基督教传教士们自己建学校，而穆斯林则进入伊斯兰学校，穆斯林很少有人进入麦克雷雷大学[①]。

　　在伊斯兰大学成立后的几年里，私立大学的数量和公立大学的学生入学人数都出现了可观的增长；中小学教育规模的扩大进一步增加了高等教育机构的招生需求。此外，乌干达经济的增长（尽管这种增长并不平衡）推动了申请者的数量上升。

　　这些压力、筹资水平和付费学生的数量改变了乌干达高等教育的质量。据推测，预算缺口可以通过增加学杂费来填补，把收入的一部分归还给学术单位，可以激励学校朝着这一方向前进。这一策略有效地缩小了公共部门在高等教育中的影响力。

　　到2005～2006学年，乌干达公立大学的付费学生比例达到了学

---

① 作者与乌干达伊斯兰大学坎帕拉分校教育管理和行政学教授阿卜杜勒-卡里姆·纳赛尔·瑟桑加（Abdul Karim Nasser Ssesanga）的讨论内容，坎帕拉，2013年5月24日。

生总数的 80.2%①。当然,付费学生的比例因机构而异。2013 年,麦克雷雷大学的付费学生比例达到 70% 的峰值。尽管麦克雷雷大学仍然是一所名义上的公立大学,但实际上正在变成一所私立院校②。

新的夜间课程、周末课程和远程学习项目层出不穷。更多的学生进入了设施不足的大学,扩大了供需之间的差距。大学过度拥挤和师资不足的问题日益突显。官方公布的兼职教师比例是 47.5%,乌干达国家规划局(National Planning Authority)认为这不符合"保持高质量的教育和培训标准的要求"③。

为了开发其他收入来源,学术机构已经与校外企业签订合同,出售过去由中央政府资助的书店、招待所、印刷厂等的设施。这些设施现在掌握在私营企业家手中。虽然学术机构的净收益可以在资产负债表上量化,但知识结构本身也存在质的差异,其中包括了基本但非全部的大学服务。高等教育的理念正随着全球化的发展迅速演变。

在全球知识结构中重新定位

虽然乌干达尚未形成高等教育全球化的总体国策,但可以窥见其政策雏形。乌干达的大学无疑认识到了制定全球化战略的必要性。学者们也已经意识到了积极应对的重要性,以免他们的大学成为全球知识的接受者而不是创造者。但如何抓住机遇,重新定位大学呢?

麦克雷雷大学迈入 21 世纪后,代理副校长召集成立了一个由罗伯特·伊科贾·奥东戈(Robert Ikoja Odongo)担任主席的评估团队,

---

① Republic of Uganda, " National Development Plan (2010/11 – 2014/15)" (Kampala: Government Printer, 2010),215.

② 作者与拉国家高等教育委员会教授兼代理执行主任摩西·A·戈洛拉的讨论内容,乌干达坎帕拉,2013 年 5 月 31 日。

③ Republic of Uganda, "National Development Plan (2010/11 - 2014/15)," 215.

负责评估全球化对学校的影响并提出建议。[1] 评估报告明确了各种机遇，即在高等教育、信息技术和海外的乌干达知识分子间的区域合作形式。报告同时指出，全球化趋势也带来了威胁，尤其是数字鸿沟、人才流失和实体基础设施的巨大成本，包括充分的网络连接和光缆问题。鉴于全球化具有这种两面性，乌干达面临的挑战是如何获取全球化的净收益。在重振全球化进程的建议清单中，首当其冲的是教职员工的能力建设、重建知识传播设施、投资学术研究、并向"相关"伙伴开放合作，避免乌干达"成为国际机构的前台"。[2] 据评估团队负责人伊科贾·奥东戈介绍，其中一些建议最终被纳入"大学战略计划（University Strategic Plan），另一些建议被纳入年度工作计划，还有一些则在建筑、网络连接和增加私人资助等项目中获得采用。"[3]

　　长期以来，乌干达一直在努力抓住伊科贾·奥东戈报告中所述的机遇，即区域合作、信息技术以及与海外知识分子间的联系。许多跨国项目旨在寻求合作、共享知识、发展研究型企业、与南半球的大学针对相关的软件开发网络展开合作，吸引海外侨民将技能、专业知识和资金汇集到乌干达。虽然乌干达大学已经具备了全球化战略的基本要素，但报告强调了其他因素和协调优化的必要性。

　　麦克雷雷大学积极地与多所大学开展交换项目，其中包括：挪威卑尔根大学（University of Bergen），瑞典乌普萨拉大学（Uppsala University）、隆德大学（Lund University），德国洪堡大学，美国北卡罗

---

① Robert Ikoja-Odongo, "Makerere University: Strategy for Addressing Implications of Globalisation in Higher Education: Uganda Paper" (unpublished, circa 2010). 伊科贾·奥东戈团队面临的第一个挑战就是考虑如何确定全球化的内容。关于这方面的内容参见 Isaac Kamola, "The African University as 'Global University,'" PS: Political Science and Politics 47, no. 3 (July 2014): 604-7.

② Ikoja-Odongo, "Makerere University," 12.

③ 索洛蒂科技大学（Soroti University of Science and Technology）副校长和麦克雷雷大学计算和信息科学学院的前任院长罗伯特·伊科贾·奥东戈发送给作者的邮件内容，2013 年 7 月 23 日。

莱纳州立大学、北达科他州立大学（North Dakota State University）、罗格斯大学和密歇根州立大学。为了运营这些项目，一个预算不多的小型国际事务办公室（International Affairs office）负责所有工作，包括处理申请、负责联络医疗保险和当地诊所、安排安全住所和往返校园的交通、指导学生、促进项目的联合监督、创建数据库、准备谅解备忘录以及发展新的合作关系等。在乌干达及周边国家公私立大学之间的激烈竞争中，2011 年麦克雷雷大学的国际学生（研究生和本科生）人数达到了 1899 人①。

乌干达国家高等教育委员会的数据显示，2011 年，乌干达所有大学共招收了 1.5932 万名国际学生，其中多数就读于坎帕拉国际大学（Kampala International University）领衔的私立大学，相当一部分国际学生来自肯尼亚②。贸易和旅游部（Trade and Tourism Ministry）的"市场和教育服务"项目（Market and Education Service project）一直致力于增加国际学生带来的出口收入，希望提高到 2004 年所实现的 3200 万美元的水平以上③。尽管印度、英国和其他国家在乌干达开设了教育项目并建立了校园，但乌干达的私立大学（特别

---

① National Council for Higher Education, Uganda, "The State of Higher Education and Training in Uganda 2011: A Report on Higher Education Delivery and Institutions" (Kampala: NCHE, 2013), 38, http://www. unche. or. ug/publications/state-of-he/state-of-higher-education. html (accessed October 8, 2014)；作者与麦克雷雷大学国际事务高级行政助理穆万古兹（Martha Muwanguzi）的讨论内容，坎帕拉，2013 年 6 月 6 日。

② National Council for Higher Education, Uganda, "The State of Higher Education and Training in Uganda 2010," 47, http://www. unche. or. ug/wp-content/uploads/2014/04/The-State-of-Higher-Education-2010. pdf (accessed September 30, 2014).

③ 乌干达高等教育的出口收入数据参差不齐，无法区分在岸和离岸收入（例如，肯尼亚的分校）。参见 Josephine Maseruka, "Uganda to Earn $60m from Foreign Students Annually," *New Vision* (Kampala), September 27, 2010, http://www. newvision. co. ug/D/8/13/733349 (accessed November 7, 2014); Observatory on Borderless Higher Education, *Uganda: Moving Beyond Price to Recruit International Students*, Borderless Report (April 2012), http:// www. obhe. ac. uk/newsletters/borderless_report_april_2012/uganda_moving_beyond_price_recruit_international_students (accessed November 7, 2014).

是坎帕拉国际大学）在内罗毕和达累斯萨拉姆都设有校园，成为潜在的收入来源。

这些教育机构回避了有关质量控制和认证的问题。国家高等教育委员会是一个半自治机构，不仅对机构和程序进行认证，同时也撤销不符合认证要求的机构和程序。例如，国家高等教育委员会撤销了坎帕拉国际大学在 2011 年和 2012 年颁发的博士学位资格，裁定必须对学位获得者重新审查，并关闭小型项目。但作为认证监管机构，国家高等教育委员会缺乏人员和预算支持。除了国家拨款和向学生收取的费用外，国家高等教育委员会还接受了洛克菲勒基金会、福特基金会、卡耐基公司和荷兰政府等一些资助者提供的经费，这些资助者为特定项目提供资金，但不包括基本的运营费用。

国家高等教育委员会作为一个小型机构，与肯尼亚和坦桑尼亚的认证机构建立了认证网络，并根据其他监管机构的模板制定基准[①]。该委员会也参照了其他许多项目的做法，立场相同的国际质量保证小组和计划包括：联合国教科文组织—世界银行质量保证能力全球计划（UNESCO-World Bank Global Initiative on Quality Assurance Capacity）、非洲大学协会（Association of African Universities）主办的非洲质量保证网络（Africa Quality Assurance Network）、欧洲—非洲质量连接项目（Europe Africa Quality Connect project）、非洲联盟委员会（Africa Union Commission）的非洲高等教育协调战略（African Higher Education Harmonization Strategy）、非洲质量评级机制（Africa Quality Rating Mechanism）和东非大学校际理事会（Inter-University Council for East Africa）。这些计划或项目提供了指导方针并确定了最佳实践。一位对此有研究的咨询专家指出，这些规定和指导方针之间有"明显的趋同迹象"，并发现了这些跨

---

① 作者与戈洛拉的讨论内容。

区域或本地区的指导方针之间具有"多样性和统一性,并不相互排斥"①。

是的,在制定全球和区域标准方面存在"趋同多样性"(converging diversity)。但是这一说法的背后隐藏着等级关系。我们可以看到机构宣传的介绍中有许多"话语实践"(discursive practice)。学校的梦想是获得全球认可,成为一所世界一流大学。更高的排名是说服政府和资助者支持大学的一种手段,也是吸引学生的一种方法。在这场高等教育机构的全球竞赛中,胜出者将获得奖励②。

至于非洲大学,在 2014/2015 年度泰晤士世界大学排名中,没有一所非洲大学进入前 100 名。开普顿大学(University of Cape Town)排在第 124 位,还有两所南非大学进入了前 300 名③。根据西班牙研究委员会(Engearch Desearch Council)发布的 2014 年基于互联网的非洲大学排名(Webometrics Ranking for Africa),在前 15 名中,南非以 9 所大学入围的优势领先该地区④。开普敦大学排名第一,紧随其后的是开罗大学(Cairo University)、美国大学开罗分校

① Peter J. Wells, "The DNA of a Converging Diversity: Regional Approaches to Quality Assurance in Higher Education" (Washington, DC: Council for Higher Education Accreditation, 2014),21.

② Peter J. Wells, "The DNA of a Converging Diversity: Regional Approaches to Quality Assurance in Higher Education" (Washington, DC: Council for Higher Education Accreditation, 2014),21,重点强调。

③ The Times Higher Education University Rankings 2014-2015; Goolam Mohamedbhai, "Should South African Universities Be Globally Ranked?" *Inside Higher Education*, November 5,2012, http://www. timeshighereducation. co. uk/world university-rankings/# (accessed October 8, 2014). The Times Higher Education University Rankings 2014-2015; Goolam Mohamedbhai, "Should South African Universities Be Globally Ranked?" *Inside Higher Education*, November 5, 2012, http://www. timeshighereducation. co. uk/world-university-rankings/# (accessed October 8,2014).

④ Webometrics, Ranking Web of Universities 2014, http://www. webometrics. info/en (accessed October 8,2014).

（American University in Cairo）、内罗毕大学、曼苏拉大学（Mansoura University）和亚历山大大学（Alexandria University），分别位于第 2、第 8、第 9、第 10 和第 15 位[①]。基于互联网的大学排名将麦克雷雷大学评为全非洲第 13 名，全球第 1 134 名[②]。

在乌干达，排行榜公布在大学网站上，同时也刊载在《新视野》（New Vision）报等大众媒体上[③]。排名结果引发了各种各样的反响。在越来越重视地位的社会中，乌干达国家规划局认识到全球大学排名非常重要，是乌干达大学提升质量的一种方式[④]。但国家高等教育委员会并没有公布排名，理由是排名会造成不健康的矛盾关系，并形成可能导致分裂的差别。代理执行主任摩西·戈洛拉（Moses Golola）认为，全球排名类似于智商测试，因为都没有考虑文化和背景的差异[⑤]。在他看来，排名系统试图衡量无法测量的绩效表现。他表示，乌干达人并不擅长操纵排名[⑥]。他站在辩论的一方，认为这些数字体系是有缺陷的，因为这是精明机构的游戏；而且，质量必须是内部生成的，而不是主要由外部驱动的。

站在哲学的高度，这种对排名系统的怀疑论引起了人们质疑其是否低估了学术生活不断变化且无法计算的特点，支持有用知识观点的功利主义者对此未加考虑。然而，对一些观察人士来说，大学宗

---

① Webometrics，Ranking Web of Universities 2014，http://www.webometrics.info/en（accessed October 8，2014）.

② Webometrics，Ranking Web of Universities 2014，http://www.webometrics.info/en（accessed October 8，2014）.

③ Chris Kiwawulo，"Makerere Ranks High in Sciences," New Vision，January 4，2013，http://www.newvision.co.ug/news/638627-makerere-ranks-high-in-sciences.html（accessed January 4，2013）.

④ 作者与国家规划局副主席，前高等教育部长奥贝尔·J·J·鲁文德雷（Abel J. J. Rwendeire）的讨论内容，坎帕拉，2013 年 5 月 23 日。

⑤ 作者与戈洛拉的讨论内容。

⑥ 作者与戈洛拉的讨论内容。

旨长期培育的原则和价值是无用的;这些理想似乎过时了。在今天的环境中,争论的焦点是如何在需要应用知识的情况下培养人文意识,而又不让大学沦为技术官僚机构。毫无疑问,这些现实挑战至关重要。面临的困境在于一方面要解决人员配置资源不足问题,另一方面又要维持大学入学人数持续增加的态势,因为高等教育机构不能削减招生量,否则会失去收入。学生人数可能会继续呈指数增长,然而教学和研究的经费水平显然与这一趋势并不相称。预算限制加上不利的政治环境阻碍了教育的发展。

在这种背景下,当地教育工作者依靠资助者来填补公众在研究支持方面的空白。例如,在 2010/2011 学年,国家高等教育委员会只能为提交的 57 项研究提案中的 3 项提供资助①。同时,非洲知识分子在"学者共同体"中寻求"相互交流的自治空间"②。但是,当捐赠机构资助了公立大学的大部分研究时,如何开辟自主话语并推动研究议程呢? 拨款大部分用于应用研究,少部分用于基础研究。资助者(主要是发达国家的慈善机构和开发署)为技术和创新、供水和卫生等专题领域的卓越中心(其中一些卓越中心是为计划构建网络)提供资金。这些伙伴关系分享最佳实践、举办研讨会、组织培训课程,招标咨询合同。问题是这些伙伴关系会滋生依赖性,而且,投入的贷款和捐赠资金会发生波动,最终会逐渐减少。资助方(patrons)通常会感到疲惫并重新考虑他们的发展重点,而受助方(clients)面临的挑战则是在短期内遭遇资金削减的同时生产长期可再生资源。那么,这方面的实际经验是什么呢?

在七家美国基金会的共同努力下,非洲高等教育合作组织(Partnership for Higher Education in Africa)在十年内向 9 个非洲国

---

① National Council for Higher Education, Uganda, "The State of Higher Education and Training in Uganda 2010," 20.

② 参见 Mkandawire, "Running While Others Walk," 33.

家的高等教育机构和学者提供了 4.4 亿美元的资助①。乌干达仅次于南非和尼日利亚这两个最大的受助国，获得了该组织 10% 的拨款②。单麦克雷雷大学就收到了超过 4200 万美元的资助。非洲高等教育合作组织于 2010 年结束，为非洲高等教育提供了切实的帮助，包括扩大了互联网连接、改善图书馆设施和帮助边缘群体进入大学。非洲高等教育合作组织的资助者还投资了"下一代学者计划"（Next Generation of Academics initiative），帮助培养早期职业学者，以此解决高等教育系统中师资再生问题和帮助女性教师克服面临的挑战。这些机制包括研究生课程和课程开发。相关的其他助学金也是为下一代准备的。

非洲高等教育合作组织聘请咨询专家对其成就和局限性进行评估后发现，尽管并没有明确的退出策略，但这种伙伴关系成功地在不同文化机构的基金会之间建立共识，在非洲大学建设了基础设施，并维持长期的联盟③。不过，咨询专家本应从当地的利益相关者那里获取相关信息，但其访谈对象是美国的基金会官员、工作人员以及他们在美国和海外的同事④。在缺乏非洲经验证据的情况下，受助方在规划和塑造非洲高等教育合作组织资助项目中的作用还有待思考。获得资助的大学是否拥有项目的所有权？虽然难以辨别这些关系的确切位置，但贫困国家和其国际资助方之间的结构性权力仍然与这种

---

① 这七家基金会包括纽约卡内基公司、福特基金会、约翰·D·和凯瑟琳·T·麦克阿瑟基金会、洛克菲勒基金会、威廉和弗洛拉·休利特基金会、安德鲁·W·梅隆基金会和克雷希基金会。

② Suzanne Grant Lewis, Jonathan Friedman, and John Schoneboom, *Accomplishments of the Partnership for Higher Education in Africa*, 2000 - 2010: *Report on a Decade of Collaborative Foundation Investment* (New York: PHEA, 2010), 1.

③ Susan Parker, Lessons from a *Ten-Year Funder Collaborative*: *A Case Study of the Partnership for Higher Education in Africa* (New York: PHEA, 2010). Megan Lindow, *Weaving Success: Voices of Change in African Higher Education* (New York: Institute of International Education, 2011), 这是一项由非洲高等教育合作组织资助发表的研究。

④ Parker, *Lessons from a Ten-Year Funder Collaborative*, 43 - 44, 其中有一份被采访者名单。

等级关系密不可分。这种等级关系是不对称的,资助协议是在不平等的双方之间达成。正如非洲高等教育合作组织秘书处发表的一份报告所证实的那样,这种伙伴关系已经影响了其他资助者、非洲各国政府、个人和企业资助者的议程和观点[1]。根据该报告的说法,非洲高等教育合作组织与欧盟、挪威发展合作署和世界银行等几家改革机构进行了合作[2]。在教育部门中,资助者(主要是发达国家的政府机构)已经形成了一个伞状组织——乌干达教育资助机构集团(Uganda's Education Funding Agencies Group)[3]。资助者对政策的影响反映在他们共同的优先事项上,例如,在推进面向"下一代学者计划"上,他们的观点是一致的。虽然不同的资助者已经以下一代的名义设立了奖助金,但其具体意图还有待观察:"下一代"是指哪一群人,在多大程度上代表了这个特定的子群体,如何培养这些学习者发现新知识的能力,以及采用哪种培养范式。

在非洲高等教育合作组织结束后,世界银行邀请美国私人基金会参与谈判,提出了在非洲大学建设基础设施和扩大市场作用的议程[4]。在乌干达,议程强调的是形成共识的制度化过程,而不是内容本身。这是资助方与受助方的交易。这种影响可以从程序的执行方式(例如管理人员培训和评估)中看出,而不是体现在课堂教学细节的规定中。而且,对某些领域研究而非其他领域进行资助也是一种

---

[1] Grant Lewis, Friedman, and Schoneboom, *Accomplishments of the Partnership for Higher Education*, 6.

[2] Grant Lewis, Friedman, and Schoneboom, *Accomplishments of the Partnership for Higher Education*, 6-7.

[3] 其成员是世界银行集团、欧盟、爱尔兰、荷兰、日本、德国、世界粮食计划署(World Food Programme)、联合国儿童基金会(United Nations Children's Fund)、英国国际开发部、非洲开发银行和美国国际开发署的合作伙伴;Kasozi, "The Development of a Strategic Plan for Higher Education in Uganda 2001-5," 4,17.

[4] 作者与纽约基金会主任的电话讨论内容,2011年1月3日;作者与前纽约基金项目主任、肯尼亚规划和国家发展部顾问的讨论内容,内罗毕,2013年5月28日。

间接影响方式。正如由世界银行和洛克菲勒基金会资助的"科特报告"所示，这个问题归根到底是所有权问题。当受助者认为想法是被外部参与者强加时，就会引发抵制和排斥[1]。虽然一些地方参与者对贷款的想法与世界银行贷款的想法一致，但有一个微妙的问题是世界银行的措施以何种方式嵌入到了贷款和技术咨询的条款中。在这方面，萨莫夫（Samoff）和卡罗尔（Carrol）发现"限制性条款可以掩盖改革方案的所有权"[2]。而且，一旦实施，这些项目就被披上了国立大学的外衣。

例如，麦克雷雷大学对其监管框架的描述体现在其饰有国鸟冠鹤的校徽上。羽毛丰满、单腿站立的冠鹤形象生动有力，象征着这个国家不是静止的，而是在不断前进，也象征着这个国家是强有力的。这面三角旗的外形和触感都属于乌干达人。品牌塑造看似是地方性的，但也符合全球趋势，大学比以往任何时候都更卖力地宣传自己漂亮的标签。

在资助者——大学关系不断发展的过程中，利用影响力比实施政策更有效。资助机构使用所有权话语来减轻他们对监管改革成败的责任。

相应地，由于乌干达大学受坎帕拉政府签署的世界贸易组织协议的约束，类似于国家高等教育委员会这样的机构能够行使的监管权力有限。国家高等教育委员会在限制市场准入时受阻，因为来自海外的私人供应商很容易获得开设分校、学位和证书项目以及远程教育的机会。因此，本土大学面临着全球市场的直接竞争。意识到有必要削弱这些力量，国家高等教育委员会指出乌干达在理解这些方面存在不足："教育工作者、学生和公众对影响高等教育课程与项

---

[1]　Court, "Financing Higher Education in Africa," 11.

[2]　Samoff and Carrol, *From Manpower Planning to the Knowledge Era*, 34.

目设计的各种力量缺乏深刻认识。"[1]在这种联系中,学术课程被认为越来越"狭窄",自由学习方法的空间也越来越小,而适合雇主需求和大学期望的职业培训空间越来越大。[2] 由于财政资源紧张,对技术和商业技能的更多强调是以牺牲文学和其他人文知识为代价的。

盘点: 大学宗旨何去何从?

乌干达的高等教育能否复兴并重新站稳脚跟? 自后殖民时代早期以来,乌干达的顶尖大学就以创新研究成果和培养成就卓越的毕业生而闻名,乌干达的高等教育机构通过顺应新的需求和转向商业模式,迅速应对全球环境的变化。扩大招生、筹集资金以及更全面地连接全球知识网络成为乌干达大学的重点。

因为这些改变,乌干达的大学取得了成功。大学复兴的迹象是研究文化的改善、技术的进步,以及更广泛地认识到博士培养的重要性。例如,尽管预算不足,麦克雷雷大学评议会和理事会(University Senate and Council)仍然批准了麦克雷雷社会研究所的社会科学跨学科博士学位项目,国家高等教育委员会随后也予以批准。该博士项目于 2012 年启动,为政治经济和文化、历史和政治研究中的批判性导向项目提供了财政支持。该项目由乌干达人管理,也由乌干达人执教,目的是为了培养有公民意识的非洲年轻人并引导他们参与全球化。

乌干达大学的成就还包括增加了高等教育的入学机会,也提高了高等教育人群在总人口中的代表性。但是,那些没有同等机会尤

---

[1] National Council for Higher Education, Uganda, "Management and Leadership Training Project," 42.

[2] National Council for Higher Education, Uganda, "Management and Leadership Training Project," 39 - 40.

其是边远地区的弱势申请者大多被认定为付费学生。而且，虽然女性在学生团体、教师队伍和管理人员中的比例有所提高，但按学科、职级和薪酬衡量的性别平等仍然存在问题。

与此同时，重新定位大学的核心价值观也面临挑战。随着乌干达的高等教育越来越适应全球治理机构促进自由市场的政策，当地大学和国家高等教育委员会等监管机构遇到了利益冲突。例如，2013 年，英国私立大学白金汉大学（Buckingham University）暂停了对维多利亚大学坎帕拉分校（Victoria University in Kampala）部分课程的认证。矛盾焦点是乌干达提出的同性恋立法。白金汉大学表达了对这一领域言论自由的关注，要求坎帕拉分校就同性恋权利发表声明，而乌干达当局认为这一要求不属于原来谅解备忘录的一部分。此外，乌干达方面坚持认为，大学规章遵从乌干达国家法律，而不是英国标准①。在乌干达，刑事法庭禁止同性恋行为。维多利亚大学的乌干达官员指出，学生并不会被问及他们的性取向。乌干达方面拒绝了英国合伙人的要求，理由是非洲应该对外来教育提供者强加的要求说不。白金汉大学随后终止了与维多利亚大学的附属关系。此后不久，鲁帕雷里亚集团（Ruparelia Group）接管了维多利亚大学的所有权，该集团是一家私人公司，由一位乌干达出生的企业家领导。更明了地说，争论的焦点是，谁的价值观和哪种价值观塑造了这个后殖民国家的高等教育。事实上，乌干达缺乏针对国际合作组织或资助者的总体政策。只要这些协议符合国家的立法和规范，乌干达的每一所大学、大学里的各级单位和研究者个人都有与这些国际合作组织或资助者进行合作的权利。虽然大学的筹资压力越来越大，但资助者强调，他们期望拨款产生可衡量的影响。最有说服力的问题变成了强调什么样的影响和知识。谁的研究问题被重视，谁的又被

---

① 作者与戈洛拉、恩西班比和瑟桑加进行了讨论。

忽视？这个问题的关键归结于谁来制定学术议程。

在参与者的互相让步中，乌干达决策者们决心重振大学。乌干达制定了大量的国家发展计划、机构战略和2040年目标远景规划文件①。这些规划文件可能代表真正的承诺，也可能是做做样子。前者当然是可取的，但后者则是由于缺乏一个可预测的资助公式来支持据称是发展关键组成部分的知识生产和传播。

的确，发展大学需要的不仅仅是金钱。然而，如果没有一个公共资助支持下可行的筹资框架，大学只能因陋就简，结果就变成我所说的教育"拼装"。临时计划成为日常秩序。规划单位在不断地设计路线图；而高等教育机构正拼命追赶这些规划的步伐。

于是，进行重新定位的乌干达大学陷入了困境。对开展原创性研究、培养博士生以及师资发展的持续支持仍然短缺。高等教育机构到沦为了金钱文化的工具，无法履行民主教育、批判性自我反思和自由求知探索的学术使命。我个人认为，大学从根本上代表的是热爱思想并探索分享人类境遇的意义。

使命感的特殊性在后殖民时代的背景下显得尤为突出，而麦克雷雷大学在后殖民主义初期的快速发展曾使乌干达引以为荣。在经历了一段衰退期后，21世纪前十年经济的快速增长并没有消除衰退带来的严重后果。现在，乌干达的本土参与者正试图扩大政策空间，努力引导高等教育系统的发展，同时也在全球竞争的环境中前进。他们并不缺乏创新理念和政策，具体举措包括：努力恢复丢失的传统；将本土知识纳入到自然资源的可持续利用、技术、建筑、医学和艺术等领域的大学课程中；建立一所泛非洲大学（Pan-African University），拥有注重研究的区域性分校。大学与当地社区的利益相关者之间开

---

① Republic of Uganda, National Planning Authority, *Uganda Vision 2040* (Kampala: National Planning Authority, 2013).

展更广泛的合作是另一个优先事项。而且，他们也正在商讨可行的筹资框架的详细建议①。

在这种不稳定性中，只有两点是确定的。战略要起作用，对受助方而言也必须是"有机"的，而这种"有机"不能仅仅是对资助者而言的。如果高等教育创新是在没有本地系统支持下引入的，那很可能会被排斥，就像心脏移植时人体出现排异现象一样。这些变化必须融入或产自现存的社会有机体。其次，实现这些发展就需要知识想象力和政治勇气。为此，高等教育系统必须克服来自特定环境的挑战。作为一个现实问题，决策者必须掌握大学在其自身环境中进行重新定位的特定机制和过程，例如这些章节中强调的资助公式、集中和分散预算、排名系统、质量保证协议，诸如此类等。

即便如此，在大学改革的后殖民、新自由主义和社会民主模式中普遍存在着共同的趋势，需要注意三点②。首先，政府在高等教育投资上的不作为正在促使大学管理者像企业家一样行事，并采取了更有利于市场驱动参与者的目标。其次，越来越多的人认为大学不仅是资金的接受者，而且也是当地和国民经济的收入来源，例如，从大学的医疗中心、教师创办的公司以及出口服务获得收入。第三，学术界在适应快速发展的全球化力量方面步伐缓慢，这在一定程度上要归咎于共同治理传统以外的其他因素，尽管这种传统在许多校园遭到侵蚀。坦率地说，部分困难在于教授职位。这是对教师特权的捍卫，也是我们必须得到的一种信任。而且，我们队伍中有一部分人把学术优先于教学。学者们不应该只懂得自我保护，也应该自我批评。虽然指责政治官员、官僚主义和企业高管并没错，但我们也应该审视一下自己，看看我们在多大程度上匹配我们所享有的特权地位，以及

① 关于后者，参见 Kasozi, *Financing Uganda's Public Universities*，especially 200 - 215.
② 美国大学国际服务学院国际关系学教授肯·孔卡发给作者的电子邮件(2016 年 1 月 23 日)中提供了精辟的见解。这些见解帮助我将本段中的各个主题整合到一起。

我们的表现是否与我们的义务相称。我们当然有缺点,断不能掉以轻心。我们的使命是引进更好的教学方法,激发求知欲,培养创新的冒险能力,激发批判意识,中心任务是鼓励学生重新面对这样一个问题,即在一个动荡的世界中,民主公民应该承担怎样的义务与责任。

　　本书最后一部分的主要内容是评估高等教育的前进方向,并提出纠正措施。后续内容具有调查性,或许会引发诸多争议,但本意是提出建设性的解决方案。

第三部分

结　论

第七章
多态性

本书的中心论点是，大学的首要宗旨正在消退，而新的宗旨正在推进。本章要寻找的是，哪些新宗旨正在取代旧宗旨。同时本章还将讨论为什么后者会被视为重要的知识遗产。

全球化的巨变让知识机构失去了安全感。这些变化动摇了大学，而大学本身就是因科学探索而产生不确定性的特殊事业。对真理的追求，或者如后现代主义者所言，真理本身会动摇现存的确定性。因为研究对现有知识既有支撑，也有颠覆，大学应用批判的眼光审视自己所创造的知识。

毕竟，通过提出深刻的问题，苏格拉底播下了质疑的种子。虽然问答增进了对问题的理解，但答案并不会是决定性的。爱因斯坦也持这种看法。据说，当一个学生问他物理期末考试的问题是否与前一年一样时，他回答道，是的，但今年的答案会不同。而且，答案可能会生成另外的问题。我们由此发现了未知的东西和新的探索途径。这一切的重点是为了阐明、厘清和聚焦会扰乱传统思维的过程。

在寻找生活中的可预见性的同时，大多数人都在为越来越多未来的不确定性而努力。这在一定程度上是因为技术创新加强了社会和市场的关联程度[1]。不仅速度快，而且波动性和不稳定性都很显

---

① 乌尔里希·贝克认为在一个"世界风险社会"中，安全概念本身不再可行，参见 Ulrich Beck, World Risk Society (Cambridge: Polity Press, 1999), 2；贝克还认为，可以用专家知识（转下页）

著,正如全球经济和自然界一样。

全球化的力量和国家政治经济的变化是否意味着大学的首要原则已经销声匿迹?毫无疑问,对于面临巨大现实压力的许多学生和他们的家庭来说,一些教授关于纯粹学习、丰富思想、发展道德推理的理念似乎也是次要的,甚至是陈旧和具有误导性的。从某种程度上看,这一取向在当代大学寻求"相关"发展的时候得到关注,尽管只有少数教师认同。教育工作者的职责是将他们的技能应用到"现实世界",而不是纠结如何解释肉眼所见的假定现实的深层次问题。人们也越来越多地强调此时此地,而不是去理解那些不可观察的认知基础,至少不是那些通过标准方法看不到的认知基础。也就是说,所谓回报应该是有用的知识,即使这需要牺牲基础研究。

倾向从学术项目和人员中获得即时回报,其危险在于使大学偏离了其首要宗旨。这种偏离的发生源于以下原因:物质利益的力量,杜威曾着重预警这种力量;国内外激烈竞争的影响;公共和私人领域角色看法的改变。正如我们将在本章中看到的那样,大学的重新定位正在向多态性发展。在从传统走向新生的转变中,多种使命并存。在多形态的机构中,这些使命堆积在一起,反复出现。一些使命在消退,另一些使命则变得明晰。导致这一状况的方式和目的都是问题的症结所在。

环　　境

在本书的开篇,我就指出了一个悖论,即大学正变得越来越相似,也越来越不同。第二部分的案例揭示了这种趋同和分化是如何

(接上页)来计算这种对安全的侵蚀,但现在越来越难以计算,参见 Beck, *The Cosmopolitan Vision*, trans. Ciaran Cronin (2004; Cambridge: Polity Press, 2006).

相互关联并形成了多态性。环境对这种发展至关重要,结构性原因只讲述了故事的一部分;细粒度的分析揭示了混乱的纠葛、庞杂的历史和多元的民族。基于广泛的频谱构成了总体模式。

总结这三个国别研究案例带给我们的启示:新自由主义、社会民主主义和后殖民主义大学的三个案例分别详细介绍了美国、芬兰和乌干达三个国家高等教育发展的经验,美国显然是一个人口多样化的大国,而在另两个小国,芬兰人口相对单一,但乌干达则拥有许多族裔和语言群体。按世界标准,北半球的两个案例国家都属于富裕国家,乌干达则属于贫困国家。虽然这些案例可能没有涵盖全世界所有情况,但我相信他们很好地代表了大部分情况。

这些案例具有惊人的共性。三个案例国家的大学都是在经历过内战和国际战争的国家中发展起来的。在所有案例国家中,高等教育机构或其前身学校都起源于殖民时期。这些机构最初都受到了宗教传统的影响: 新英格兰的清教(Puritanism)、芬兰的路德教会(Lutheran Church)、乌干达的圣公会(Anglican,比天主教和伊斯兰教更具影响力)。随着大学的世俗化,大学也采用了源于洪堡和纽曼的欧洲模式。

每个国家教育系统都必须解决自身的民族问题。从历史上看,民族主义一直是建构国家认同的关键,涉及到建设可行的教育机构。直到今天,民族主义也涉及少数群体的代表性:主要是美国的种族和民族群体;芬兰讲瑞典语的人群;以及乌干达因种族和民族政治化而被边缘化的民族①。书中三个案例的另一个特征是都受到阶级和性别分层带来的持续挑战。作为社会流动性和综合国力的潜在引

---

① 当然,所有案例都非常复杂,具有细微差别。布兰奇和曼皮利在《非洲起义》一书中描述了乌干达的三个民族问题:北方问题、布干达(中部地带)问题和亚洲问题,每个问题都是殖民主义的遗留问题,书中还描述了后殖民政府处理这些问题的方式,参见 Branch and Mampilly, *Africa Uprising*, 115 - 18.

擎,大学对于解决这些问题来说至关重要。

　　大学监管改革的故事从"纵轴"和"横轴"两个方面来看。纵轴梳理了这三个国家的高等教育历史。在殖民时期,宗主国植入了自己的高等教育系统。美国的印记最初源自英国;芬兰源自瑞典和俄罗斯;乌干达同样源自英国。这反映了宗主国及其附属国交织混杂的历史。当三个国家在 1776 年、1917 年和 1962 年获得政治独立时,历史节奏发生了变化,这些国家开始打造本土的高等教育机构。

　　除了历史节奏,纵轴还延伸到了政治文化,即生活方式的特别之处。这些都是世代积累的意义和习惯,在不同程度上以不同的方式提供社会凝聚力。第四章、第五章和第六章分别指出了美国普遍存在的个人主义观念、芬兰的"西苏精神"(Sisu,芬兰语,指毅力与勇气,锲而不舍)、乌干达根植于当地社区和宗教的团结精神以及民族融合的假想。冲突和回忆等历史影响的结果和这些国家公民文化中的信任与猜忌均已在本书的第二部分讨论过。当然,每个国家都有其独特之处,使其社会更紧密地凝聚在一起并对教育政策产生重大影响。

　　在案例章中,改革的横向维度包括管理主义、竞争力、分权、私有化和全球化等大体相似的主题。但这些主题并不完全相同,并且也出现了不同的分主题。例如,不同类型的私有化是根据具体环境而定的。融资工具(funding vehicles)和筹资计划(financing arrangements)是根据各地情况和资源的总体可获取性而定制的。三个国家的学费和学生债务相对于国内生产总值的比例相差甚远,其中芬兰的人均负担最低,因为芬兰实行相对平等的分配政策;乌干达人均负担最高,国民收入较低;美国介于二者之间,因为美国经济规模大,教育成本高。

　　因此,趋同和分化不是相互排斥的。二者不是对立的,而是交织在一起。多态性意味着趋同和分化的结合。这种复杂性在不断变化,为探索新的可能性提供了线索。

最初关于大学宗旨的简单叙述已经发展出了一系列宗旨，其发展方式将在下文说明。高等教育的手段正在取代目的，短期的战术战略正在变成长期的办学目标。之所以会如此，要先从叙事谈起。

新路线叙事

在我们这个时代，把大学描述为专注于精神生活和探索乐趣的机构的叙事往往显得肤浅、落伍，或者说只是朴素的浪漫主义。人们常说，高等教育机构必须重新关注学生的培养，以使他们能够在一个野心勃勃又快节奏的全球市场中成为知识工作者。由此展开的改革是对这些认识的回应，并谱写了新的叙事。这些叙事展示了世界一流的梦想。

"拼装者"们杜撰了一些安慰人心的故事，讲述如何实现世界一流。话语掮客的任务是推动这一进程。他们是网站管理员、公关专家、通讯和外联助理院长、广告公司的营销经理、平面设计师和顾问。这些解说员将关键词转换成本书高频出现的常用语：战略规划、最佳实践、基准、品牌化、知名度、生产力指数、质量保证体系和可量化的结果。我曾说过，这些流行语源自于重新定位大学的物质结构和象征意义。资源往往用于传播信息和徽标：比如乌干达案例中羽毛丰满的冠鹤图像，或在商业印刷和电子通信中使用讨人喜欢的新词汇，用来推销一种身份。学生成就奖和筹款活动都会展示这些标语牌。徽标制造者已经将基本主题从真理和美转移到了精通技术的企业家精神上。在这些签发的声明中，商业隐喻被规范化，而且作为营销意图，商业隐喻采用了一种叙事诱导的形式。

大学与学生的关系是用零售业术语——"顾客"来描述的。大学越来越多地把自己描绘成为有用知识的提供者，将其功能与弗莱克斯纳的无用知识观念拉开距离。对这一举动持批评态度的人士表示，当代叙事标志着大学价值观的转变。人们经常抱怨旧观念、口号、空泛的术语和企业的陈词滥调渗透到人们的思想之中，取代了严肃的知识参与。英国文化历史学家兼小说家玛丽娜·沃纳（Marina Warner）写道："当大学被塑造成各种商业形态时，语言也被商业目标收买。我们都听过的机器人语言管理，就像一个按钮激活了数字化生成的声音一样。与小说《1984》（*Nineteen Eighty-Four*）中的'官腔'一样，商业用语把市场形象叠加到大学的理念上，这是一种神奇的命名案例。"①沃纳抨击的是大学的市场意识形态以及市场意识形态的狂热者们推行改革所带来的"封口"效应（"gagging" effects）。

大学的市场意识形态不仅仅是学术价值变成金钱价值的问题，还涉及其他问题。钱本身不是问题，钱的用途才是一直困扰大学的问题：这是一个高等教育财政的问题，钱应该用来做什么。

当大学人员把成本和收益货币化来衡量知识机构的投入产出，他们就会忽视公众真正付出的代价。无论其他压力如何，学者们都有责任给予公民更多知识，丰富大众文化，阐明政策问题。而社区参与反过来又为提出新的、甚至棘手的问题提供了机会。但是，鉴于金钱对他们工作环境的影响，学者们常常感到无法参与全国性的对话。资助者能够左右一所大学的使命，他们希望以影响力来衡量资金回报，其中的一些资助者坚持要完成他们的竞标。结果可能与学术界长期以来所珍视的持久成果一致，也可能存在出入。在这种情况下，市场力量渗透到知识生产和分配中。

这其中的关键环节是竞争力。竞争力被明确地展示在大学的使命宣言和战略规划中，也隐含在国家和全球排名等活动中。在美国的案例中，竞争力是主张美国例外论的一个重要特征，被纳入到主要

---

① Marina Warner, "Learning My Lesson," *London Review of Books* 37，no. 6（March 19, 2015），http://www. lrb. co. uk/v37/n06/marina-warner/learning-my-lesson（accessed August 27, 2015）.

政治家的演讲中。然而，并非所有大学领导者或前任领导者都认同
这种关于竞争力的说法。例如，哥伦比亚大学的柯尔对专注于国家
竞争力的做法提出了异议："我不关心这场国际学术奥运会的输赢；
我同样也没兴趣带着满足民族自豪感的目的去计算美国人获得了多
少金牌或诺贝尔奖。……我相信有证据表明，竞争有利于知识的增
长，而知识的增长对广大社会是有益的。……总的来说，基础知识
（以及目标导向的知识）的增长带来了创新，这些创新改善了全球人
民的健康、社会福祉和经济福利。"①

柯尔还补充道，不同国家的知识增长和大学进步可以互惠互利：
"其他国家的大学变得越好，其学者、科学家和工程师就越有可能成
为美国人的合作伙伴。"和柯尔一样，其他大学叙事的作者也表达了
他们希望冲破国家牢笼，创造一种"世界"的前景。这些主流叙事美
化了世界主义（cosmopolitanism），旨在追求其展望和规划的普
适性②。

于是，这个问题就变成了实现怎样的世界主义，是上文所示的以
西方为中心的世界主义吗？这是不是在含蓄地表示，由西方主导的
全球知识治理对那些渴望成为世界一流的大学来说是最好的选择？
令人担忧的是，尽管像斯坦福大学、麻省理工学院和其他精英大学推
出的慕课等举措提供了新的机遇，但同时也压制了本土的知识生产
和传播。这种对世界主义的批判引起了人们对结构性失衡的关注，
而欧美地区顶尖研究型大学的知识代理人所预测的双赢局面正是以
这种结构性失衡为基础的。这里的问题在于，虽然双方的利益均可
实现，但一些知识机构的利益还是以牺牲其他机构利益为代价的。

综上所述，多态性叙事是不稳定且有争议的。此类叙事代表了

① Cole，*The Great American University*，469.
② Cole，*The Great American University*，469.

为满足具有多样化需求、期望和潜在贡献的不同公众的努力。在当前环境下，大学不断发展的道德目的是波动的，也是不确定的。

道德目的

面对日益增长的需求，大学管理者必须关注机构的地位，但这有可能会破坏大学道德目的。这关系到一个致力于教学和研究、为全人类造福的学术共同体的生存能力。洪堡和纽曼的愿景是激发人们对知识的渴望和对重大问题的参与，而中国、印度、中东和世界其他地区的伟大思想家们也广泛地讨论了文明问题。爱因斯坦反对放弃这些目的，他作为一名人道主义者，不仅不赞成过于专业的探索，而且我相信，他也不赞成只在乎知识"深度"而不注重知识"广度"的做法。爱因斯坦是一位博学之士，他对那些在特定领域有专长并能在不同学科之间和学科内部跳转的知识分子怀有极大的敬意。

具体来讲，我想起了自己在大学管理方面的一段经历。当时，经济系极力推荐一位应聘者并征求我的同意。这位应聘者的履历和推荐信表明，他是一位精明的计量经济学家，尽管刚从研究生院毕业，但已经发表了优秀的论文。在我的办公室里，他用专业术语阐述了他的研究计划，并展示出了出色的沟通技巧。但当我告知如果他被录用的话，将会被要求讲授一门经济学入门课程，包括史密斯（Smith）、里卡多（Ricardo）和马克思等古典学派的著作时，这位候选人表示了异议，他无法参与有关这类文献作品的讨论。在接下来的面试中，我发现他擅长解释统计数据，但无法将对话链接到计量经济学分支学科以外的知识。我感到有必要请招聘委员会的同事和系主任重新审视我们在招聘中的优先事项。

受争议的是学术界的关注点。当新的管理理念打破公共空间，这些关注点受到了威胁。大学管理者一方面宣扬多学科的重要性，另一方面却将一个原则上致力于同行之间交流思想的社会活动转变成原子论个人主义（atomistic individualism）。学者们被要求筹集资金，并最大限度地增加他们在顶级出版社和知名同行评议刊物上的出版物数量。学者在主流出版物上发表可以带给他们个人影响方面的瞩目成绩，从而将其标记为"生产力"并提升大学的排名地位。事实上，这些措施被用来快速地裁减教师并移交人事部门处理。作为一种创造性破坏，新管理理念促进了创新，但也动摇了信任，破坏了大学的道德结构，降低了构建人际关系的投资动机。共同体意识减弱。

我们有必要停下来反思一下。历史表明，道德腐败是一道陡坡，而且这道陡坡可能会变得更加湿滑。在许多领域，据称符合资助者意愿的中立研究可以得到外部资金。杰出学者会因其所具备的专业知识而获得报酬，也会因支持企业议程获得补贴和旅费。而行业顾问则因参与公共事务获得资助，他们在立法机构的听证会上作证，进行游说，并为维护或反对特定产品提供证据。其中一些"权威人士"已经成为国家和世界舞台上的有影响力的参与者。在生物工程食品的辩论中，咨询协议的问题已经暴露了出来，涉及到孟山都（Monsanto）等公司和酸奶制造商等有机型企业的数十亿美元的工业战争①。企业希望他们的投资能带来成果，而研究人员虽然受到学术诚信的道德约束，但也被激励着去获取能够产生出版物的资源。尽管通常情况下研究人员和资助者不会出现利益冲突，但在一些商业和政府资助的研究中，研究人员会迎合资助者的利益，或者在资助的诱导下，研究结果发生倾斜，致使结果无法得到印证。

---

① 学术科学家与工商业活动的财务联系是否恰当，就像转基因作物和药物的关系一样，是长期存在的争论，经常受到媒体和前大学管理者的审查。例如，Eric Lipton, "Emails Reveal Ties in a Food War," *New York Times*, September 6, 2015; Bok, *Universities in the Marketplace*; Rhodes, *The Creation of the Future*.

　　由于研究结果无法在大量实验中复制，人们在再现性和可证伪性的重要性问题上产生了分歧。这关键取决于采用哪种认识论标准和谁的认识论标准。实证主义者相信科学方法，即通过检验假设并对研究结果进行实验验证来开展研究。最重要的是，实证主义者坚持认为数据和规范价值是可分离的，而且实验结果是可复制的。

　　但是，开展研究的范式不止一种。后实证主义者对"科学主义"的信条提出了异议，他们认为经验可以证明或反驳一个命题，可以作为论证的依据。他们宣称数据与知识生产系统相联系并承载着价值。根据他们的观点，数据点不是固定不变的，会随着时间和环境发生变化。此外，后实证主义者还认为，道德和社会结构的复杂性是可变的，催生了不断变化的各类研究问题和对经验现象的解释。

　　社会学家一直关注着道德问题，他们质疑人种学中的事实发现过程。他们揭露了研究人员涉嫌违背道德的行为，包括歪曲资料来源，甚至是虚构的情况。此外，审稿人和编辑也被指责没有尽职尽责地调查实地记录、事件和日期的准确性。这不仅是个人道德选择的问题，也是社会知识生产方式的问题①。

　　在这个紧要关头，历史研究和人文学科进入了对行为的理解阶段。审美经验可以推动社会研究人员提出重要问题，比如对一件艺术品的鉴赏。艺术作品提供了可信的概念，并打开了理解的世界。总之，关于知识本质的哲学承诺和开展科学研究的方法为关于学术研究可靠性的学术话语讨论提供了基础。

　　考虑到不同的知识传统，大学一直试图制定研究标准，监测合规情况，并遏制违规行为。然而，这些错综复杂的规则充满了模糊性。

---

① 例如，社会学家、人种志研究者爱丽丝·戈夫曼的《在逃：一个美国城市中的逃亡生活》是关于费城毒品、犯罪和治安的田野调查，这本引人瞩目的作品引发了有关研究行为，证据如何产生以及如何评估的激烈辩论，参见 Alice Goffman, On the Run: Fugitive Life in an American City (Chicago: University of Chicago Press, 2014).

举个例子,成立机构伦理审查委员会(institutional review boards)是为了保护研究对象不受伤害,比如某些针对弱势群体(儿童、经济弱势群体、智障人士和囚犯)的实验。政府已向这些委员会提供了越来越多的规章制度,以防止道德行为的滥用。但在执行过程中,监管手段可能会引发破坏研究人员自由表达和学术自由的意外后果①。

一些潜在问题与急于发表有关。在受排名驱动的议程中,同行评议的出版物被大学管理者赋予了很大比重,强调研究而非其他学术责任。这种倾向与涉嫌错误数据和倾斜式观察等不道德行为有关,特别是一些学科将正向结果视为最有价值的发现而忽视负面结果,因为获得正向结果才更有可能发表。捏造的研究结果导致了期刊的接连撤稿,并引发了关于背后原因的争论。大部分争议集中在奖励制度上。对主流范式的异议通常被指定在所谓的"B"级或"C"级期刊的出版物上发表(芬兰案例说明了其中的风险),但在正统的"A"级期刊上的成功发表可以带来职业晋升、认可和额外报酬。

绩效薪酬制度通常看重的是在顶尖出版物上发表的学术论文数量以及为大学带来的外部资金数量。在一些大学,管理者会为这类成功发表的学者们颁发奖金,他们向那些被认为成就卓著的教职员工提供丰厚的薪水。捍卫这种薪酬方式的理由是,这正是理事会用来奖励首席执行官业绩的薪酬制度。而且,如果这种做法对某一位雇员(或者是首席执行官最重要的副手)在道德上是正当合理的,那么对其他员工来说也应如此。然而,潜在的危险是,在公开的大学环境中,资助和不平等日益加剧。一些拥有活跃工会或教职工协会的大学采取了更加平等的措施,比如晋级加薪的薪级制度。但随着新自由主义的改革和工会力量的削弱,这些措施似乎也日渐衰落。

---

① 正如柯尔在文献中的讨论,参见 Cole, *Toward a More Perfect University*, kindle locations 5211 -25,5198 - 5211.

事实上，管理主义建立的是忠诚度，而不是合法性。虽然公共精神的重要性是公认的，但知识结构可能会限制知识的多样性。现有的管理体制不断侵犯学术自治。正如本书的案例研究所示，学术自治被重新定位为行政自治，而行政自治又反过来被重新定位为财政自治。通常情况下，自治权的赋予就是自治权的收紧。自治的意义被弱化，其内容也不再以大学的基本道德准则为基础。使命宣言和匾额中写着关于追求智慧和欣赏美的词句，展示在校园和网站的醒目位置上，这些词句都是有益的提醒。往好了说，这些名言警句代表了知识机构的应有之义；往坏了说，它们不过是大学转型的门面装点而已。对于所有的实际目的而言，这些词句暴露了它们的装饰性和缺乏操作性。

数据驱动的管理不再只是一种手段，这种道德规范的普遍实施意味着对民主决策、批判性思维和学术自由承诺的背离。这种管理体现了对高等教育的限制性概念，并致力于将复杂的组织简化为数值。

要解决 21 世纪大学的问题，我们不必拒绝大数据或数字化。如果低估大数据或数字化的真正贡献和潜力，那将是短视的。这些工具带来的改善表现为：改进教学形式，获取大量研究信息，加强问责制，以及注重精简程序。然而，在没搞清楚这些工具的用途前，我们不应该过快地加入到这个行列中。

令人担忧的是，这些工具在全球范围内迅速流行，并不断脱离高等教育的根本目的。不过话说回来，对目的的追求可能是永无止境的。这需要一种对人类自我实现的永恒追求①。当然，在这个过程中，有很多方法可以扩展道德想象力。

---

① 大卫·D·科里的文章让我获益匪浅，参见 David D. Corey, "Liberal Education: Its Conditions and Ends," *Perspectives on Political Science* 43, no. 4 (December 2013): 195 - 200.

多元化的办学目标

大学既不是完全地融合为同构,也不只是简单地分裂成更多的类型。在一个多态性的状况下,大学的办学目标混合很难用一种、两种或一刀切的概念来理解。

凭借长期担任哈佛校长的经验,博克发现高等教育多重使命的发展动态中存在细微的差别。他描绘了美国大学办学目标的扩展过程:从培养年轻人担任领导职务,培养学生从事有用的职业和强调研究,到通过广泛的通识教育培养大学生的思想,以及出版人文科学方面的学术著作。博克指出,现行的办学目标中已经加入了新的目标:服务本地企业、政府、社区和海外大学,促进经济发展,就像在硅谷(Silicon Valley)与初创公司和风险投资基金合作[1]。他解决的问题是,办学目标的扩展是否会带来机构使命的兼容或冲突? 大学的发展是否协调一致?

博克认为,多重使命往往相辅相成。为政府或政府间机构提供咨询意见的教授可以从他们的实践中汲取经验,并将其引入课堂。文科教师可以将应用性工作与解决问题联系起来。然而,大学的各种办学目标之间也可能存在矛盾。例如,强调实践训练会使人文学科边缘化,也会减少基础研究。在权衡这些考量因素后,博克认为,大学领导者有责任保持高等教育机构办学目标之间的"适度平衡"[2]。他认识到有必要做出艰难的选择,尤其是在必须做出权衡的紧缩情况下。"使命蠕变"(Mission Creep),即包括了更多的功能、融入了更多教师参与以及增加设施,但成本高昂,大学不应该努力变得面面俱

---

[1] Bok, *Higher Education in America*, 28 - 31.
[2] Bok, *Higher Education in America*, 31 - 33.

到。各种各样的办学目标可能会互相冲突，导致摩擦①。

尽管博克对多种办学目标的危险性进行了精准的分析，但他关于"适度平衡"的表述仍有待商榷。他的主张之所以有问题，是因为行者和知者为适切的平衡点争论不休。同样的，就事论事派和概念生成派，学科支持者和学科间、多学科和跨学科的"信徒"各自主张平衡的不同。一些教师坚持认为，共同治理意味着解决这些有争议的问题是一项学术责任，由公开辩论与负责跨单位重新分配资金的管理人员商定，将重点放在大学的当务之急上。

即便如此，博克的思考表明，大学应该有多少办学目标并不能用一个数字衡量，也不存在逻辑上的理由可以说明办学目标少比办学目标多更好，办学目标多也不意味着更多好处或坏处。但同样地，高等教育机构必须将课程与资源分配的指导规划设为首要任务。知识机构的目标不应全都放在同一层面上，有些目标应被优先考虑。由于多种目标的存在，问题变成了哪些理想是首要的，哪些是次要的、多余的或有损共同体意识的（共同体意识是大学的核心）？做出这一决定是至关重要的，以免大学的使命变成各种办学目标的大杂烩。在这方面，科尔从加州大学退休后，指出了机构使命趋于宽泛，由此形成了一长串大学应该努力实现的"目标清单"②。

在三位一体的核心宗旨中，任何一项使命都不应置于另外两项使命之上。相反，三项使命是相互作用的。在不同时期的特定背景下，比如美国的麦卡锡时代，当对学术自由的公然侵犯威胁到大学精神的时候，"三驾马车"的其中之一就显得格外突出。在麦卡锡时代，捍卫学术自由才能使民主教育和批判性思维成为可能。如果不放开

① Bok, *Higher Education in America*, 36 - 37, 69.

② Clark Kerr with Marian L. Gade and Maureen Kawaoka, *Higher Education Cannot Escape History: Issues for the Twenty-First Century* (Albany: State University of New York Press, 1994), 167

对学术自由的桎梏，就不可能进行正确的教学和研究。学术自由不仅仅是达成教学目标或求知的手段，在其他情况下，民主决策和批判倾向是维持学术自由的必要条件。因此，大学的核心使命不是以循环的方式相互联系，而是根据历史的特定条件连接到一起。大学面临的挑战是将核心使命之间的相互作用转化为创新的创造性张力，而不是让这些使命彼此对立①。

在驾驭这些使命时，折衷的组合可能代表了一种暂时的解决办法，但这种办法的特点是相互竞争的办学目标之间的不和谐共存。同时，一种理性选择、目标差异法（means-ends）的计算也无助于厘清影响日常判断的历史和哲学困境。如果没有对首要目标的牢牢把握，对政策工具的即兴运用可能会造成混乱。这些使命只是简单堆砌，没有任何方法可以让它们组合在一起。教育"拼装"缺乏连贯性，因为改良派改革的方方面面都未能适应知识生产和传播方面的结构性挑战。

因此，如果大学的使命不易以线性方式叠加，那么区分其短期目标和卓越目标就变得非常重要。随着机构的发展，教育改革者将一系列短期目标置于卓越目标之上。这些附加的短期目标使大学能始终紧跟时事的潮流，但这些目标很快就会过时。使命的快速更迭是可取的，但问题是在这条道路上，大学前进的指南针又在哪里呢？

我非常重视参与大学所处的广阔世界，因此我坚持认为应该优先考虑标志性宗旨。在这一点上，我回想起美国青年收到征兵号码的时候，他们面临的是征兵制度的变化无常，是参加越南战争的政府命令，是拒绝服役就会锒铛入狱的局面。如果作为当时的一名学生，我会根据什么来做决定呢？是承担自己作为国家公民的责任，还是听从良心的指引？虽然我校的大多数教授都在各自的专业领域授

---

① 我很感激孔卡在电子邮件中提出了这一观点。

课,但并没有运用他们的专业知识来阐释上升的社会公正的问题(生死攸关的问题),而是在校园的公开辩论中直接提出了这些问题。在一个令人印象深刻的论坛上,一位雄辩的政治科学家认为对民主国家的政策说"不"是通向邪恶政体之路(可以以法西斯主义或无政府主义为例),他与一位天主教神父、著名诗人丹尼尔·贝里根(Daniel Berrigan)展开了辩论,贝里根如同索福克勒斯(Sophocles)经典希腊悲剧《安提戈涅》(Antigone)中的人物一样,声称有一种更高的宗教权威是人人都必须遵从的。争辩集中在一个人是否有义务响应国家的号召,无论对错,或者说是否有义务尊重他人的道德禁忌。关于如何选择的矛盾立场直接触及了战争正义的批判性对话(由民主和伦理学家的理论者积极提出)并对思考当前重大问题提供了思路。这场深入探索道德哲学的旅程比我所有在研究生院进行的应用研究更具指导意义。这种自我反思所涉及到的问题也反映了我们这个时代的特征。大学已经组织了许多关于社会不公的论坛,比如"黑人的命也是命"运动(Black Lives Matter)引发的争论,这是2013年因非裔美国人被执法人员杀害而掀起的一场国际运动,抗议在国家庇护下、由制度种族主义导致的持续暴力。

21世纪初美国发生的系列校园事件表明,当代社会正义运动("黑人的命也是命"包括其中)与黑豹党(Black Panthers)这样的革命先锋组织之间存在着相似之处[1]。在考量了重要差异的情况下,可以说引发这些国家运动和国际运动的社会问题依然存在,如制度种族主义以及警察与少数族裔社区之间的紧张关系等。当今关于如何弥

---

[1] 黑豹党成立于1966年,一直活跃到20世纪80年代初。黑豹党主张在以非裔美国人为主的社区自卫,以保护居民免受警察暴力的伤害。黑豹党让女性担任领导角色(尽管性别偏见仍然存在),建立社区项目(如为儿童提供免费早餐和诊所等),并寻求优化媒体和视觉形象的使用。黑豹党最终因内讧与联邦调查局的渗透行动(即反情报计划)而分裂。

补美国大学从奴隶贸易中牟取暴利的争论都是活历史的象征[①]。

　　毫无疑问,大学必须参与解决当前面临的紧迫问题。但这些问题不可避免地会发生变化,今天休戚与共的问题往往稍纵即逝。在努力跟上事态发展的同时,高等教育机构也在目标等级中提高特定使命[②]。综合起来,证据表明四种要素构成了一种新的功利主义形式。第一种要素,优先考虑有用的知识和解决问题的技能,越来越多地以牺牲基本知识为代价。第二种要素,这种大学重新定位与市场价值相关。本书案例研究所涉国家自高等教育出现以来,就采用早期的功利主义方法培养神职和公务人员,为某些职业培养毕业生,并为精英阶层的孩子提供一种有教养的生活方式。渐渐地,特别是在过去的半个世纪里,目标的效用扩展到包括竞争、测量指标、绩效和自我监管等限定值(determinate values)。第三种要素,新的功利主义确信技术发展是振兴高等教育的途径。最后一种要素,坚持支持教育服务出口的全球化模式正在兴起。

　　我认为,尽管大学的领导者们对大学长期以来确立的办学宗旨表示敬意,但这些原则在今天特定的价值观面前显得苍白无力。新上场的球员正在取代他们的前辈,因为镀金球员占据了主导地位,而其他球员只能努力跟上他们的步伐。一位大学校长迈克尔·克罗(Michael Crow)和其合著者威廉·达巴(William Dabars)把这种现象称为"伯克利和哈佛嫉妒"(Berkeley and Harvard envy)。他们认为,学者们已经被灌输了追赶顶尖大学的愿景[③]。基准和机构排名等活动会产生类似的效果。第三章介绍的治理机构网络诱导了对标准制定者的模仿。大学助长了这种模仿趋势。从根本上讲,治理机构网

①　参见第四章和第八章。

②　第四章、第五章和第六章中对这种提高进行了描述。

③　Crow and Dabars, *Designing the New American University*, 122.

络发挥的作用已经超出了适度调适的范围。

在对大学宗旨进行排序时,主要宗旨变成了次要宗旨,次要宗旨反过来变成了主要宗旨。可以毫不夸张地说,过去半个世纪里,大学的定位经历了范式转变。这种转变围绕着一种关于高等教育的主流世界观展开,并引起了不同的反应。不同的观点也在不断涌现。

反 应

面对教育改革的巨大变化,许多教育工作者认为这些变化是不可阻挡的,而且认为实际上是有利可图的,并为此庆祝[1]。尤其在预算压力下,新自由主义改革的支持者们希望慈善事业(其中也包括企业资助者)提供收入来源。大学管理者鼓励学术企业家们掌握技术管理、争夺奖项、争取认可。在企业文化中,自我推销成为一种常态。相比之下,这种特质在一些国家的工作文化中是很罕见的,因为在这些国家中,谦虚和谦逊是一种习惯。

学术界对这种波动的第二种反应是将过去的知识分子生活浪漫化。怀旧主义者沉溺在他们的记忆中,想要重现大学的早期面貌。他们向往上一个时代,理想主义使他们对高等教育的转变提出了批判。然而,在新自由主义在学术大学兴起之前,这是对原始历史时期的哀叹。这种假想被冻结在时间里。如何应对当前的形势,走向未来,仍然是我们必须面对的问题。

第三种反应是,一部分人反对新自由主义政策。在英国,对学术价值侵蚀和市场价值上升的抵制尤为明显。2012 年,数十名杰出的

---

[1] 在概述这些教育工作者的反应时,我引用了亚当·哈比布的观点,参见 Adam Habib, "Managing Higher Education Institutions in Contemporary South Africa: Advancing Progressive Agendas in a Neo-Liberal and Technicist World," *CODESRIA Bulletin*, nos. 3 and 4 (2011): 5 - 9.

知识分子组成了英国大学保卫联盟（Coalition for the Defence of British Universities），以捍卫学术自由并对抗"大学真正宗旨"的扭曲，正如历史学家和英国国家学术院（British Academy）前任院长基思·托马斯（Keith Thomas）所说的那样①。联盟的创始成员还包括其他学术院院长和伦敦皇家学会（Royal Society of London）、诺贝尔奖得主、曾经的大学校长和副校长、上议院议员和前内阁部长。

此外，反对英国政府改革和英国教育系统总体方向的抗议活动的特点是占领建筑物，包括占领伦敦经济和政治科学学院（London School of Economics and Political Science）的大楼，此举受到了阿姆斯特丹大学（University of Amsterdam）和其他地方类似事件的启发。学生要求停止对可量化成果的关注，恢复对人文学科的资助，扩大大学治理的范围。在各个国家，学生运动人士都在努力阻止掠夺性的高等教育贷款等残酷做法。美国的"学生债务运动"（Student Debt Campaign）主张集体反抗，以摆脱债务陷阱②。

最后，一些大学的管理者、教职员工和学生希望在他们所处的实际环境中参与到高等教育的指导力量中来，以期改变参数和实现结构性改革③。他们提供的可操作计划可能会带来根本性的变革。这需要把重点放在可行的方法上，而不将其与社会和教育目的相混淆。然而，方法（尊重民主程序、愿意信任朋友和陌生人）不能与目的完全分开，但并不是说一个比另一个更重要。

鉴于高等教育面临的种种压力，主要任务是将开展大学业务当做促进实现其三位一体基本宗旨的途径。这些无形资产是建立强大

① http://cdbu. org. uk/ (accessed September 15,2015)；Shiv Malik, "Coalition of Thinkers Vow to Fight Marketisation of Universities," *Guardian* (London)，November 8,2012.

② Andrew Ross, *Creditocracy and the Case for Debt Refusal* (New York: OR Books, 2014).

③ 哈比布在《管理高等教育机构》一书中讲述了试图调动系统力量以改变南非大学权力平衡的尝试。

机构的基石,使其在培养学生、促进新知识的增长、探索公共问题(部分通过提出令人不安的问题和适应不断变化的环境)方面做得更好。正如我在本书结尾处所论证的那样,修正措施以及精心打磨的目标是可行的。对于什么应该保持不变,什么可以替代世界一流梦想的正确认识,将是塑造大学未来的关键。

第八章
合理可行的替代方案

    本书的任务是评估大学高等教育全球化日益扩大的背景下不断变化的发展重点和实践。这引出了高等教育机构面临的最根本的问题：高等教育的目的是什么？[①] 遗憾的是，学术界没有就这一问题进行公开对话，而是在很大程度上遵循事先就知识机构及其与权力之间关系所做的决定。我认为，学术界主要是在就如何实现成为世界一流机构的梦想展开解决问题的活动。这些动态引发了许多关于大学表现的经常性争论和对高等教育未来发展的不祥预感。从全球视角看，学术界正在扼杀一场关于大学精神是什么以及路向何方的广泛讨论。

    所有大学都拥有"世界一流大学"梦想不仅仅是一种隐喻，更是一种被具象化为监管改革的振奋人心的叙事。"世界一流大学"梦想为教育全球化提供了一个核心理论基础。这种意识形态由国家、区域和全球治理机构传递，由权力掮客打造并得到当权者的拥护[②]。

    当代作家塔内希·科茨（TaNehisi Coates）以美国等国为背景，对梦想力量以及他如何逃离梦想束缚进行了描述[③]。他讲述了自己

---

① 在本章中，要特别感谢河允彬、帕特里克·撒迪厄斯·杰克森和曼纽尔·赖纳特帮助强化了我的论点。

② 如第三章所述。

③ Ta-Nehisi Coates, *Between the World and Me* (New York: Spiegel and Grau/Random House, 2015).

在巴尔的摩街头的种族暴力中成长的故事,讲述了一个人人都有机会、社会自由公正的美国梦。这个梦想俘获了普罗大众。但是,科茨认为,美国梦与"白人至上"思想及黑人社会因被奴役而普遍存在的恐惧不符,且被用来缓解社会不平等的"个人责任"概念所模糊,这一概念把生活无以为继和犯罪猖獗的责任归咎于个人选择和糟糕的道德判断。

在霍华德大学(Howard University)求学期间,科茨感到美国梦这一幻觉般的梦想和自由之间的裂痕愈发明显。他将霍华德大学称为一个文化的十字路口,一个自我反省的地方,在这里,知识的力量推翻了这个安抚人心的梦想。在开辟未来道路的过程中,他强调了为记忆的遗产和智慧而奋斗的重要性,但没有提出具体步骤。尽管如此,科茨的见解还是有助于理解高等教育在两个方面的转变,即他描绘了梦想世界的叙事陷阱以及大学如何才能让思维摆脱误导束缚。

渐渐地,一批社会科学研究证实了科茨所记录的标准叙事和实际经验之间的鸿沟。在大规模移民、多种族主义和世代交替的时代,对种族和民族政治的研究描绘了阶级和种族群体之间日益扩大的分歧,激起了人们就共同探讨变革是否应被保障或为其提供约束力的讨论①。

代表性、驱动力和变革步骤的问题正是本章的主题。为了对可行的替代方案进行讨论,我将从前几章中提炼出一些最重要的观点。然后,我会提出方向性的修正建议,并解决将"应该"转化为"能够"的实际问题。本章的目标是要设想重新加强大学系统的可能性。

---

① Ira Katznelson, *City Trenches: Urban Politics and the Patterning of Class in the United States* (Chicago: University of Chicago Press, 1982); Jennifer Hochschild, *Facing Up to the American Dream: Race, Class, and the Soul of the Nation* (Princeton: Princeton University Press, 1995); Robert Vitalis, *White World Order, Black Power Politics: The Birth of American International Relations* (Ithaca: Cornell University Press, 2015).

修正步骤的基础

本书对新自由主义、社会民主主义和后殖民主义模式的跨区域研究表明，在每个案例国家中，大学都诞生于帝国统治的枷锁下，大英帝国和俄罗斯帝国的特点是地方精英的内部统治。三个案例国家的教育系统最初形成了特殊的混合模式：美国以英国和德国模式为主；芬兰以瑞典模式和俄罗斯模式为主；乌干达则以本土模式和英国模式为主。随着时间的推移，各国政府根据本国国情调整了高等教育的理念。纵观这些历史，构建高等教育系统和创造知识的范式已经传播开来；全球化的科学技术使其更具流动性。

在过去的半个世纪里，大学作为核心参与者在全球舞台上发挥了重要作用，因为大学能产生"软实力"，能够为治理机构注入知识力量。大学培养收集和评估信息的技能型人才的能力使其成为提高国家安全的重要资源。大学还有望促进经济发展、加强技术创新、提高国家竞争力和增加出口服务收入。在 20 世纪 60 年代后的全球化阶段，大学制定了对外政策，与其他国家的对口院校建立了联系，吸引海外留学生，并就特许校园、课程共享、技术转让和管理合同进行了磋商。总之，大学在世界舞台上正在不断扩张，蓬勃发展。

同时，国家、市场和公众要求大学更好地服务社会需求并提高效率。虽然大学因其所处的独特历史和文化背景对全球化压力的反应各不相同，但总体趋势是对高等教育进行重新定位。

知识机构正在偏离其首要的学术目标，转而选择了辅助性目标和修辞惯例，辅助性目标和修辞惯例一旦滥用，就会变成陈词滥调。我认为，大学培养学生思维习惯、激发求知欲、培养学习兴趣的使命正在减弱，一种新的功利主义形式正在取而代之。使命的优先次序发生了倒置。在重新定位的大学里，支撑标准测量的规范胜过了崇尚的价值观。这些规范有益于市场和国家,但不一定必然与知识生产和传播的崇高目的密不可分。规范强调的是"有用"和"相关",而不是"无用",就像很多基础研究一样,至少要等到其中一些无关性被应用和被发现是相关的。因此,不同使命组合(长期使命和新使命)之间的相互作用在很大程度上是出人意料的,也可能是相互矛盾的。

本书的证据表明,当前的趋势是不可持续的。大学要同时适应学术绩效标准的提高、大众化、政府撤资以及受市场周期变化影响的私人收入来源和捐赠基金收益是不可行的。这样的趋势将大学转变为其他机构,而不是引导学生们去享受探索新知识乐趣的存在。反思文明价值观和推进原则性批判、为未来的世界培养积极民主的下一代公民的空间正在缩小。加强管理控制权、用临时劳动力代替终身教职、增加专职管理人员的数量超过了教学和研究人员、对管理人员的补偿水平损害了教师对他们的信任、要求学生及其家庭承担沉重的债务、允许慈善机构(其中一些是企业资助者)和全球治理机构过度参与,这些都不符合公共利益。所有对大学的要求都是系统性的约束,而不仅仅是某个机构的不当行为。

如果高等教育系统坚持目前的发展路线,除了少数资源充足的精英大学外,其他所有大学都将面临严峻的后果。这些精英院校(大多分布在发达国家)的优势使其在教育落差中脱颖而出。不过,即使对大学的预测并不乐观,大学的前景也并非没有转机。

大学需要的远不止临时性的变革。尽管"拼装"是值得称赞的,但是光靠"拼装"是不够的。简单地说,形势调整远远不够。当金钱文化处于中心,当对高等教育理想的严肃承诺逐渐减少时,大学就需要进行结构性改革而不是改良派改革①。虽然两者在某种程度上是

---

① 虽然改良派提出的富有想象力的改革建议是有价值的,但其目标与这里提出的补救措施的范围不同。例如,威廉·G·鲍恩(William G. Bowen)和迈克尔·S·麦克弗森(Michael S. McPherson)精心设计了一套指导方针,旨在提高高等教育的交付效率,并以指标来评(转下页)

交织在一起的,但重振大学的改革必须是系统性的改革。

因此,我对大学未来发展道路的建议是针对高等教育系统而不是个别院校。与在既定范围内进行改革的建议不同,下面提供的建议需要大学进行系统性的变革。为了避免误解,我要强调的是,这些建议并不是政策上的"解决方案"。政策驱动的建议本身就提出了一些重要问题,即什么是问题,谁来界定问题,以及如何分析问题。此外,什么是解决方案? 是一颗包治百病的灵丹妙药,一张处方,一幅蓝图? 还是一份附有操作指南的手册?

如果这些有关理解问题的答案不明确,就不可能提出解决方案。而且,如果不了解问题背后的信息,即与阶级、种族、族裔、性别、民族和其他形式的文化认同有关的利益和权力,那么解决方案将是虚幻的。因此,在本书中,我一直试图阐明在不同环境中以特定方式构建问题的利害关系及后果。显然,无论何时何地,为所有大学寻找一个一刀切的解决方案都是不可取的。

虽然我没有一个简单易行的解决方案,但我对改变发展路线和寻找可行替代方案的可能性充满信心。令人感到安慰的是,我相信机构适应(institutional adaptation)可以从上述关于大学如何重组的解释以及在这场巨大变革中起作用的各种力量中自然形成。

结构性改革

下文中,我提供了一种多管齐下的方法,让大学系统能够进步,

(接上页)估结果。由于两位作者感兴趣的是在一个可承受的成本下提高教育程度(及时完成学位),他们直接提出警告:"就这本薄薄的小书和目前的测量能力来说,对提高创造力、改进批判性思维、提高社会技能和公民贡献等结果的深层次测都太复杂了,尽管它们都很重要。"参见 William G. Bowen and Michael S. McPherson, Lesson Plan: An Agenda for Change in American Higher Education (Princeton: Princeton University Press, 2016),104-6.

并绘制了改革前进的路线图。虽然每一个建议步骤本身并不是一剂良策,但我认为,这些建议的组合会对高等教育产生"靴带效应"(bootstrap effect)。综合起来,这些建议很可能是重新校准大学宗旨的起点。

驯化叙事(*tame the narrative*):教育改革的主导话语带有华尔街和科技产业的烙印,这些言论正在"淹没"高等教育其他方面的内容。由全球治理机构发布并在企业战略规划中使用的新词汇在市场竞争中已经屡见不鲜。大学竞逐顶级排名,却忘记做好自己应做之事。

世界一流卓越叙事将竞争力和测量指标捆绑在一起,并占据了学术惯习(habitus),即教师和研究生习得的结构性倾向(dispositions)和价值观①。这种叙事造成了思维定势。但这些指标过于简单,仅仅是一种将大学表现对应到具体标准的诱导性方法,没有考虑无形因素,如大学也在培养学生的好奇心,探索分享人类境况以及建立或失去信任的意义。

如果测量可量化成果的实践不适用于其他类别的成果,那么我们面临的挑战则是寻找其他测量方法以及反叙事②。排名领域和学术界的代表们正在制定一些举措,以尝试更智能的计算方法,例如欧盟的多级大学排名,其特征是使用了偏离标准高等教育比较的方法论③。撇开方法论的问题,其他学者也都在为这种重要转变努力,并试图找到与之对应的语言来实现更好的学术世界④。

---

① 关于惯习的概念,参见 Pierre Bourdieu, *The Logic of Practice* (Cambridge: Polity Press, 1990),66 - 67.

② 如埃尔基莱在《全球大学排名》(*Global University Rankings*)一书中讨论的欧洲背景。

③ 参见第三章第三节。其他排名现在是可用的,包括本书前面提到的 U21 大学排名。哈泽尔科恩的《高等教育的排名和重塑》(2015 年第 2 版)详细介绍了全球大学排名市场的不断增长,并将人们的注意力吸引到新系统及其能力与缺陷上。

④ 正如后殖民主义关于大学去殖民化的论述,参见恩古齐的著作《思想的去殖民化》及本书第六章的讨论。

在这种不稳定的状态下，人文科学领域正面临被清扫的危险；人文学科的价值被折旧。一种强调数据导向的现世功利主义——"即时教育"（just-in-time education）正在取代对经典的重视。数字的力量不会消失，但应该加以控制，而不应让其成为大学决策的决定性因素。

诸如全球大学排名中的成绩和算法都基于输入的公式，包括未声明的假设以及筛选和排除某些数据的自由裁量类别。它们被用来表示复杂的社会现象，但很少或根本没有建立相关的审核、监督或控制。这些数字系统往往是不透明的，一部分是私营公司的产品，被视为专有知识。这种数字模式可能使输出倾斜，并极大地影响学生和教师的生活和事业。由于专有知识是保密的，这些模式应同时附带关于缺乏问责的警告以及保证对其使用和潜在逻辑提出质疑的权利。应对之策是施以监管改革，寻求方法上的透明度。除了信息披露外，算法问责系统将提供对自动决策及其后果的理解[①]。

在我看来，技术有潜力成为纠正数据型研究领域和传统研究领域之间失衡的关键工具。我之所以保持乐观，是因为科技起码简化了思维拓展学习和时空制约的关系。只要教育工作者知道如何在不同学科领域中补充技术，就能赋予他们分享知识的能力和加强以学生为中心教学的能力。例如，实时互动教室可以将欧洲和非洲的医学院汇集在一起，提供最新的外科手术教学。当然，在全球南部的贫困国家，网络连接给他们带来的差异非常显著。开放获取运动（Open Access Movement）扩大了信息、观点和研究成果的流动。然而，在这些交流中，以本土思维方式保护地方方言和接受知识的殖民性仍是

---

① Marc Rotenberg, Julia Horwitz, and Jeramie Scott, eds., *Privacy in the Modern Age：The Search for Solutions* (New York：The New Press, 2015)；Nicholas Diakopoulous, "Accountability in Algorithmic Decision Making," *Communications of the ACM* 59, no. 2 (February 2016)：56 - 62；Marc Rotenberg, "Bias by Computer," *New York Times*, August 11, 2016.

尚未解决的问题。尽管弥合数字化鸿沟的障碍依然巨大,但技术革新的可能性是无限的。技术可以凭借存储、检索和交付,帮助修正主流叙事,也有助于制定替代方案。

然而,在最糟糕的情况下,教育技术误用会造成大数据对小数据的损害,这些小数据包括基于人种学的、粒状材料、描述和文化特定信息的经验主义数据。虽然技术产生和处理了大量信息,但这些工具可能用于知识生产,也可能不用于知识生产。创造性的见解包括揭示关系、重新梳理关系和获得意义。这对于了解世界一流高等教育的主流叙事和知识机构的宗旨至关重要。

驯化叙事意味着每一所大学都必须撰写自己的故事,说明如何平衡知识生产和传播,如何设定衡量实现目标的认识论标准。这个过程需要大学进行明显的使命区分,而不是模仿性的重新定位。考虑到叙事的力量,讲述不同的故事非常重要。

使命差别化原则适用于高等教育系统内部和系统之间。该原则意味着机构充分的自治和多层级的问责,即自治传统包括了管理者、教师、工作人员、学生和理事会成员之间的制衡。民主精神支撑着内部衍生的标准和问责程序,比如任期和晋升的同行评审与程序审查。这些做法需要社会信任高等教育。社会问责事关大众对国家政治文化和大学精神的信任水平,这个问题将在下文讨论。

重新连接全球和本地:高质量的大学系统正在努力实现其战略规划中的各项目标,但他们不可能满足所有人的要求。随着大学系统走向全球,许多教育系统正在脱离其所在的本土社区①。面对有限

---

① 这并不是要忽视某些大学的社区建设。值得注意的是,美国的某些私立大学,如宾夕法尼亚大学、芝加哥大学、约翰·霍普金斯大学等,都在周边地区进行投资,其中包括那些破败不堪、犯罪猖獗的社区,但这些社区的状况影响了大学的招生工作。财力充足的大学也会资助附近地区以及海外的学生和教师开展研究。例如,康奈尔资助了一个团队项目,涉及纽约州北部地区抗洪能力、厄瓜多尔的社区卫生和印度生物圈保护区土地利用等多项行动计划。

的资源、多重使命和繁重的工作量,大学人员必须在参与全球和本地活动的过程中进行取舍。由于大学对世界一流地位的狂热,投入时间和金钱去探索本土文化的特殊性通常是一种折衷的做法。然而,这种无意中偏离本土文化的做法也会付出代价。

在一众大大小小的城市中,文化资源非常丰富。音乐家和舞蹈团的演出、美术馆和博物馆的展览皆是激发想象力的强大空间。对海外移民的了解为认识全球提供了巨大机遇。移民关于身份认同的故事提供了如何看待社会差异的第一手经验。他们的讲述对我们了解东道国社会的运作提供了深刻的见解。通过倾听这些声音,本土社区可以更好地理解自身的地域性,即地方特色、习俗、饮食。但面对全球流动带来的波动,一部分民众更愿意维护他们所感受到的真实性,这种群体意象可能就变成了一个带有感情色彩的问题。这就为大学的教师和学生提供了站出来解读当地所表现出来的地域性叙事的机会,让教育机构把教学和研究的使命放在公共利益上。

这一问题还取决于大学系统以自下而上和自上而下的方式构建的程度。哪种方式获得了优先权? 在大多数情况下,财政收入指向以分层的方式构建教育。这是一个让少数机构处于领导地位的旗舰概念①。政府的核心资金主要集中在这些受青睐的、具有高度选择性的研究型机构。有时,大学的拨款会通过研究委员会和国家研究院等中间机构拨付,这些机构在竞争的基础上分配资金。然而,这些拨款集中在实力已经较强的院校。私人、本地企业和海外资助者通常

---

① John Aubrey Douglass, "Profiling the Flagship University Model: An Exploratory Proposal for Changing the Paradigm from Ranking to Relevancy," Center for Studies in Higher Education Research & Occasional Paper Series 5.14 (April 2014), http://cshe.berkeley.edu/sites/default/files/shared/publications/docs/ROPS. CSHE_.5.14.Douglass.FlagshipUniversities.4.24. 2014.pdf (accessed October 13,2015). 关于旗舰模式的概念的阐述和修改建议,请参见 Douglass, ed., *The New Flagship University: Changing the Paradigm from Global Ranking to National Relevancy* (Houndmills: Palgrave Macmillan, 2016).

会向同一批著名院校提供资助。因此,旗舰模式在精英机构中不乏拥趸。用备受尊敬的开普顿大学副校长的话说:"被选中的研究型大学理应获得一定水平的资助,以使他们能够在全球竞争中取得成功,而这显然不是所有大学都能做到的。"①

美国大学联合会和非洲研究型大学联盟(African Research Universities Alliance)等研究型大学的协调组织将各国和跨国背景下的顶尖机构联系起来。美国大学联合会由美国 62 所研究型大学成员组成;非洲研究型大学联盟由来自非洲八个国家的 15 所研究型大学组成②。这些精英大学组织及其在世界其他地区的同类组织都是排他型的网络,其成员以邀请为主。虽然认识到这些组织在促进其所处高等教育系统方面的责任和利益,但这些分类也反映或强调了国家内部和全球社会的等级关系。这些组织提供特权、声望和参与研究活动的机会,包括奖学金、联合学位项目、会议和集体游说争取财政支持。

除了将卓越和资源集中到一部分大学,另一种方法是建立一个按专业领域和地域分布划分的横向知识系统。尽管纵向系统和规模经济促进了技术和科学的突破,但追求卓越的横向战略更有利于实现公平,而不是世界一流的等级制度。哈泽尔科恩等支持横向系统方法的学者们认为,推进教育改革的最佳策略是发展"世界一流系统",而不是"世界一流大学"③。她指出,世界一流大学的新自由主义模式以自由市场机制作为政策工具,以达到纵向分化的目的。相比之下,社会民主模式以超一流的质量为目标,在国家范围内为具有不

---

① Max Price, "The Future of the University," Financial Times, October 7,2014.

② 其他顶尖研究型大学的协调组织包括:环太平洋大学协会(Association of Pacific Rim Universities)、澳大利亚的八校联盟(Group of Eight)、欧洲研究型大学联盟(League of European Research Universities)和英国的罗素集团(Russell Group)。当然,这些组织的活动和成员资格要求各不相同。

③ Hazelkorn, Rankings and the Reshaping of Higher Education (1st ed. , 2011),206.

同能力的研究中心和院校分配资金,但也存在等级制度。澳大利亚和挪威倾向于采用区域化战略,以此作为促进公平的方式,苏格兰议会则在 2013 年通过了一项法案,旨在建立一个密集的区域性院校网络来开展"继续教育"(在专科学校提供的短期学位,提供进入大学继续深造的机会)①。苏格兰正在对单校区大学和多校区大学区域进行新一轮的合并,旗舰院校也可以在此过程中形成,最终目标是通过区域化建立世界一流的高等教育系统②。在后殖民主义环境中,情况变得更加复杂。然而,正如我们所看到的,这些国家的目标是分散的,但其中一些发展中国家的目标是让国内的大学跻身全球排名前 100或前 200 的行列。这些国家的总体趋势是从政治独立时期的国家主义、精英主义形式走向市场导向的纵向分化。

致力于"创造性文化"(*Cultures of Creativity*):创造力代表着卓越的办学水平,所以大学长期以来一直试图确定创造性思维的源头,以及如何培养富有想象力的思维、独创的见解和大胆的愿景③。神经科学、创造性写作和创造性艺术等课程都是专门针对这方面的学习。同样,政府和企业也在鼓励创新,例如,芬兰的创新基金(Innovation Fund)就是一个用于挖掘创造力的公共投资平台。与这些努力相符的是,创新政策和互联网创新正在成为学术界新兴的研究领域。虽然这些领域在很大程度上关注的是研究的应用,但更艰巨的挑战是在有形成果和无形成果背后激发创新的过程。

---

① Scotland, Parliament, "Scotland Post-16 Education Bill〔As Passed〕" (June 26, 2013), http://www.scottish.parliament.uk/S4 _ Bills/Post-16% 20Education% 20Bill/b18bs4-aspassed.pdf (accessed February 22,2016).

② Hazelkorn, *Rankings and the Reshaping of Higher Education* (1st ed., 2011),185 - 86.

③ 马克斯·韦伯(Max Weber)和 C·赖特·米尔斯(C. Wright Mills)等一大批著名学者都在探讨"激发创造力"的主题,努力让人们对激发创造力有新的认识是非常必要的,尤其是因为年轻一代已经以创造性的方式转向了技术密集型领域,参见 Max Weber, *The Protestant Ethic and the Spirit of Capitalism*, trans. Talcott Parsons (New York: Scribner's, 1958); C. Wright Mills, *The Sociological Imagination* (New York: Oxford University Press, 1959).

奖励创造性的诺贝尔奖让我们得以一窥这个过程。斯德哥尔摩的诺贝尔博物馆(Nobel Museum)在 2001 年的诺贝尔百年纪念展(Centennial Exhibition)"创造性文化"中,纪念了这一殊荣的所有获得者。展览的重点是什么推动了创造力以及如何促进创造力的发展。展览回顾了 19 世纪的工业大亨和发明家阿尔弗雷德·诺贝尔(Alfred Nobel)的生平,他开办的工厂生产炸药,其中一些用于军事用途,他用工厂的财富为诺贝尔奖提供了资助。然而,晚年的诺贝尔却开始参与和平运动。他的思想和经历中的矛盾反映了创造力的破坏性元素和建设性元素,也反映了创造力的光明面和黑暗面[1]。百年展在诺贝尔奖得主的传记和发明中寻找创造力的根源,他们因在自然科学、文学与和平等多个领域的独创性而得到认可[2]。

碍于篇幅关系,这里简单举几个例子。物理学家玛丽·居里(Marie Curie)和她的丈夫皮埃尔(Pierre)在物质的基本原理方面取得了突破性的进展,这种有创造力的人有一个特点,就是他们抨击主流,打破常规。诗人、小说家和异见人士鲍里斯·帕斯特纳克(Boris Pasternak)认为,创造力意味着打破边界,重塑世界形象。他记录了自己在前苏联时期的经历,讲述了他如何在饱受迫害的气氛中找到写作的动力和决心。著名化学家莱纳斯·鲍林(Linus Pauling)在对一个问题苦苦思索多年之后,突然找到了答案。他不仅从自己的潜意识出发,而且还对公共事务采取了坚定立场,比如反对核武器试验。诗人兼联合国秘书长达格·哈马舍尔德(Dag Hammarskjöld)从精神、自然和自律的内在境界中汲取创造性思想。对他来说,正是美学的宁静赋予了他声音。1964 年,马丁·路德金(Martin Luther King Jr.)在

---

① Ulf Larsson, ed. , *Cultures of Creativity*: *Birth of a 21ˢᵗ Century Museum* (Sagamore Beach, MA: Science History Publications, 2006),14 - 15.

② Ulf Larsson, ed. , *Cultures of Creativity*: *Birth of a 21ˢᵗ Century Museum* (Sagamore Beach, MA: Science History Publications, 2006),14 - 15.

诺贝尔颁奖典礼上谈到了抗争的力量以及"真正文明诞生的创造性风暴"①。剧作家兼沃尔·索因卡（Wole Soyinka）把自己的创作能力归功于约鲁巴神话、尼日利亚文化的融合以及内战期间的牢狱岁月。

我在这个展览上逗留了好几个小时，试图把大师们的传记联系起来，但我还是未能定义一个创造力的个体原型；我还无法从这次经历中得出结论。我接着思考了创造力的关键元素。

无论这些饱学之士们之间的差异有多大，我们还是可以刻画出灵感的生成特征。其中，创造的环境至关重要。不仅物理空间，而且认知网络也是提高生产力的重要要素。矛盾的是，用教育自由的氛围来重新阐述既定真理是至关重要的，而苦难，作为一种偶然但非必要的条件，却可以激发创造力。我想到了南非的诺贝尔奖得主们，其智慧形成是在种族隔离时期，他们包括：马克斯·泰勒（Max Theiler）于 1951 年获得生理学或医学奖（俗称）；阿尔伯特·卢图利（Albert Lutuli）于 1960 年获得和平奖；艾伦·科马克（Alan Cormack）于 1979 年获得医学奖；艾伦·克鲁格（Alan Klug）于 1982 年获得化学奖；德斯蒙德·图图大主教（Desmond Tutu）于 1984 年获得和平奖；纳丁·戈迪默（Nadine Gordimer）于 1991 年获得文学奖；F·W·德克勒克（F. W. de Klerk）和纳尔逊·曼德拉（Nelson Mandela）于 1993 年获得和平奖；悉尼·布伦纳（Sydney Brenner）于 2002 年获得生理学或医学奖；J·M·库切（J. M. Coetzee）于 2003 年获得文学奖。暴力的熔炉、白色的堡垒还孕育了许多伟大的作家、艺术家和医生，他们来自社会的特权阶层和最边缘的群体，其中包括克里斯蒂安·巴纳德（Christiaan Barnard）、安德烈·布林克（André Brink）、阿索尔·福加德（Athol Fugard）、威廉·肯特里奇（William

---

① Ulf Larsson, ed. , *Cultures of Creativity: Birth of a 21st Century Museum* (Sagamore Beach, MA: Science History Publications, 2006),147.

Kentridge)、米里亚姆·梅克芭(Miriam Makeba)和休·马塞克拉(Hugh Masekela)。在一些看似远离苦痛社会环境的领域（如生理学和医学），压抑的气氛驱使一些人去寻求科学发现的乐趣。他们的创造力在一个充满巨大痛苦和不稳定的时期绽放在世界秩序的边缘。

虽然种族隔离的南非是一个特殊案例，但今天的教育工作者有机会通过视频、远程会议和出国留学等方式，将艺术从难以言说的压抑和脆弱中解放出来并融入到学术课程中。从人类学到动物学，其他学科和所有课程的艺术融合都能提供创造性的刺激，激发了学生和教师们的研究创造力。

对有些人来说，创造力意味着远离文化禁锢，敢于去打破常规思维。这可能需要放弃沉默，学习如何倾听不同的声音，允许奇特的想法，充沛的脑力和看待事物的新方式。在对学生的教育中，教师应加大力度去培养与创造力相关的品质：好奇心、观察力、寻找未知线索的坚定决心、面对怀疑甚至嘲笑敢于失败的意愿，以及从滋生一致性的普遍智慧中走出来的勇气。

总之，各种元素混合构成了创造力。这种混合在某些案例中更为明显，如多功能性、趣味性和运动耐力都是从看球开始培养起来的。脑力训练需要干脆利落的击球，保持平衡，并预测下一个动作。这种训练能使人集中精神。

为公共知识分子创造激励机制：1987 年，美国历史学家罗素·雅各比（Russell Jacoby）出版了著作《最后的知识分子》（The Last Intellectuals），这本书描写了学术界以外知识分子生活的衰退以及学术界知识分子在深奥问题和行话背后的退缩①。在雅各比看来，知识分子构建了一种高不可攀的经院哲学，社会对此几乎不闻不问。而

---

① Russell Jacoby, *The Last Intellectuals: American Culture in the Age of Academe* (New York: Basic Books, 1987).

加州大学伯克利分校的前校长尼古拉斯·迪克斯(Nicholas Dirks)等一些学者认为,美国普遍存在的反智主义对哲学和文学等关键领域的研究探索来说是一种不利的氛围,而这些领域本身可以在细微之处提升的公共话语[1]。今天,在世界上许多地方,公共知识分子的衰落是显而易见的,几乎没有例外。很难找到能够代表这个时代的知识分子,如历史上英国的伯特兰·罗素(Bertrand Russell),加勒比地区的C·L·R·詹姆斯(C. L. R. James)和弗朗茨·法农(Frantz Fanon),法国的雷蒙·阿隆(Raymond Aron)、西蒙娜·德·波伏娃(Simone de Beauvoir)、让·保罗·萨特(Jean-Paul Sartre),美国的威廉·F·巴克利(William F. Buckley)和爱德华·赛义德(Edward Said)以及其他支持公众辩论的人士。但后继乏人。

不同信仰的知识分子共享思想的魅力,他们在公共舞台上传播知识。知识分子一旦发表言论,他们的行为就不再中立,而是有影响力的,并与权力关联在一起。一些知识分子与权力结盟,为权力机构提供研究服务。他们试图加强现有的合作,使权力机构在给定的范围内更有效地运作。这些知识分子都是韦伯所指的科学技术领域的理性个体。与专业领域的专家不同,其他知识分子进行批判性地思考,像马基雅维利(Machiavelli)一样尝试揭示权力的运作方式。那些被葛兰西(Gramsci)称之为"有机知识分子"的人,力求揭示权力机构及相关联盟的运作机制。同样,赛义德在英国广播公司(BBC)播出的《里斯讲座》(Reith Lectures)中强调,知识分子的天职是阐明观点、传递信息,或为那些被压制和边缘化的人们发声。根据赛义德的观点,知识分子"有他们的优势,要发挥知识分子的作用,就必须具备这样一种意识,即成为能够公开提出尴尬难堪的问题,直面正统和教条

---

[1] Nicholas B. Dirks, *Autobiography of an Archive: A Scholar's Passage to India* (New York: Columbia University Press, 2015); Richard Hofstadter, *Anti-intellectualism in American Life* (New York: Knopf, 1963).

（而不是制造它们），不轻易被政府和企业所利用的人，为代表那些经常被遗忘或被掩盖的人和事而存在"①。总之，赛义德的论点是，知识分子代表了一个特定的阶层和观点，并将其传达给公众。

　　同样的道理，由于公共知识分子本身是按性别、种族和民族划分的，他们的思想来自不同的角度。在等级社会结构中，各种观点和立场的交汇都是角度的问题。这一点使人们重新关注妇女、工人阶级、弱势少数群体和其他群体的声音被排除在公共领域的代表之外的历史问题②。而自赛义德 2003 年去世后，社交媒体、个人博客和其他传播方式为传播他心目中的反叙事类型提供了新的可能性。先进的技术让知识分子有了能够接触到多类型公众和反公众（counterpublics）的新空间③。互联网为青年知识分子的工作提供了便利，他们通过 *Jacobin*、*N + 1*、*The Point* 这样的网站和杂志激发了公众的辩论并交流了思想，也包括一些关于政策选择的观点④。有学生、教师、管理者和校友等近在咫尺的公众；还有沿着不同的轴线排列的国家、地区和全球公众，如富人和穷人，政治上的认知阶层以及漠然但潜在的活跃阶层。

　　知识分子与公众之间的关系是一个棘手的问题。问题在于，知识分子是否对其所隶属的机构以及与机构声誉相关联的影响负责。

---

① Edward W. Said, *Representations of the Intellectual*, 1993 Reith Lectures (New York: Pantheon, 1994), 11.

② 哈贝马斯的著作《公共领域的结构转型》挑起了关于"他者"被排除在这个空间以及性别公共领域和虚拟公共领域之外的干预。

③ 社会学家的开创性工作探讨了多类型公众的问题，参见 Craig Calhoun, "Introduction: Habermas and the Public Sphere," *Habermas and the Public Sphere*, ed. Craig Calhoun (Cambridge, MA: MIT Press, 1992), 1 - 50; Michael Burawoy, "For Public Sociology," *American Sociological Review* 70, no. 1 (March 2005): 4 - 28; Michael Kennedy, *Globalizing Knowledge: Intellectuals, Universities, and Publics in Transformation* (Stanford: Stanford University Press, 2014), 140 - 53.

④ Evan R. Goldstein, "The New Intellectuals," *Chronicle Review* (November 18, 2016): B4 - 8.

萨特在拒绝 1964 年诺贝尔文学奖时谈到了这一点，理由是这将使他陷入不利处境。他表示，同意接受这样的公共荣誉会把他的个人工作和承诺与授奖机构联系在一起。他说，自己身为诺贝尔奖得主的地位和声望与身为作家是不同的。此外，由于他认为以往的诺贝尔奖项并不能平等地代表所有意识形态和民族的作家，若他接受诺贝尔奖可能会受到不公正的解读。出于这些原因，萨特决定不让自己被制度化①。拒绝诺贝尔奖和其他著名奖项意味着拒绝利用创造性才能换取个人的成就和名望。这一行为很可能是为了肯定获奖者的知识自由，并主张创造性努力的最佳评判者是广大公众，而不是赞助人组成的奖项委员会。

同萨特一样，一些当代自由知识分子也在茁壮成长，虽然很少有人能到达萨特的高度，但他们享有一定的自主权，并努力谋生。不过，大多数知识分子都需要一份稳定的工作以及工作带来的福利，包括医疗保险、雇主缴纳的退休金和伤残保险。然而，两难的是，这种依赖是否会导致牺牲某种程度的思想独立甚至原则。损害可能以渐进的和不易察觉的方式发生，更像是一种滑坡而不是突如其来的洪水。这可能是因为与特定环境下的市场价值和政治动态相联系的结构性制约因素限制了知识分子，削弱了学术自由。这些不同的因素阻碍了大学知识分子进行更多的公民参与。

如果学者们不能丰富公众话语，不能将有细微差别的观点注入大众辩论，那么社会就会付出代价。学者们可能会被诟病，因为他们倾向于关注他们自己高度专业化和集体自我参照的问题。学者们正在被其他人士排挤出公共领域，其中一些人是社会评论家，包括剧作

---

① 谢绝这一殊荣的诺贝尔奖得主包括：因为越南还没有真正实现和平的黎德寿（Le Doc Tho），被纳粹当局强迫拒绝该奖项的三名德国人，受到前苏联胁迫而拒绝该奖项的帕斯捷尔纳克（Pasternak），参见 http://www. nobelprize. org/nobel ＿ prizes/literature/laureates/1964/press. html（accessed October 21，2015）.

家、音乐家、喜剧演员和数字艺术大师,他们也传达出了有影响的复杂思想。

对于高等教育机构来说,打破学者沉默的良策是奖励将知识和研究成果引入公共领域的努力。比如在学校系统中,大学可以通过与社区开展更紧密地合作赢得信任。这样的举措应该计入职业发展。大学可以在招聘、任期、晋升和绩效考核等程序中为公众学术提供切实的激励。芬兰的大学是其中的一个例子,芬兰政府采用了一种资助公式向大学分配资金,该公式在一定程度上依据的是大学的"第三使命",即知识转移和社会服务。然后,各所大学自行决定如何分配这些资源。无论哪种情况,增加激励都是有代价的,且都需要钱。难题是如何调动更多的收入来投资创新。

挑战紧缩计划 (*Challenge Austerity Programs*):教育领导者们必须在缩小愿望和资金之间的差距方面发挥关键作用。他们需要清楚地表明,在实现社会责任的知识治理中,金钱首先是一种手段,一种工具,而不是目的。金钱的使用要有目的性,换句话说,财政资源是实现大学根本宗旨的指导机制[①]。

政府拨款的减少对公立和私立大学来说都是挑战。当紧缩政策被强加给公共部门时,可能除了最富有的私立大学外,其他所有大学都受到了影响。紧缩政策造成了学生数量下降、债务过剩、对有影响力的资助者高度依赖的风险。除了这条道路之外,还有其他不同的选择可以到达公共和私人领域的新交叉点以及加强大学的财政支持。

第一种选择是重新分配国家预算,比如削减军事开支或大规模

---

① 如下文所述: Ben Jongbloed, "Funding Higher Education: A View across Europe," European Platform Higher Education Modernisation, MODERN Report (2010), 10, https://www. utwente. nl/bms/cheps/publications/Publications% 202010/MODERN _ Funding _ Report. pdf (accessed October 24,2015).

监禁的预算,增加教育预算。第二种选择是,在所得税方面采用更高的累进税率,提高富人的税收,填补资金缺口,这将为政府提供可用于高等教育的收入。第三种选择是,对国家、区域或全球层面的金融交易征收 1% 的小额税收,用以承担大学预算的增量①。第四种选择是,采用在澳大利亚和英国已经实行的按收入比例还款的方式,包括在学生就业时向他们征收毕业税②。第五种选择是,削减大学的高管薪酬和管理人员数量,不仅能收回资金,还能增强反紧缩举措的公信力。但迄今为止,大学缺乏实施所需的协议和政治意愿,鉴于此,一些参与者已经着手制定其他措施。

面对日益增长的经济压力和人口快速老龄化带来的社会支出压力,许多国家和地区始终坚持大学免学费或低学费的政策。他们不收取学费,或者收取象征性的学费。下面的例子使我们能够避免一厢情愿的想法,思考这些政策实际上是如何运作的,以及为什么不在其他地方推广这些政策。

挪威的公立大学提供免费教育,但存在个别项目、课程和私立高等教育机构可能会收费的情况。奥斯陆将其石油资源和高税率中的部分收益用于教育部门。在瑞典,大学为本国公民和来自欧盟以及欧洲经济区成员国的学生提供免费教育,但不再为其他国家的学生承担学费。瑞典大部分的高等教育经费来自公共财政,2013 年高等教育经费占公共财政的比例达到了 85%③。瑞典人普遍认为教育既是个人利益,也是公共利益。除了政党和工会支持福利国家的论点

---

① 在 1972 年,诺贝尔经济学奖得主詹姆士·托宾(James Tobin)提出了对所有外汇交易征收金融交易税,并将资金用于援助发展中国家的想法。随后,又有人提出了针对这一建议的变通方案。

② 参见第四章第四节,关于美国正在制定的类似筹资框架。

③ Swedish Higher Education Authority, "Funding"(2013), http://english. uka. se/ highereducationsystem/funding. 4. 4149f55713bbd917563800011054. html (accessedOctober 30, 2015).

之外,不收学费的支持者们还认为,大学毕业生最终会比那些没有大学学位的人交更多的税。据说,瑞典政府从资助大学的做法中获得了财政收入。

苏格兰一直坚持对苏格兰学生和欧盟其他国家的学生实行免费大学教育的政策①。然而,自从英国在 1998 年开始收费并在 2012 年将学费上限提高到 9 000 英镑(按现行汇率计算为 1.281 万美元)后,苏格兰就向英国其他地区(英格兰、北爱尔兰和威尔士)的学生收取学费②。而非欧盟国家的国际学生也需支付学费。在 20 世纪 70 年代末,政府核心公共资金为苏格兰大学提供了超过 80% 的财政收入,但如今,高等教育机构财政几乎一半的预算都是自筹的。自筹收入来自私人资助、欧盟和英国的研究基金、委托研究项目、国际学生学费、咨询和其他服务③。此外,通过知识分享和研究共享,苏格兰大学集中资源,并在特定领域发展卓越中心④。

根据 2010 年的一份报告和当时的汇率换算,六个欧洲大陆国家收取的学费水平低于 500 欧元(612 美元),另外八个国家的平均学费水平约为 750 欧元(919 美元)⑤。例如,德国自 1990 年统一以来,其

---

① 为高等院校的本科生免费,但硕士生要交学费。

② 以免成为英国低成本教育的替代品。Neil Kemp and William Lawton, "A Strategic Analysis of the Scottish Higher Education Sector's Distinctive Assets," British Council Scotland (April 2013), https://scotland. britishcouncil. org/sites/default/files/scotland-report-a-strategic-analysis-of-the-scottish-higher-education-sectors-distinctive-assets. pdf (accessed February 22, 2016).

③ Neil Kemp and William Lawton, "A Strategic Analysis of the Scottish Higher Education Sector's Distinctive Assets," British Council Scotland (April 2013), https://scotland. britishcouncil. org/sites/default/files/scotland-report-a-strategic-analysis-of-the-scottish-higher-education-sectors-distinctive-assets. pdf (accessed February 22, 2016); Jamie McIvor, "Analysis: University Tuition Fees in Scotland," BBC, July 11, 2013, http://www. bbc. com/news/uk-scotland-23279868 (accessed October 30, 2015).

④ Kemp and Lawton, "A Strategic Analysis of the Scottish Higher Education Sector's Distinctive Assets";曼纽尔·赖纳特与英国文化协会苏格兰办事处(British Council Scotland)的英国教育顾问凯特·沃克尔(Kate Walker)的电话讨论内容,赖纳特转发给了作者,2016 年 1 月 11 日。

⑤ Jongbloed, "Funding Higher Education."

公立大学推行免学费政策,包括对国际学生免费①。在削减高等教育开支(包括人员编制)的同时,联邦政府和德国境内十六个州共同资助公立大学并就拨款进行了协商。各州在资金分配方面拥有很大的自由裁量权。德国的纳税人承担了大部分的教育成本,一些在线学位课程的收费和学生们缴纳的少量管理费用也带来了部分收入②。

　　德国关于免学费的争论在社会民主党(Social Democrats)、绿党、基督教民主党(Christian Democratic)和基督教社会联盟(Christian Social Union)以及其他党派中普遍存在,这些政党间的结盟因州而异。免学费的支持者认为,这是一种吸引更多技术工人的方式,对于一个低生育率的国家来说尤为重要。许多国际学生毕业后会留下来,高学历的人有助于带来国际研究经费。这一立场的支持者还认为,德国长期以来一直认可教育普及是一项文化人权的原则,而且团结的信念在这个福利国家中根深蒂固。有人认为,如果学费由学生和家庭承担,会给相对贫困的社会成员带来更大的负担。在这场激烈争论的另一端,支持收取学费的人认为,学费可以激励学生们在标准期限内完成学位,使他们能够在更年轻的时候进入就业市场。支持者们声称,学费会赋予毕业生更多竞争优势,降低国家承担的教育成本③。

---

① 德国只有不到5%的学生就读于私立高等教育机构。

② Hans-Ulrich Kupper, "Management Mechanisms and Financing of Higher Education in Germany," *Higher Education Management and Policy* 15, no. 6 (May 2003): 71 – 89; Lydia Hartwig, "Funding Systems and Their Effects on Higher Education Systems Country Study—Germany," *OECD Report* (November 2006); Barbara Kehm, "How Germany Managed to Abolish University Tuition Fees," *The Conversation* (October 13, 2014), http://theconversation. com/how-germany-managed-to-abolish-university-tuition-fees-32529 (accessed October 30, 2015).

③ Jens Schulz, "Tuition Fees in Germany: Much Ado about Nothing?" American Institute for Contemporary German Studies, http://www. aicgs. org/issuc/tuition-fees-in-germany/(accessed October 30, 2015).

我们可以再看一看拉丁美洲其他免学费的国家。目前,阿根廷为所有阿根廷本科生提供免费教育;巴西对通过资格考试并进入联邦(公立)大学的学生免学费;智利对家庭收入低于第五级贫困线的本科生免学费;尼加拉瓜对所有通过资格考试的学生免学费;乌拉圭对就读于共和国大学(University of the Republic)的本科生免学费①。这些政策饱受争议,而且争论一直持续。虽然各国存在的分歧不同,但智利的案例阐明了这种关于免费高等教育的争论。

圣地亚哥通过了 2014 年的税收改革法案,通过增收企业税来资助大学的使命,并从 2016 年起开始支持公立和私立大学的免费教育②。支持者认为,这些措施将在解决智利社会的严重不平等、加速社会流动、改革高等教育系统方面大有作为③。

对此,智利校长理事会(Council of Rectors)执行主任玛丽亚·特雷莎·马歇尔(Maria Teresa Marshall)提出,市场已经主导了高等教育,但"不能再这样下去了,因为教育是一项公民权利"④。然而,改革的批评者认为这将阻碍国家的经济增长。智利免学费的反对人士指出,他们希望改善以市场为导向的教育;不过,他们面临着针对向学

---

① 作者与佐治亚州大学政治科学系副教授兼主任 J·萨尔瓦多·佩拉尔塔(J. Salvador Peralta)的对话(巴尔的摩,2017 年 2 月 25 日)的谈话,以及他发给作者的电子邮件(2017 年 2 月 27 日和 28 日)。这些政策的来源可向作者索取。

② Republic of Chile, Ministry of Education, Ley N° 20. 845,2015, "De inclusion escolar que regula la admision de los y las estudiantes, elimina el financiamiento compartido y prohibe el lucro en establecimientos educacionales que reciben aportes del Estado," https://www. leychile. cl/Navegar? idNorma = 1078172 (accessed November 4,2015).

③ Rosalba O'Brien, "Chile Passes Landmark Tax Reform into Law," Reuters, September 10,2014, http://www. reuters. com/article/2014/09/11/us-chile-tax-reform-idUSKBN0H523Z20140911 (accessed October 30,2015).

④ Holly Else, "Protest and Reform in Chile," *Times Higher Education*, May 21, 2015, https://www. insidehighered. com/news/2015/05/21/leaders-higher-education-chile-discuss-prospects-reform (accessed October 30,2015).

生收费以及高等教育系统普遍腐败的大规模抗议①。而且,有一个严重的问题仍然存在,那就是免费高等教育对教育接受者来说是慷慨的,因为这个群体通常以富裕阶层的子女为主,其中许多是白人或来自拥有特权背景的家庭。人们认为,对于低收入阶层的纳税人来说,这项政策是不公平的,因为他们无法从这项政策得到同样多的好处,甚至在某些情况下,他们付不起大学的书本费和生活费。

与智利免学费政策的批评者一样,普林斯顿大学校长鲍恩和马卡莱斯特学院(Macalester College)的校长麦克弗森(McPherson)也同样强烈反对美国大学免学费和低学费政策②。他们声称,取消或大幅降低学费将极大地帮助经济状况更好的学生,而不是弱势群体。根据鲍恩和麦克弗森的说法,这一政策是不切实际的,原因有三:个人和家庭、政府和慈善机构之间共同承担教育成本是美国的一贯方式;那些在经济上受益的人至少应该承担一部分大学费用;如果不用交学费,学生就缺乏按时完成学业的动力。但批评者们也应该听一下反驳意见,在这些国家中,一些大学在不同程度上依靠各种收入来源,改变了收取学费的方式。虽然历史政策是一个重要的考虑因素,但它不应决定未来的方向。而且,学费补贴可以限定在一定时期内的特定数额,也可以限定学业成绩必须达到令人满意的水平。鲍恩和麦克弗森的细致研究无疑值得给予更多关注,但本书篇幅有限且也要保证不偏离主题。但需指出,若能在关注英美两国之余,还关注到欧洲大陆国家和其他国家如何看待他们反对抵偿高价学杂费的观点的话,他们的书可能会更受益。虽然每个高等教育系统都必须根据自身的历史和文化特点来理解,但正如本书前文所述,各国案例之

① Javiera Quiroga, "Chile Congress Passes Tax Bill to Finance Free Education," Bloomberg, September 10, 2014, http://www.bloomberg.com/news/articles/2014-09-11/chile-congress-passes-corporate-tax-rise-to-narrow-inequality (accessed October 30,2015).
② Bowen and McPherson, *Lesson Plan*, 75-76,87-91,97.

间存有相似的压力并受到标准化的影响。

面对市场利好的改革,各国的低收入群体、富裕阶层和中产阶级成员都参与了反对紧缩的运动,反对学费上涨。学生会、工会和政党动员民众反对提高费用并将其转嫁给学生及其家庭的提案。智利、丹麦、英国、法国、德国、魁北克和南非等地都出现了占领运动、罢工、街头示威和请愿活动。在种族隔离制度废除后的南非,2015 年发生的冲突事件尤其令人痛心,也象征着大学校园对新自由主义改革的强烈反对。宣布学费上调 10.6% 时,学校门口设置了路障、焚烧轮胎、高唱解放歌曲,还竖起了标语牌。为了应对这些抗议活动,警察们使用了电击枪和橡皮子弹。然而,学生激进主义的爆发使陷入困境的大学和政府官员做出让步,改变了他们提高所有学生教育成本的决定。尽管做出了这样的让步,学生们坚持要求免除学费,而不是维持现状。表面上看,心怀不满的年轻人们在抗议教育的价格,但这些抗议活动表达了他们对大学普遍缺乏结构性改革的失望。事实证明,这种争论是一颗避雷针,激起了大学生、教职员工和其他社会群体对腐败、失业和不平等的失望和愤怒。抗议活动之所以蔓延,是因为这些不满与社区需求产生了共鸣。在这场混战中,政治活跃的学生及其教师支持者们强调,教育是社会流动的主要机制,哀歌般的未来并不是定局。

考虑到这类触发事件(尽管案例各不相同)和根本原因,我在上文中提出了纠正步骤的建议。但是这些建议要如何实现呢?

实用性

考虑到高等教育主流结构背后的政治制度和利益,似乎很难想象我的建议如何被采纳。是的,将"应该"转换为"能够"是一项艰巨的挑战。但这不是乌托邦式的努力。作为一个实际问题,结构性改革取决于公众和教育工作者对大学看法和谈论方式的转变。这种文化上的改变虽然很少发生,但确实会发生,就如向现在占主导地位的新自由主义范式的转变一样,前提是得到足够的政治支持。最终,改革的实用性是一个适应问题。每个机构都要制定可行的方案。定制适合特定环境的政策需要领导力、研讨会、工作小组、治理机构和适合机构文化的其他途径。这个过程需要进行大量的对话、协商和权衡。

正如书中所示,我对改革高等教育机构的建议带有保守和批判的倾向。这些建议偏向于保守的一面,因为首要任务是重拾在非集权背景下被重新定位的大学所依托的核心价值,即民主教育、批判性研究和学术自由三重价值。我的建议是具有批判性的,因为大学应该培养打破常规的思维。然而,批判性推理本身是不够的[①]。民主程序和言论自由的氛围有助于培养敏锐的批判能力,前者的缺乏通常会抑制后者的发展。这些首要原则之间的协同作用也很重要,这个三角形中每一点都非常重要。三重价值之间的相互作用和健康的张力可以促进创新。

让时光倒流,执著地固守过去,这并不能解决大学当前所面临的时代问题。高等教育系统必须定期巩固其原有基础,并为其使命注入新的愿景。大学不能沉溺于自满。大学的标志性宗旨具有持久的价值,但由于其所要服务的社会环境不断变化,因此有必要对他们的宗旨加以修改。进入21世纪,大学的三重使命可以用富有创造性和想象力的方式焕发新生。要做到这一点,最好的办法是采用多元化的大学理念,而不只是在缺乏结构性改革的情况下,仅仅堆砌一些附加的目标。

---

① 我是在回应这样一种论点,即大学的主要宗旨是向学生灌输批判性思维,并让他们参与到质疑既定真理的争论中(杰克逊发给作者的电子邮件,2014年4月22日)。

富有想象力的教学和严谨的研究是大学的主要活动。与维布伦（Veblen）等观察人士的批评相反，这些追求可能但并不必然与具有商业头脑的大学管理者的实践和想法相悖①。许多有才华、有创造力的学者都同时身兼大学学术和管理工作，但这并不是教育工作者完全能适应的二元结构。系主任和院长之类的教师管理人员就处于这种二元结构之中。除了口头承诺，学者和管理者的任务都是建立信任，努力实现共同的目标，朝着共同的目的地前进。

改革的代表们必须来自领导层和普通教师群体。为了实现改革，内行的领导者们建立了一个框架和方向，就像克拉克·克尔那样。但是，如果把讨论的范围限制在高管层面是存在误导性的。高层领导只是复杂局面的一部分。结构性改革是由多级领导共同推动的。政府层面的领导者建立了一个总体框架和决策过程。学院领导者提出新的想法并帮助实施这些想法。因此，普通员工中的领导也提供想法和促进计划的实施。在掌握主动权的同时，一些学生领袖走上了主干道，而另一些学生领袖则代表着寻求另一条道路的社会运动。

学生运动通过组织行动、动员政治行动和提供道德愿景来改变现状。近年来，像"黑人的命也是命"和"打倒罗德"（♯RhodesMustFall）这类公然不以领导为中心的学生团体采取了不同的行动方式，包括罢课、倒像运动（例如牛津大学和开普顿大学校园内塞西尔·罗兹［Cecil Rhodes］的雕像）以及针对其他象征着塑造公共历史力量的纪念声明的多种抗议活动。

举个例子，耶鲁大学有关部门想要保留卡尔霍恩学院（Calhoun College）的名字，耶鲁大学的学生们对此表示反对。卡尔霍恩学院是

---

① Veblen, *The Higher Learning in America*; Christopher Newfield, "What Thorstein Veblen Got Right," *Chronicle Review* 62, no. 9 (October 30, 2015)：B11 - 13.

为了纪念 1804 年毕业于耶鲁大学的美国前副总统、陆军部长和国务卿约翰·卡德威尔·卡尔霍恩(John Caldwell Calhoun)。他也是一位著名的奴隶制理论家和白人至上主义的倡导者。学生们对过去授予种族主义者荣誉的异议,导致他们提出了一系列要求,与大学管理者进行谈判后采取的具体措施包括:在课程中突出种族、民族和其他身份认同的研究;聘用能提升多样性的新教师;扩大对学生的服务支持;加大对低收入学生群体的财政援助力度;在学院里开展反对种族主义和其他形式歧视的培训项目。耶鲁大学还同意资助更多的文化中心,指导管理人员如何控制种族主义,并将所有寄宿学院的"主管"(master)头衔替换为"院长"(head of college)。经过长时间的辩论,耶鲁大学放弃更改卡尔霍恩学院的名字,而是以非裔美国民权活动人士保利·默里(Pauli Murray)和晚年成为废奴主义者的本杰明·富兰克林(Benjamin Franklin)的名字命名了新的寄宿学院。卡尔霍恩学院不更名的理由是,学生应该了解卡尔霍恩的信仰(尽管对某些人有所冒犯)和直面他的观点①。这一立场既获得了一些群体的支持,也引发了另一些群体的愤怒,包括那些大学管理者所要负责的群体。这也是其他大学主要思考的一个问题,其中普林斯顿大学将在公共国际事务学院(School of Public and International Affairs)和一所寄宿学院保留其校长和种族隔离支持者伍德罗·威尔逊(Woodrow Wilson)的名字。

　　就目前情况而言,很少有大学的行政官员敢于冒险采取坚定的立场反对这种新的功利主义,他们宁愿稳扎稳打,而不是提出一种不

---

① David Cole, "Race & Renaming: A Talk with Peter Salovey, President of Yale," *New York Review of Books* 63, no. 10 (June 9,2016): 42-44. 关于对萨洛维的反驳,参见以下文献: James W. Lowen, "10 Questions for Yale's President," *Chronicle Review* 62, no. 38 (June 10, 2016): B11-13; Ibram X. Kendi, "Racism Is Not a Teaching Tool," *Chronicle Review* 62, no. 38 (June 10,2016): B13.

同的高等教育模式。在理事、资助者和政府官员的共同参与下,大学领导很少冒险采用一种不同寻常的策略,因为他们胜算不大。然而,如果没有太多旁观评论,他们可能会邀请这些群体一起展开想象力,看看创造性想法对改革起多大作用。为了防止大学的衰败,我们必须鼓足勇气,大无畏地去冒险。

为了获得支持,大学官员们宣传学校最有效地方式不是强调基于功利主义的理由,而是强调基于学校作为新思维孵化器和新一代导师的独特作用。换言之,最有力的支撑就在于高等教育的非功利性。虽然医学等其他领域对社会福祉也至关重要,但大学为这些领域的工作人员提供了学校和设施。此外,在加大努力争取公众支持的过程中,大学领导需要重塑关于实用教育的还原主义叙事,并说明实用教育损害了高等教育严肃而长远的宗旨。

大学面对的挑战是重塑公众对卓越教育的理解,强调大学在提供教育方面的独特定位的内在价值。大学的价值不是一个非此即彼的命题,不是私人利益与公共利益的对立。相反,大学是一种对更大利益的投资,其更深刻的意义是涵盖了私人和公共领域。

教育工作者必须说服人们从大学的三重使命和大学的发展方式来描述大学。也就是说,实用工作技能形式的专业知识最好是通过学徒计划、职业技术学院和雇主培训课程来获取,而不是来自那些致力于为学生奉献、有条理的研究和有感染力的独立思考的教授。最重要的是,大学的使命是灌输对知识文化的欣赏,激发批判性思维,培养出渴望终身学习并受过良好教育的毕业生[1]。

这并不代表,通过理论和实践的结合,大学能够并且应该继续适应现实世界。正如实用主义哲学所坚持的那样,知识和行动是相互关联的。思想和变革并不构成二元论,两者都会有收获。虽然一些

---

[1] 杰克逊的言论再次引起了我的反思,来自 2014 年和 2016 年的电子邮件内容。

思想可能因缺乏应用而不可用,但从理论上看也非常有趣,而推动高等教育发展的价值观念最终会沉淀为行动。知识促进行动,行动赋予知识。从这个意义上说,知识产生了真正的结果,可以使人获得解放。知识能使世界变得更美好。

对于那些热衷于创造知识的人来说,他们的目的是为了更深地理解思想是否共存和如何共存。他们追求"为什么",这就需要解释看似不同现象之间的关系。高等教育提供了获取这些地下元素的途径。这些元素可能是历史、文学、哲学和数学等领域中的原因、符号或逻辑。通过这种方式,寻找可能无法直接观察到的事物间的内在联系,以及掌握各种世界观带来的影响。

本书展示了知识是如何以及为什么在世界市场上被越来越多地生产和传播。在当今高度竞争的环境中,许多领域研究的目的是为了快速获利,占领市场份额。为此,规模经济非常重要。特别是小国往往难以为国民经济和大学系统提供充足的投资。前几章中的案例研究表明,参与世界市场可能会导致强大的全球参与者发展的高等教育的优先事项与包含当地价值观的学术宗旨之间产生摩擦。在这一领域,知识与权力的关系能够产生实际结果,支撑着大学在全球市场上浅滩航行的努力。

那么,还有什么比以新的方式审视旧的宗旨、阐明其含义和设想决策者们无法想象的情形更实际的呢?当主导思想框架发生改变时,这种情况就会发生。如果大学的作用是实现批判性思维和自由表达的民主理想,包括为那些被排除在知识生产之外的人们提供机会,那么,大学的核心宗旨将得到加强,并朝着一个更美好但尚待谱写的未来发展。

在接下来的半个世纪里,不管大学记分牌上写了什么,也无论你何时读到它,竞争游戏都不会结束。争夺世界一流地位的竞赛仍在继续。不过,与体育界和企业界不同的是,高等教育并不是为了在排行榜上大红大紫，大学是为了让你尽最大的努力去奋斗、去创造、去发现。大学是让你理解自己的价值观，理解你之所以珍视这些价值观的原因，以及理解其他人的价值观的空间。大学是一个熔炉，批判性导向可以带来建设性的建议，以纠正当前的道路。这就是大学的乐趣所在，教育工作者们充满自豪的地方，以及学生们成功的原因。